KB129819

한국 병합

한국 병합

논쟁을 넘어, 다시 살핀 대한제국의 궤적

모리 마유코 지음 최덕수 옮김

이 책은 공익재단법인 산토리문화재단(サントリー文化財団)의 2022년도 해외 출판 조성(海外出版助成) 지원으로 발행되었습니다.

이 책은 실로 꿰매어 제본하는 정통적인 사철 방식으로 만들어졌습니다.
사철 방식으로 제본된 책은 오랫동안 보관해도 손상되지 않습니다.

한국의 독자들에게

이 책의 원서(『韓国併合──大韓帝国の成立から崩壊まで』, 中央公論新社, 2022)는 1962년 11월부터 일본에서 간행되어 온 〈주코(中公)신서〉 시리즈의 한 책이다.

일본에는 〈신서(新書)〉라는 책 장르가 있다. 신서란 B6판보다도 작고 얇으며, 딱딱하지 않은 전문 분야 입문서 같은 책으로, 출판사마다 매달 5권 정도를 출간하고 있다. 이 책을 집필할 때도 대학생들이 사전을 찾지 않고도 이해할 수 있는 문장으로 써달라는 원서 출판사 편집자의 요청이 있었다. 즉 이 책은 일본의 대학생들이 한국의 역사에 대해 쉽게 이해할 수 있기를 바라며 쓴 것이다.

그러나 원저를 한국어로 번역하면서 문제가 생겼다. 한국 대학생과 일본 대학생의 한국 역사에 대한 지식과 역사 인식에 큰 차이가 있었던 것이다.

예를 들어 이 책의 제목인 〈한국 병합〉이라는 용어에 대해, 한국의 고등학교 한국사 교과서에서는 〈병합〉이 〈침략성을 숨기고 한국의 멸망을 표현〉하기 위해 새로 만든 용어라고 설명한다(『(고등학교)한국사』, 미래엔). 또한 일본이 대한제국을 보호국으로 삼은 제2차 한일 협약을 〈을사늑약〉이라고 표현하면서, 〈늑약(勒約)〉이란 〈강제로 체결된 조약〉이며, 그 이유는 고종의 재가 없이 군대를 앞세워 강압적으로 체결했기 때문이라고 설명한다(『(고등학교)한국사』, 금성출판사).

한편 일본의 고등학교 일본사 교과서는, 러일전쟁 이후 일본은 전승으로 얻은 대륙 진출 거점을 확보하기 위해 1905년 가쓰라-태프트 협정과 제2차 영일 동맹 협정 개정을 배경으로 〈같은 해에 제2차 한일 협정을 맺어 한국의 외교권을 빼앗고, 한성에 한국 외교를 관장하는 통감부를 설치하였으며, 이토 히로부미가 초대 통감이 되었다〉고 서술한다. 그리고 헤이그 밀사 사건과 의병 운동을 언급한 뒤 〈일본 정부는 헌병대를 상주시키는 등 준비 끝에 1910년 한국 병합 조약을 강요하여 한국을 식민지화했다〉고 〈한국 병합〉을 설명한다(『詳説日本史探求』, 山川出版社).

여기서 한국과 일본의 고등학생들이 〈한국 병합〉이라

는 동일한 역사적 사실에 대해 서로 다른 방식으로 배우고 있음을 알 수 있다. 또한 한국과 일본 양국에서 대학 진학의 중요성에 대한 인식이 다르다는 점도 유의할 필요가 있다.

2024학년도 대학 수학 능력 시험의 응시자 수는 약 50만 명이었는데, 일본의 같은 시험인 〈대학 입학 공통 테스트〉의 응시자 수는 약 49만 명으로 거의 비슷했다. 한국의 인구가 일본의 절반 정도인 것을 감안하면 한국의 고등학생들이 대학 입학을 위해 얼마나 적극적으로 공부하고 있는지 알 수 있다. 게다가 수능에서 〈한국사〉는 필수이지만 대학 입학 공통 테스트에서 〈일본사 B〉는 선택 과목으로 약 13만 명(2024학년도) 정도가 응시할 뿐이다.

이 책은 이러한 일본사 이해와 학습 환경에서 자란 일본의 대학생을 대상으로 한, 한국 근대사 연구의 최신 성과를 바탕으로 정리한 입문서라는 점을 다시 한번 강조하고 싶다.

하지만 이 책을 〈국사〉의 일부로 읽는 한국 독자들을 위해, 한국어판에서는 원서보다 전문성을 강화하여 가필하거나 수정한 부분도 있다. 그 과정에서, 원서 출간 후 개최한 다음과 같은 서평회나 관련 강연회에서 받은 의견과 비판이 큰 도움이 되었다.

- 일본국제문제연구소, 〈동아시아사연구회〉(도쿄, 2022년 10월 28일)
- 고려대학교 한국사학과, 아세아문제연구원 주최, 〈해외 석학 초청 강연〉(서울, 2022년 10월 31일)
- 동아시아근대사학회, 〈동아시아근대사학회 연구 발표회〉(도쿄, 2022년 12월 17일)
- 도쿄 대학교 한국학연구센터(후원: 한국국제교류재단), 〈도쿄 대학교 연속 강좌: 일본과 한국의 《역사 문제》의 쟁점을 찾아서(제13회)〉(도쿄, 2023년 1월 20일)
- 조선사연구회, 〈간사이부회 6월 월례 연구회〉(오사카, 2023년 6월 24일)
- 고려대학교 한국사학과-도쿄 여자 대학교 국제사회학과 학술교류(도쿄, 2023년 8월 11일)
- 재일본 대한민국 민단 돗토리현 지방 본부 주최, 〈『한국 병합』을 통해 일한 관계를 생각하다〉(돗토리, 2023년 11월 11일)

이상의 연구회 및 강연회에 참여해 주신 모든 분들께 다시 한번 감사의 말씀을 드린다. 또한 한국어판 출간에 도움을 준 공익재단법인 산토리문화재단에도 감사를 드린다.

마지막으로 이 책을 번역해 주신 고려대학교 명예교수 최덕수 선생님께 진심으로 감사드린다. 최덕수 교수님은 내가 서울대 박사 과정에 재학하던 당시 학점 교류 제도를 통해 고려대학교 대학원 수업을 수강할 수 있도록 해 주셨다. 그 후에도 인연이 이어져 이렇게 나의 저서를 번역해 주시기까지 하다니, 정말 꿈만 같은 영광이다.

한국 유학을 앞두고 대학원에 정규 입학을 할 것인지, 아니면 교환 학생으로 갈 것인지를 두고 고민이 많았지만 (자세한 내용은 나의 저서『ソウル大学校で韓国近代史を学ぶ(서울대학교에서 한국 근대사를 배우다)』, 風響社, 2017을 참고해 주기 바란다), 서울대학교에 박사 과정생으로 정규 입학한 덕분에 오늘과 같은 영광이 있었다. 유학 기간 동안 공사를 막론하고 도움을 주신 서울대학교 국사학과 그리고 고려대학교 한국사학과 개항기팀 여러분께 다시 한번 감사의 말씀을 전하고 싶다.

특히 이 책의 출판을 위해 여러 가지로 수고를 아끼지 않고 도와주신 고려대학교 유바다 교수님께도 깊은 감사를 드린다. 또한 이 〈한국의 독자들에게〉의 한국어 번역에 이르기까지 큰 도움을 주신, 유학 시절부터 나의 한국어 교사이자 소중한 친구인 서울교육대학교 정동훈 교수님께도 깊은 감사를 드린다.

원서 출판 직후 동국대학교 한철호 교수님께 이 책을 드린 일이 있었다. 선생님께서는 회신에서 〈그 성과가 앞으로 양국의 진정한 평화와 공존에 기여하리라 믿습니다〉라고 하셨다. 이 말씀이 선생님께서 나에게 주신 마지막 말씀이 되어 버렸다.

나는 이후 나의 연구가 한국과 일본 양국의 진정한 평화와 공존에 기여하기를 다시 한번 바라며 오늘도 연구에 전력하고 있다. 이 책이 양국의 진정한 평화와 공존을 위해 양국 역사 인식의 차이를 아는 데 조금이나마 도움이 되면 좋겠다.

2024년 1월 30일 모리 마유코

머리말

　한국은 1910년 8월부터 1945년 8월까지 35년간 일본의 식민지 지배하에 있었다. 35년은 태어난 아이가 장년이 되기까지의 긴 시간이다. 이른바 〈혐한〉 도서를 좋아하는 사람도, 케이팝 아이돌에 열을 올리는 사람도, 적어도 이제까지 한 번은 일본에 의한 한국 식민지 지배에 관하여 논의할 기회가 있었을 것이다. 그렇지만 〈왜 한국은 일본의 식민지가 되었던 것인가〉라는 한일 관계에서 피할 수 없는 근본 문제에 대해 알고자 할 때, 사료에 근거하여 역사학적 방법으로 일반 독자를 위해 쓴 책은 거의 찾아보기 어렵다.

　한국 병합에 대해서 일본의 역사학자가 일반 독자를 위해 쓴 대표적인 저작은 3권이다. 야마베 겐타로의 『日韓併合小史』(岩波新書, 1966)(안병무 옮김, 『한일합병사』,

범우사, 1982), 모리야마 시게노리의 『日韓併合』(吉川弘文館, 1992), 운노 후쿠주의 『韓国併合』(岩波新書, 1995) (연정은 옮김, 『일본의 양심이 본 한국 병합』, 새길, 1995) 등이다. 모두 한류가 있기 오래전에 쓰인 작품이다.

공통점은 왜 일본이 한국을 병합하였는가 하는 점에 주목한 것이었다. 공통적으로 깔려 있는 문제의식은 일본의 식민지 지배에 대한 반성이었다. 당시의 독자들도 그와 같은 의식을 공유하고 있었다고 생각한다. 그 배경에는 패전에 따른 과거에 대한 속죄 의식과, 한국은 일본보다도 정치, 경제, 문화적으로 〈뒤떨어진〉 나라라고 하는 일본인의 한국에 대한 이미지가 있었다.

그러나 지금은 전후 80년이 지나면서 전쟁을 체험하고 그것을 말할 수 있는 사람은 대부분 돌아가셨다. 한편 한국의 정치는 민주화가 진전되어 민주적인 선거에 의한 정권 교체가 이루어지고 있다. 경제도 크게 발전하여 선진국의 일원이 되었다. 해외 호텔의 많은 가전제품들은 일본 제품에서 삼성과 엘지 등 한국 제품으로 교체되었다. 문화 면에서도 한국의 음악과 영화 등이 세계적으로 큰 영향력을 행사하기에 이르렀다. 그렇기 때문에 일본인의 한국에 대한 이미지도 다양해졌고, 식민지 지배에 대한 인식도 옅어지고 있다.

다른 한편 한국에서는 민주화에 의한 사회의식의 성숙과 함께 국민 레벨에서 식민지 지배에 대한 일본의 사죄를 요구하는 목소리가 높아지고 있다. 2023년 3월 한국 갤럽 조사에 따르면, 한국인의 96퍼센트는 일본 정부가 식민 지배 등 과거사에 대해 반성하고 있지 않다고 대답하였다. 이와 같은 한일 간의 상반되는 상황이 역사 인식 문제를 복잡하게 만들고, 때로 일본인은 한국을 넘치는 〈애국〉과 〈반일〉로 이해하고 또 치부하고 있다.

이 책은 일본에서 한국의 이미지가 다양해지고 식민지 지배에 대한 이해가 매우 낮아지고 있는 가운데 한국 병합에 대해 역사의 기초적인 사실을 제공한다. 특히 대한 제국의 역사에 주목하면서 한국 병합의 과정을 논의한다. 대한제국은 1897년 10월 12일(음력 9월 17일)에 조선 왕조 최후의 국왕인 고종이 황제에 즉위하고, 14일에 국호를 〈조선〉에서 〈대한〉으로 바꾸면서 성립한 국가이다.

조선 왕조는 1895년 청일전쟁 후 시모노세키 조약이 체결되기까지 중국과 관계는 〈종속〉, 〈종번〉 등으로 불리는, 중국 황제를 최상위에 둔 상하 관계에 있었다. 그 중국과의 관계가 공식적으로 폐지되기까지 정치, 외교와 문화 면에서 중국의 영향하에 있었다. 그것은 한반도의 역대 왕조가 답습하여 왔던 것이다. 1897년의 대한제국 성립은 중국과의 관계가 끝나면서 가능하였다.

대한제국의 〈제국〉은 분명히 중국을 의식한 명칭으로, 청조의 황제와 대한제국의 황제가 대등하다는 함의를 가지고 있었다. 그러나 그와 같은 대한제국이 품었던 야망은 중간에 일본 제국에 의해 침식되어 갔다.

지금까지 한국 병합을 주제로 한 저서들은 주로 일본의 역사학, 정치학 연구의 성과를 반영하여 쓰인 것이다. 그러므로 일본의 정치와 외교가 한국 병합을 향하여 어떻게 전개되었는지, 결과적으로 〈일본이 한국을 병합하여 가는 과정〉을 중점적으로 논의하여 왔다. 이 책은 한반도 지역 연구를 전문으로 하는 나의 입장에서 그것 이외에 〈대한제국이 성립하고 붕괴되어 가는 과정〉에도 주목하였다.

대한제국 황제를 주역으로 두고 대한제국 정부가 수행하였던 근대화 개혁의 성과와 과제, 일본의 제국주의 정책에 대항하는 외교 정책과 의병 운동, 근대적인 의회 제도 도입 등을 제기하였던 〈독립협회〉, 친일 단체로 이름이 높았던 〈일진회〉의 움직임 등 여러 방면의 등장인물이 각기 어떠한 상황에서 등장하고 어떠한 역할을 수행하였는가 하는 점에 대해서도 논의하였다. 나아가 복식 제도와 연회 등 사회와 문화 부분에 대해서도 다루면서 대한제국을 총체적으로 조명하고 있다.

대한제국의 성립과 종언을 안다는 것은 일본에 의한 한국 병합의 과정을 아는 것이기도 하다. 한국에 대한 정보가 넘치는 가운데 다시 한번 〈왜 한국은 일본의 식민지가 되었던 것인가〉라는 문제에 대해 생각하고자 한다.

책의 끝부분에서는 한국 병합에 대해 한국과 일본의 학계에서 어떤 논의가 진행되어 왔는지를 정리하였다. 역사학과 국제법의 관점에서 한국 병합의 과정에 대해 서로 다른 견해가 있었고, 그것이 오늘날의 징용과 위안부 문제에 대한 상반된 인식과 어떻게 연결되었는가 하는 문제에 대해 단서를 알려 줄 수 있을 것이다.

이 책이 제공하는 사실이 바탕이 되어 독자들이 역사의 흐름을 알고 시야를 넓히는 기회를 갖고, 한국 병합에 대한 각자의 시각을 가질 수 있는 첫걸음이 된다면 기쁠 것이다.

차례

일러두기

- 〈한국 병합〉에 대해서는 〈한일 병합〉, 〈합방〉부터 〈병탄〉, 〈강점〉에 이르기까지 다양하게 표현되고 있다. 이 책에서는 당시 사료에서 쓰인 〈한국 병합〉을 사용하였다.

- 연월일 표기는 기본적으로 양력을 이용하였고, 때로 음력을 병기한 곳도 있다. 한국은 1896년 1월부터, 일본은 1873년 1월부터 태양력을 채용하였다.

- 국호는 1897년 10월 12일 이후는 대한제국(한국)으로 표기하고, 그 이전은 조선으로 표기했다.

- 사료 인용이나 서술과 관련된 출전은 권말의 주요 참고 자료에서 소개하였다.

- 사료 인용 부분은 가급적 현대어로 바꾸어 제시하였다. 대중서의 성격에 맞추어 일부 인용은 읽기 편하게 바꾼 곳도 있다.

- 인용 사료 가운데 [ ] 부분은 지은이가 보완한 것이다.

- 인용 사료의 표현 중에는 현재 관점에서 보기에 부적절한 경우도 있는데, 사료로서의 정확성을 기하기 위해 원문 그대로 남겼다.

- 조선 왕조와 대한제국의 수도인 한성(지금의 서울)의 명칭은 1910년 일본의 한국 병합 후 경성으로 바뀌었다. 단, 그 이전에도 조선·대한제국과 일본 양쪽에서 공사를 불문하고 〈수도〉를 의미하는 말로 〈경성〉도 일상적으로 쓰였다.

서장

중화 질서 속의 조선 왕조

역사를 서술하는 것은 사료만으로 이루어지지 않고 그 것을 어떻게 인식, 해석하고 기억해 왔는지도 중요하다.

특히 근대 동아시아 역사의 경우 그 역사 인식을 둘러 싸고 한일 간 큰 문제가 되고 있다. 대립의 밑바탕에는 사 료를 어떻게 인식하고 해석하는지의 차이가 있다. 한국 병합의 역사는 사실의 인식과 해석, 그것을 바탕으로 하 여 기억되어 온 방향에 따라 역사를 바라보는 시각이 변 화해 왔다.

이 책은 한국 병합에 이르는 과정을 대한제국의 성립과 붕괴로 접근하였다. 서장에서는 19세기 후반의 동아시 아, 그리고 그 가운데의 조선 왕조를 개관한다. 우선 배경 이 되는 역사로부터 들어가 보자.

1

조선은 속국인가:
청조에 대한 불신과 소중화사상

근대 동아시아 국제 관계: 조약 체제로

19세기 후반 동아시아의 국제 관계로부터 접근해 보자. 서양 열강이 영향력을 가지기 이전 동아시아 국제 관계는 〈조공 체제〉였다고 할 수 있다. 조공 체제란 중국을 중심으로 하는 세계관인 〈중화사상〉을 배경으로 주변 여러 나라의 수장이 중국 황제에게 공물을 바치고 예를 갖추는 행위에 의해, 주변국들이 교화되고 무역도 허용되는 방식이었다. 유교 이념을 바탕으로 상하 관계를 전제로 하여 중국을 종주국, 주변 국가들을 〈속국〉(조공국, 번속국)이라고 불렀다. 그리고 종주국인 중국과 〈속국〉, 〈번부〉(외번 각부를 줄인 말로 청국이 통치하는 범위), 〈호시〉(조공을 하고 있지 않지만 중국과 무역을 하는 국가) 등의 관계로 묶여져 있던 질서를 〈중화 질서〉라고 불렸다.

여기에 서양 열강이 들여온 〈조약 체제〉가 침투하기 시작하였다.

조약 체제란 현재까지 계속되어 오는 국가 간의 관계이다. 조약을 체결한 독립 국가들은 크고 작은 나라를 불문하고 대등한 관계를 전제로 하고 있다. 조약에 의한 합의가 있다면 상대국의 내정과 외교에도 개입이 가능하다. 19세기 후반의 동아시아는 예를 들어 일본이 미국 페리의 방문에 의해 서양 문명과 국제 질서의 충격, 이른바 〈웨스턴 임팩트〉(서양의 충격)를 받아 조약 체제를 받아들였다.

다시 말하면 당시 동아시아 국제 관계는 조공 체제와 조약 체제의 병존과 대립에서 조약 체제로 수렴되어 가는 것이라고 이해할 수 있을 것이다.

일본 학계에서 1970년대까지 주류 연구는 조약 체제의 시점으로부터 〈왜 동아시아에서 일본만이 근대화에 성공하고, 중국은 반식민지, 조선은 식민지가 되었는가〉하는 문제에 관심이 집중되었다. 1980년대 들어가면서 중화 질서에 대한 관심이 확대되면서 중국이 서양의 질서와 논리를 어떻게 이해하고 대응하였는지를 밝히고자 하는 연구로 나아갔다.

조공 체제 속의 〈속국〉

단, 같은 조공 체제에 속하면서도 서양의 충격뿐 아니라 나아가 일본의 충격 ── 일본에 의한 근대화와 식민지화 ── 의 영향을 받았던 조선의 경우 사정이 복잡하여 연구가 좀처럼 진전되지 않았다.

조공 체제는 상하 관계를 명확히 한 외교 의례로 이루어지는 것이다. 여기에는 평등하고 대등한 관계가 아니고 상하 관계에 의해 질서가 형성되었다.

조선 국왕은 중국 황제에게 국왕으로 책봉되어 조공을 행했다. 책봉이란 중국 황제가 여러 제후와 제왕을 임명하는 의식으로, 책봉이 이루어지면 중국 황제의 신하가 되는 군신 관계를 가진다.

예를 들면 조선은 오랜 기간 독자적인 연호를 가지지 않았고, 공식 사료에는 중국 연호를 사용하였다. 한편 중국은 조선으로부터 의뢰가 있으면 파병하였다. 16세기 말 도요토미 히데요시에 의한 임진왜란, 정유재란 시기 일본의 침략에 대하여 명나라가 조선에 원군을 보낸 것이 그 전형이다.

조공 체제에서는 조선이 의례를 준수하는 한 중국은 조선의 내정과 외교에 원칙적으로 관여하지 않았다. 당연히 그것은 중국 황제를 절대적 존재로 하는 강한 압력이 배경이었다. 단 조선이 중국에 대하여 어느 정도 충성심을 가지고 있었는지는 모호한 것이었다. 다른 한편으로 조선과 일본과의 관계는 〈교린〉이라는 이름 아래 대등하게 이어졌지만 이것도 본심은 애매한 것이었다.

조선은 오랜 시간에 걸쳐 중국의 〈속국〉이었다. 그러나 그것은 조약 체제에 근거한 근대 국제법에서 보호국과 식민지를 의미하는 것은 아니었다. 조선이 내정과 외교의 자주성은 지켜 왔기 때문이다. 이후 시기 일본이 대한제국에 대하여 행한 보호국화와 식민지화와는 크게 다른 것이었다.

이 책에서는 조공 체제 가운데 중국과의 관계에 대해서는 특히 〈속국〉으로 화살괄호를 붙여 표기하였다.

〈소중화사상〉의 고양

19세기 조공 체제의 중심은 청국이었다. 그러나 조선에서 청은, 숭배해 왔던 명을 쓰러뜨린 야만 민족(여진인, 후에 만주인으로 자칭)의 왕조였다.

1392년 이성계가 건국한 조선 왕조는 1897년 대한제국으로 국호를 바꿀 때까지 500년 이상 지속하였다. 주자학과 과거 제도, 의관 제도 등 국가 이념과 정치 제도의 많은 부분은 1368년에 건국한 명나라를 모델로 하였다.

그렇기 때문에 1644년 명이 멸망하고 청나라가 북경에 들어가자 〈대청복수론〉(청나라에 복수하여 설욕한다)과 〈대명의리론〉(임진왜란에 원군을 보내 준 명에 대해 의리를 지킨다)이 계속해서 제기되었다.

나아가 명 멸망 이후 유교 문화를 견지하는 국가는 조선뿐으로 조선이야말로 명조의 중화를 정통으로 계승한다고 자부하였다. 이른바 〈소중화사상〉, 〈조선 중화주의〉라고 불리는 의식이 강화되었다. 조선은 의례상으로는 청조 황제에게 조공하고 책봉을 받았지만 내심으로는 명조 중화를 그리워하고 중화의 정통적 계승자는 조선이라고 생각하였던 것이다.

이와 같이 조선은 실제로는 정치 외교의 현장에서는 의례를 다하는 대상으로서의 청조 중화와, 명의 정통한 계승자로 자부하는 조선 중화라는 두 개의 중화사상을 가지고 있었다. 이에 대해 이 책에서는 〈이원적 중화〉라고 하였다.

이원적 중화라는 사고는 다음과 같은 것으로도 알 수 있다. 조선에서는 명나라 멸망 60년 후였던 1704년, 임진왜란에서 지원을 해준 명나라 황제를 위한 〈대보단〉이라는 제단을 창덕궁 내에 설치하고 제사를 올려야 한다는 논의가 제기되었고 실제로 이루어졌다.

대보단에는 국왕도 참배하였다. 특히 조선 왕조 최후의 국왕이자 대한제국 최초의 황제인 고종(재위 1863년 ~1907년)은 성인이 되기 전부터 대보단에 빈번히 참배하였고, 명나라 태조(홍무제)의 사망일에 참배가 잦았다. 고종이 특히 명태조의 기일을 중시한 것은 즉위에서 친정까지의 정치 상황 등 왕조 내에서 자신의 입장과 관계되었던 것으로 보인다. 고종은 정치 기반이 약했던 방계 출신이었기 때문이다.

고종 즉위와 아버지 대원군의 정치

웨스턴 임팩트를 직접 받았던 근대 조선은 바로 이 고종 시대로부터라고 말할 수 있다. 고종은 메이지 천황과 같은 해인 1852년에 태어났다.

1863년 제25대 국왕이었던 철종이 죽으면서 고종이 후계의 위치에 서게 되었다. 하지만 아버지 흥선군 하응(이하 대원군)은 국왕을 배출하는 종가와 거리가 있는 방계였다. 고종은 만 11세로 즉위하였기 때문에 1873년 말까지 철종의 형수였던 대왕대비 조씨(신정왕후)의 수렴청정(유교의 남녀 구별을 지키기 위하여 국왕의 할머니나 어머니가 발을 드리우고 정치에 관여하는 일)하에 대원군이 정치를 담당하였다.

대원군(1820~1898).

대원군은 내정에서 인사 정책과 관제 개혁을 추진하였다. 특히 지방 양반 세력을 견제하고자 하였다. 양반이란 과거에 합격하여 관료가 되었던 사람을 의미하였지만 동시에 몇 대에 걸쳐 관리를 배출한 지방의 유력 가문과 각지의 지배층을 의미한다. 대원군은 여러 곳에 설립되었던 서원(과거 합격을 목표로 하는 유교 교육 시설로, 양반 지배층의 거점)을 정리하였다. 대원군은 조선을 중앙 집권적 국가로 만드는 것을 목표로 하고 있었다.

대외 관계에서는 1866년 미국 상선 제너럴셔먼호에 의한 개국 통상 요구를 거절하였고, 군함을 앞세워 조약 체결을 요구한 프랑스에 대하여 공격을 시도하여 일체의 요구를 받아들이지 않았다(병인양요).

나아가 1868년 이래 일본이 메이지 유신을 거쳐 신정부 수립을 알리는 서계(문서)를 수차례 전달하였지만 받아들이지 않고 번번이 거절하였다(서계 문제). 1871년에는 미국이 군함을 파견하였지만 이에 대해서도 발포하여 외교 교섭에 응하지 않았고(신미양요) 배외 정책을 견지하였다.

대원군의 정치 외교 이념은 〈위정척사〉(정＝유교를 지키고, 사＝사학·사교, 즉 천주교를 이적으로 물리친다)로 불리는 것으로, 지배층인 유학자들에게 폭넓게 지지를 받았다.

대원군은 이 외에 도요토미 히데요시의 임진왜란으로 불타 버린 조선 왕조의 궁전, 경복궁 재건 공사에 착수하는 등 왕의 권위를 강화하고자 하였다.

2

조약 체제하의 〈속국〉:
일본·서양과의 조약, 청의 요구

조일 수호 조규 체결과 〈속국〉 문제

고종의 친정은 1873년부터 시작되었다. 고종은 정통성과 독자성을 보여 주기 위하여 다양한 정책을 구사하였다. 예를 들면 서계 문제로 순조롭지 않았던 일본과의 관계 개선이었다.

서계 문제에 대해 구체적으로 기술하겠다. 1868년에 발족하였던 메이지 정부는 조선에 신정부 수립을 알리는 서계를 보냈다. 이에 대해 대원군 정권은 배외 정책에 따라, 서계의 형식이 갖추어지지 않았다며 서계 접수를 여러 차례 거절하였다. 서계에 천황과 관련된 〈칙〉과 〈황〉 등의 문자는 조선에서 중국 황제만 사용할 수 있는 문자로, 중국과의 관계상 받아들이기 어렵다는 이유였다.

고종은 친정을 시작하자 바로 조일 관계를 담당하고 있

고종(1852~1919). 조선 왕조 제26대 국왕(재위 1863~1897년), 대한제국
초대 황제(재위 1897~1907년). 이 사진은 1884년경 촬영된 것으로, 현재 많은
사진이 남아 있는 것으로 보아, 고종은 사진 촬영을 좋아했던 것 같다.

던 동래부(현재 부산)에 조사관을 파견하여 조일 관계의
정체 원인을 조사하고 이유를 파악하였다. 고종과 그의
측근들은 일본이 〈칙〉과 〈황〉을 사용하는 것은 자기들끼
리 사용하는 것으로 이해하고, 우호적인 교린 관계를 계
속하고 수호하는 것은 중국과의 관계상 중요한 일이라는
이유 때문에 서계를 받아들인다는 결단을 했다.

그러나 새로운 문제가 부상하였다. 다시 한번 서계를

건네기 위하여 온 일본 사절을 맞아들이는 연회에서 일본 측이 서양식의 대례복을 착용하고, 서양식에 근거하여 대응할 것을 주장하였기 때문이다. 서양식으로 복제 개혁을 했던 메이지 일본으로서는 양복 착용은 근대 국가로서의 체면과 관계된 것이었다.

한편 조선에서는 명조 중화의 복제야말로 바른 것이었다. 조선에서 개최된 일본과의 연회에서 서양식의 복제를 인정하는 것은 이적·금수의 문화를 받아들이는 의미였다. 고종은 명조 중화를 모델로 한 의관의 견지를 중시하였다.

결국 조일 교섭은 결렬되었다. 일본은 군함을 파견하여 운요호 사건을 일으켰고, 1876년에 무력을 앞세워 조일 수호 조규를 체결하여 조선을 개항시켰다.

그런데 일본 정부는 조일 수호 조규 체결에 임하여 근대 국제 관계의 원리에 따라 조선과 청과의 종속 관계를 조선에 묻고자 하였다. 다시 말하면 조선이 중국의 속국인가 아닌가 하는 물음이었다.

당초 일본은 이 물음이 조공 체제를 바꿀 힘을 가지고 있다고 생각하였다. 속국이라는 단어가 중국을 중심으로 하는 중화 질서에서의 의미와 서양 열강을 중심으로 한 근대 국제 질서에서의 의미가 다르기 때문이다.

중화 질서에서 〈속국〉은 원래 내정과 외교의 자주를 인정하는 것으로, 근대 국제법의 속국과 같이 종주국의 보호국과 식민지가 아니라는 것은 이미 서술하였다. 조선이 〈중국의 속국이다〉라고 회답하면 일본은 근대 국제법의 속국으로 해석하여 조선은 독립국이 아니기 때문에 조약 체결의 주체라고 볼 수 없다고 회답하고자 하였다. 다른 한편 만일 조선이 〈중국의 속국이 아니다〉라고 회답하면 종주국인 청국을 강하게 비난하는 사태가 될 것이다.

그러나 일본 정부는 최종적으로 종속 문제에 깊이 파고들지 않았다. 그리하여 12조로 구성된 조일 수호 조규의 제1조는 다음과 같이 기록되었다.

제1조. 조선국은 자주국으로 일본국과 평등한 권리를 가진다.

여기에서 말하는 〈자주〉는 중국의 〈속국〉으로서 자주(〈속국 자주〉)로 조선에 있어서는 지금까지의 종속 관계와 모순되는 것이 아니었다. 한편 일본은 조선이 내정과 외교에 제3국의 간섭을 허용하지 않는 근대 국제 관계상의 독립 자주국이라는 의미로 받아들이는 것이 가능하였다. 자주란 다양한 의미를 가진 애매한 표현이었다.

일본은 청국과의 관계를 고려하여 종속 관계를 직접적으로 부정하지 않았지만 조일 수호 조규에 부속하는 규칙 등에 일본 측에 유리한 불평등한 조문을 많이 집어넣었다. 다만 조선은 불평등이 정상적인 중화 관계에 녹아 들어 있다고 보았으며 일본이 의도하는 〈불평등〉을 이 시점에서 어느 정도 이해하고 있었는지는 알 수 없다. 〈불평등 조약〉이란 평등하고 대등한 관계에 가치를 두는 서양 근대의 이념을 바탕으로 하였기 때문이다. 예를 들어, 조선 정부는 조일 간의 오랜 관례와 연결시켜 조일 수호 조규를 이해한 측면도 있었다.

당시 조선 정부는 일본에 대하여 종래 조공 체제하의 교린 관계를 맺고 이후에도 교린 수호를 유지해 가자고 생각하였다. 그러나 일본은 웨스턴 임팩트 이래 근대화를 추진하여 조선이 멸시하는 서양과 일체가 되어 있는 것처럼 보였다. 한편 1880년대에 들어가면 청국도 또한 서양 열강과의 관계 가운데 조공 체제를 되돌아보고, 조선에 대한 내정과 외교의 〈자주〉에 대한 인식을 변화시켜 나가게 되었다.

중국의 알선에 의한 조미 수호 조약 체결

1860년대부터 프랑스가 베트남 침략을 본격화하고,

1879년에 일본이 류큐를 병합하였기 때문에 청은 〈속국〉인 조선과 〈번부〉인 신강, 티베트 등의 방어와 유지에 위기감을 가지고 있었다.

다른 한편 미국은 조선과의 조약 체결을 희망하여 1880년에 R. W. 슈펠트 해군 제독을 파견하여 조선과의 수호 알선을 일본에 의뢰하였지만 이루어지지 않았다. 청은 이 슈펠트 제독의 제안을 듣고 조선이 미국과 조약을 체결함으로써 조선에 대한 타국의 침공을 막을 수 있다고 생각하여 북양대신 이홍장이 조약 중개에 나섰다. 이홍장의 알선은 바로 종주국의 모습이었다.

한편 조선도 청국의 알선에 의해 조약을 체결한다면 일본과의 서계 문제에서 보는 바와 같이 〈양이〉와의 조약 체결에 반대하는 국내 정치 세력에 대해 청국 황제의 위광을 빌려 반대를 막을 수 있을 것이라고 생각하였다.

청국은 미국과 조선의 조약 본문에 조선은 중국의 〈속국〉으로, 내정과 외교에서는 자주라고 하는 것을 삽입하여 조선이 중국의 〈속국〉이라는 사실을 서양 각국에 확인시키고 싶었다. 청국의 움직임에 대하여 조선은 〈속국 자주〉를 명기한 이상 중국에 대해서는 〈속국〉이지만 각국에 대해서는 자주임을 의미하는 것으로 조약문에 삽입하는 것을 반대하지 않았다.

그러나 슈펠트는 조일 수호 조규를 모델로 〈속국 자주〉의 조항을 조약문에 삽입하는 것을 마지막까지 거부하였다. 근대 국제 관계에서는 속국이 가지는 의미는 매우 크고 조선이 중국의 〈속국〉이라는 중화 세계에서의 한중 관계를 슈펠트가 이해하기에는 어려웠기 때문이다.

결국 청국은 조선과 미국의 조약 조인에 입회하면서 삽입하지 못했던 〈속국 조항〉의 대체안을 생각하였다. 그것은 조약 체결 시에 조선 국왕이 미국 대통령에게 보냈던 〈조선은 중국의 속국으로, 내정과 외교는 자주이다〉라는 서간이었다.

1882년 5월에 체결되었던 조미 수호 조약 체결에 이어서 조선은 같은 해에 영국, 독일 등과 같은 내용의 조약을 체결하였다.

임오군란: 〈속국〉의 명문화

미국을 비롯한 서양 각국과 조약을 체결한 직후인 1882년 7월에 임오군란이 일어났다.

임오군란은 봉급으로 받은 쌀의 지급이 늦은 것과 불량미였던 점에 분노한 구식 군대 병사들이 지급 담당 관청을 습격하고 그 후 한성의 민중도 가담하여 일본 공사관을 습격한 사건이다. 일본 공사관을 습격한 것은 조선 정부에 의한 근대화 정책에 일본군의 지도로 신식 군대(별기군)가 설치되어 구식 군대의 처우가 나빠졌다고 생각하였기 때문이었다.

정부에 의한 근대화 정책에 대한 반대의 배후에는 고종의 생부인 대원군과 그를 지지하는 세력이 있었다. 그리하여 임오군란은 고종 정권 타도를 위한 쿠데타로 바뀌어 마침내 고종은 대원군에게 정권을 넘겼다. 대원군은 고종이 추진하였던 근대적인 제도와 정책을 폐지하고 새로 체결된 외국과의 조약도 부정하고 자신을 지지하는 세력을 규합하여 과거의 정치로 되돌리려 하였다.

다른 한편 임오군란 소식을 접한 청일 양국은 조선에 출병하였다. 청은 일본이 반란을 진압하면 조선에서 일본의 세력이 확대되는 것을 두려워하여 〈속국 보호〉를 내걸고 일본보다 많은 병력을 보냈다.

조선에 파견되었던 마건충은 대원군을 구속하고 〈조선 국왕은 중국 황제가 책봉하는데 국왕을 물러가게 하는 것은 곧 중국 황제를 업신여기는 것이다〉라고 전하면서 청국으로 호송하였다. 중국이 종주국으로서 국왕에 반항한 대원군을 납치하고 조선의 내정에 직접 개입한 것이다.

중국은 임오군란에 대한 개입을 〈천토천주〉, 즉 하늘이 악인을 정벌하는 것이라고 표현하였다. 조선의 내정과 외교는 자주라고 하지만 그 너머 중국 황제의 절대적인 권력이 있다는 것을 다시 한번 알린 것이다.

한편 공사관 피해를 입은 일본 정부는 불평등성을 더 강화한 〈조일 수호 조규 속약〉 체결을 요구했다. 이로 인해 조일 수호 조규의 불평등성은 더욱 강해졌다.

임오군란으로부터 두 달이 지난 1882년 9월 청국은 조선과 상민 수륙 무역 장정을 체결하였다. 이 장정의 체제는 조약의 형식을 따른 것으로, 중국과 조선의 상인 무역을 인정하고자 한 것이었다. 그러나 그 전문에서 중국과 조선의 종속 관계가 처음으로 명문화하였다.

조선은 오랫동안 중국의 번봉으로, 이제 체결하는 수륙 무역 장정은 중국이 속방을 우대하는 의미로 이루어진 것이다.

이 전문이 삽입된 배경에는 조선이 중국의 〈속국 자주〉라는 사실을 서구 열강이 이해하지 못하고 있다는 고려가 있었다. 이후 청국은 조선의 내정과 외교에 두루 적극적으로 개입하였다.

청국은 서양이 가져온 조약이라는 수단을 사용하여 중화 질서를 서구 열강과 일본에 보여 주고 조선과의 종속 관계를 스스로 바꾸고자 하였다. 〈속국〉의 내정과 외교에 원칙적으로 관여하지 않았던 조공 체제가 이때부터 변경되어 갔다. 서양 각국 및 일본과의 대화를 위해서는 종속 관계를 조약 체제의 논리로 바꾸어 읽을 필요가 있었기 때문이다.

3
조선이 바라는 〈자주 독립〉이란: 갑신정변의 실패

갑신정변: 근대화, 완전한 자주 독립을 찾아

대원군이 청국에 연행되고 고종이 정부에 복귀하였다. 대원군 이후 정권의 중추였던 민씨 척족(고종의 〈비〉였던 명성황후의 일족)도, 외교 통상 사무의 최고 책임자 위치에 있었던 김홍집과 김윤식 등도 점진적인 근대화 정책을 지지하였지만, 조선이 바로 〈속국〉을 끝내고 청으로부터 완전히 독립하여 근대 국가로 되는 것을 지향하고 있지는 않았다.

다른 한편 명문 양반 출신의 김옥균, 박영효, 서광범, 서재필 등 젊은 소수파는 후쿠자와 유키치를 비롯하여 일본의 지식인들로부터 근대 개혁에 관한 가르침을 받아 점차적으로 조선이 독립 자주 국가가 되는 의의를 인정하게 되었다. 〈개화파〉라 불리는 그들은 조선도 메이지 유신과

김옥균(1851~1894).

같은 근대화 개혁을 실행하고 정부를 개조하여 종속 관계를 폐기하는 것이 필요하다고 생각하였다.

해외의 날로 새로워지는 사물에 관심이 많았던 고종은 이와 같은 사정에 밝은 김옥균 등을 총애하여 특별히 측근으로 등용하였다. 그러나 그들은 우정 사업과 도로 정비 등의 표면적인 근대화 사업은 추진할 수 있었지만, 청과의 관계를 기둥으로 생각하는 정권 중추의 민씨 척족과 김홍집 등으로부터 지지를 얻지 못하여 근본적인 개혁은 추진하지 못했다.

김옥균 등은 기존의 정권을 타도하고 자신들의 새로운

정권 수립을 지향하였다. 1884년 12월 그들은 기존 정권을 타도하는 쿠데타를 실행하였다. 갑신정변이었다. 이때 14개조의 정강이 제기되었는데 중요한 것은 다음과 같은 5개항이다.

- 대원군을 시급히 모시고 온다(조공 의례는 협의하여 폐지한다).
- 문벌을 폐지하고 인민 평등권을 제정하고 사람에 의해 관직을 선택하고 관직에 의해 사람을 선택하지 않는다.
- 전국의 지조법을 개정하고 관리의 부정과 인민의 곤궁을 끊어 나라를 풍요롭게 한다.
- 모든 국내 재정은 호조[재정 담당의 중앙 관서]가 관할하고 기타 일체의 장부와 관청은 폐지한다.
- 정부 6조[중앙 관청 총칭] 이외 모든 용관[필요 없는 관직]은 폐지하고 대신들과 협의하여 계시한다.

첫머리에 대원군의 구출과 조공 허례의 폐지를 내건 것은 갑신정변이 조선의 정치 외교를 근본적으로 개혁하고 그 근원이 청과의 관계 폐지에 있다고 생각했기 때문이다. 그 외 조항은 이후 갑오개혁과 대한제국 시기의 개혁에서도 과제가 되는 핵심적인 내정 개혁의 시도였다. 그러나 갑신정변은 넓게 지지를 얻지 못하고 문자 그대로 3일 천하로 끝났다. 김옥균과 박영효 등은 일본에 망명하였다.

갑신정변을 수습하였던 청군은 조선에 그대로 주둔하였다. 다음 해 1885년에는 원세개(袁世凱)가 〈총리교섭통상사의〉라는 이름으로 조선에 상주하여 조선의 내정과 외교에 간섭하게 되었다.

원세개는 종주국으로부터 〈속국〉 조선에 파견된 사절이라는 것을 강조하기 위하여 영국령 인도 번왕국에 주재하는 영국의 〈주재관〉(레지던트)에 맞추어 스스로 관직의 영문명을 〈Resident〉라고 하면서 조선에서 타국의 공사와 같이 행동하는 것을 기피하였다. 서양 각국에 대하여 자신이 종주국의 대표이며 조선은 청의 보호국이라는 것을 시사하고자 하였다.

이와 같이 갑신정변 실패가 가지는 의미는 크게 두 가지로 지적할 수 있다.

하나는 조선 정부 내에서 청에 대항하여 독립하고자 하는 이념이 지배적이지 않았다는 점이다. 오히려 청국과의 관계를 축으로 타국과의 외교 관계를 구축하고자 하는 생각이 강했다.

다른 하나는 청국이 임오군란에 이어 갑신정변도 군사

원세개(1859~1916).

적으로 수습하고 직접적인 간섭을 시작하였다는 사실이
다. 특히 원세개가 조선에 상주하며 내정과 외교에 깊이
관여하였다는 사실은 종래 〈속국〉의 내정과 외교는 자주
였으나, 이제는 실제로 변화하였다는 것을 명확히 보여
주는 것이었다. 원세개가 영국의 주재관을 따라했다는 사
실에서도 이 종속 관계의 변화가 조약 체제를 전제로 한
것이었음을 알 수 있다.

자주 확대 정책: 각국에 〈전권대신〉 파견

1886년에 들면서 조선 정부는 조일 수호 조규에 따라

내무부 참의 이헌영을 도쿄에 파견하여 주재시키기로 했다는 것을 주조선 일본 공사관에 전달하였다.

내무부는 고종이 자신의 의도를 쉽게 반영하기 위하여 원세개의 자유로운 출입이 허용되지 않는 궁전 내에 1885년에 신설하였던 관청이다. 내무부에는 독판, 협판, 참의의 세가지 관직이 있었다.

이제까지 조선 정부는 조약에 따라 각국의 주재 사절을 받아들였지만, 스스로 외국에 상주 사절을 파견하지 않았다. 도쿄에 상주 사절을 파견한 것은 큰 변화이며, 사절에 내무부의 관리를 임명한 것은 청국의 개입을 피하려는 계획이었다고 말할 수 있을 것이다.

1887년 8월 3일 일본 주재 조선 공사관 창설을 위해 내무부 협판 민영준이 도쿄에 파견되었다. 민영준의 직책이었던 협판은 국왕을 직접 만날 수 있는 고위직이었다. 이때 원세개는 조선 정부의 주일 공사 파견 움직임에 반대하지 않았고 청국의 개입은 없었다.

주일 공사 일행이 출항한 이후 조선 정부는 미국에는 내무부 협판인 박정양을, 영국, 독일, 러시아, 이탈리아, 프랑스에는 내무부 협판 심상학을 각기 전권대신으로 파견할 것을 결정하였다. 서양 각국에 전권대신을 파견하는 것은 원세개의 개입을 피해 국왕이 중심이 되어 독자적으

주미 공사 일행. 가운데가 박정양이다.

주미 조선 공사관 내부.
태극기 위에는 광화문 사진이 들어간 액자가 걸려 있다.

로 세운 정책이었다고 판단된다.

원세개는 이 서양 각국에 전권대신을 파견하는 것에 대해서는 반대하고 상사인 이홍장에게 보고하여 조선 정부에 파견을 그만두라고 전달하였다. 그러나 조선 정부는 조미 조약에 근거하여 전권대신 파견을 양보하지 않았다. 이 때문에 이홍장은 전권대신이 임지에서 지켜야 할 약속을 부과하였다. ① 임지에서는 먼저 중국 공사관에 방문하여 중국 공사의 안내에 따라 부임국의 외부에 갈 것, ② 공식 연회 등에서는 중국 공사의 뒤를 따를 것, ③ 중대한 교섭과 긴급 사태가 생기면 우선 중국 공사와 논의하고 지시를 받을 것, 이 세 가지이다.

그러나 미국에 도착한 전권대신 박정양은 주미 중국 공사관을 방문하지 않고 미국 국무 장관과의 회견을 마친 뒤 나아가 대통령에게 고종의 친서를 증정하였다.

약속 위반을 파악한 이홍장과 원세개는 조선 정부에 엄중하게 질책하였다. 그러나 조선 정부는 서양 각국에 전권대신을 파견하는 것은 서양 각국과의 조약에 따른 것이며, 조약은 청국의 승인을 얻은 것으로 청국도 이미 승인하지 않았냐고 반론하였다.

박정양은 미국에서 귀국 후 중국 사절과 같이 국서를 전달하는 것은 공식적인 예가 없었고 미국이 국서를 받아

들이지 않을 가능성이 있었다고 반론하였다. 조선 정부는
미국이 조선의 국서를 받아들이지 않는다면 조선에 있어
서 굴욕일 뿐만 아니라, 조선의 상국인 중국의 수치가 될
것이라고 말하면서 박정양을 옹호하였다.

내정과 외교에 간섭하기 시작한 청국에 대해, 조선이
완전히 독립하여 대등한 관계의 구축까지 생각한 것은 아
니었다. 다만 조선의 자주를 존중하지 않은 청국에 대해
조선이 설정한 중화 질서 내의 종주국의 모습과는 달라
반감과 불신감을 불러일으켰다.

서양 열강, 일본의 〈모른 척하기〉

수렴청정을 하였던 대왕대비 조씨가 1890년 죽은 뒤
에도 같은 상황이 벌어졌다.

종속 관계에서는 〈속국〉의 국왕과 왕비, 왕대비, 대왕
대비 등이 죽었을 때 종주국에 그의 부고를 알리는 사절,
즉 고부사를 파견하고 종주국이 〈속국〉에 조칙사를 파견
하는 것이 관례였다. 조칙사는 죽은 자를 조문하는 중국
황제의 유지를 가지고 특파되었다. 국왕은 그것을 받들기
위하여 신하로서의 예를 취하지 않으면 안 되었다. 이 의
례는 국왕 스스로 한성 서쪽의 영은문까지 나가서 칙사를
영접하는 등 상세히 정해져 있었다.

당시의 한성은 조약에 따라 공사, 영사 등 이미 많은 외국인이 살고 있었다. 이 때문에 고종은 관례에 따라 칙사에 대해 〈속국〉의 예를 다하는 자신의 모습을 외국인에게 보여 주는 것이 조선의 국가적 체면을 손상시키는 것은 아닌지 염려하였다. 조선 정부는 고부사를 통하여 재정난을 이유로 황제에게 조칙사 파견의 정지를 요청하였다. 실제로 칙사의 영접에는 막대한 비용이 들었다. 재정을 이유로 한 것은 단순한 구실만은 아니었다.

그러나 황제는 조칙사 파견 중지 요청을 받아들이지 않았다. 단 조선 정부의 재정 상황을 고려하여 종래의 육로가 아니고 해로로 칙사를 파견하며, 칙사는 조선 측이 제공하는 선물을 받아들이지 말라고 명령하였다. 육로가 아니고 해로로 파견하면 외국인이 다수 살고 있는 개항장(인천)을 통과하기 때문에 칙사에 대한 조선 측의 영접을 외국인이 눈으로 보게 되었다. 조선이 중국의 〈속국〉이라는 사실을 대외적으로 알리고 싶었던 원세개로서는 뜻하지 않은 기회였다. 결국 고종은 중국 황제의 명령을 거스르지 못하고 조칙사의 교외 영접을 포함한 의례를 종속 예전에 따라 시행하였다.

이때 고종이 조칙사를 영접하는 의식을 보았던 외국인의 기록이 남아 있다. 한성 주재 프랑스 공사 빅토르 콜랭

드 플랑시가 본국에 보냈던 보고서이다.

플랑시는 조선이 청국에 매년 조공하는 사실 이외에 조선 국왕에게 부과되었던 의례 의식의 실태에 대해 조사하였다. 이것을 명확하게 보여 주는 것으로 국왕 즉위의 승인 요청과 중국 사절의 접대 등을 들어 이러한 것들은 국제법에서 말하는 군주권과 모순되는 행위라고 보고하고 있다. 이번의 조칙사 영접도 바로 그와 같은 것에 해당하고 조선이 중국을 받들고 있다는 사실은 의문의 여지가 없다고 기록하고 있다.

다만 그와 같이 중국을 받들고 있는 조선의 종속 관계의 실태를 직접 보며 놀라면서도 플랑시는 〈공식적으로는 모르는 척하였다〉고 본국에 보고하고 있다. 이러한 대응은 한성에 주재하는 각국 대표도 같은 모양새였다.

서양 열강이 조선의 청에 대한 입장을 파악하면서도 〈모르는 척하는 것〉으로 조선을 둘러싼 동아시아 국제 관계는 절묘한 균형을 유지하고 있었다. 일본도 이 시점에서는 서양 열강과 같은 대응이었다. 무엇보다도 조선 스스로가 이와 같은 방식에 대해 긍정적이었다.

이와 같은 조선을 둘러싼 절묘한 국제 관계의 균형이 붕괴되는 계기가 되었던 것이 1894년에 시작되는 청일 전쟁이다.

제1장
진정한 독립 국가로:
1894~1895년

청일전쟁은 세계사의 분수령이라고 여겨진다. 청일전쟁 이전과 이후 중국의 존재감은 전혀 다른 것이었기 때문이다. 동아시아에서 중화 질서는 과거 체제가 되었고 중국의 공백을 메우는 것처럼 일본이 일어났고, 일본을 경계하는 러시아가 대두하였다. 이와 같은 열강 각축의 중심에 있었던 조선은 어디로 향하고 있었을까.

이 장에서는 청의 영향력이 약화되어 가는 가운데 조선의 동향에 대해서 살펴보자.

1
청일전쟁의 발발:
조선을 둘러싼 전쟁

동학농민운동: 청일의 조선 파병

1894년 2월 한반도 남서부의 전라도에서 이 지역 관리의 악정이 극심하여 동학의 지도하에 민란이 일어났다. 동학은 서학(기독교)에 대칭하는 용어로 풍수 사상과 유교, 불교, 도교의 교리를 토대로 하였다. 주로 농민 대중의 신흥 종교였다.

농민이 참가하여 민란 세력이 확대되면서 조선 정부는 자력으로 진압이 어렵다고 판단하여 종주국인 청국에 파병을 요청하였다. 이에 반해 일본은 제물포 조약과 천진조약이라는 두 가지 조약을 근거로 조선에 출병하였다.

제물포 조약은 1882년 일본 공사관이 습격당했던 임오군란 후에 조선과 일본이 체결한 것으로 공사관 보호를 위해 일본 군대의 조선 주둔권 등을 인정하고 있었다. 천진 조약은 1885년에 김옥균 등이 자주 독립을 내세웠던 갑신정변 후 청일 간에 맺었던 조약으로 조선에 위급한 상황이 발생하면 상호 간에 알리고 파병하는 것 등을 규정하고 있었다. 일본은 청군이 조선에 도착하는 것보다 늦지 않게 즉각적으로 군대를 파견하였다.

그러나 청군과 일본군의 파병 소식을 접한 농민군은 정부와 화약을 맺고 해산하였고, 한성은 평온하였다. 한성 주재 일본 공사 오토리 게이스케는 일본 혼성 여단의 한성 진입의 구실을 만들기 위하여 조선 국왕에게 내정 개혁을 요청하였다. 이토 히로부미 등 일본 정부의 중추 세력들은 청일 공동에 의한 내정 개혁을 구상하고 있었던 것이다. 일본이 의도하는 내정 개혁이란 갑신정변의 목적을 다시 추진하여 청의 영향력을 배제하고 조선을 독립국으로 하며, 국왕을 비롯한 기존의 정권을 개혁하여 근대화를 목표로 하는 것이었다. 청국이 이것에 반대하자 일본은 군대 주둔을 배경으로 청국 세력을 타파하고 단독으로 내정 개혁에 착수하려고 하였다.

오토리 공사는 6월 28일 조선 정부에 대하여, 청국이 일본에 보냈던 조선 파병을 전하는 문서에 〈보호 속방의 구례〉라는 표현이 있는데 〈보호 속방〉(속국을 보호한다)이라는 네 글자, 즉 조선이 중국의 속방인 것을 인정하는

오토리 게이스케(1833~1911).

가 아닌가에 대해 다음 날인 29일까지 회답할 것을 요구하는 문서를 보냈다.

이 문서를 접수한 조선 정부는 회답에 대하여 원세개와 상의하면서 일본의 게이오기주쿠에 유학 경험이 있는 유길준과 법부 고문인 미국인 클래런스 리들리 그레이트하우스 등과 협의하였다. 결국 원세개는 이홍장의 지시를 받았고 이홍장은 일본이 중화 질서에 입각한 해석을 하지 않을 가능성을 고려하여 〈보호 속방〉 네 글자에 대해 회답을 회피할 것을 지시하였다. 그 결과 1894년 6월 30일 조선 정부는 다음과 같은 회답을 일본 공사에게 보냈다.

조일 수호 조규 제1관에 〈조선은 자주국으로 일본과 평등한 권리를 가진다〉라는 하나의 구절이 있으며, 본국은 조약 체결 이후 모든 양국의 교제와 교섭 안건을 자주 평등의 권리에 기반을 두고 처리하여 왔다. 이번 청국에 원조를 청한 것도 우리 나라의 자유로운 권리이다. 조일 수호 조규에 조금도 위반하지 않는다. 본국은 조일 수호 조규를 준수하고 성실히 실행하고 있다. 본국의 내정과 외교가 자주라는 사실은 처음부터 중국도 알고 있는 것이다.

(『구한국외교문서 2: 일안 2』, 문서번호 2893)

조선은 중국의 〈속국〉인지 아닌지를 애매하게 하여 중국과의 관계를 〈자유로운 권리〉에 근거한 것이라고 표현하여 회답하였던 것이다. 이홍장과 원세개는 지금까지 조선이 중국의 〈속국〉인 것을 근대 국제 관계의 속국과 가까운 의미로 해석해서 조약 체제의 논리와 용어를 구사하여 대외적으로 보이려고 고심하였다. 그러나 확실한 것을 피하기 위한 이때의 회답은 청의 조선에 대한 세력 약화를 여실히 보여 주는 것이었다.

일본에 의한 조선 내정 개혁 요구

1894년 7월 3일 오토리 공사는 조선 정부에 대하여 중앙 정부와 지방 제도의 개정, 인재 채용, 재정 정리 등으로 구성된 내정 개혁안 강령 5개조의 회답을 재촉하였다.

이 개혁안은 1884년 갑신정변에서 내걸었던 정강 내용과 겹치는 부분이 많았다. 덧붙여 5일 전인 6월 28일에 무쓰 무네미쓰 외상이 오토리 공사에게 보낸 훈령에는 다음과 같은 2개 항목이 추가되어 있었다.

하나는 〈교통 편의를 일으킬 것〉으로, 인천과 부산 및 기타 요충지에 전신선을, 부산과 한성 및 그 외 지역에 철도를 부설하고, 우정 사업을 보급하는 것이었다. 또 하나는 〈제국의 이익에 관한 사항〉으로 청국인이 조선에서 가지고 있었던 일체의 이익을 일본인에게도 부여하는 것이었다. 결국 일본 정부는 조선에서의 이권 획득을 의도한 내정 개혁을 요구하고 있었다.

조선 정부는 원세개와 천진에 있는 이홍장과 상의하였으나, 대군을 이끌고 내정 개혁안의 수용을 압박하는 일본에 대항할 방법이 없었다. 고종은 일본이 요구하는 개혁안을 담당할 위원 3명을 임명하였지만 그 직후 원세개는 병을 핑계로 귀국하였다.

7월 10일 위원 3명은 오토리 공사, 스기무라 후카시 서

기관 등과 처음 회담을 가졌다. 일본 측은 3인의 위원에게 내정 개혁안을 제시하였지만 거기에는 무쓰 외상이 요구했던 2개 항목도 추가되어 있었다. 일본이 작성한 내정 개혁안은 그간 조선의 국정을 조사한 결과와 경험에 의한 것으로 개혁의 방향성은 누구도 부정하지 못하는 것이었고 원세개를 대신하였던 당소의(唐紹儀)조차도 어쩔 수 없다고 인정할 정도의 내용이었다. 또한 김홍집, 김윤식, 어윤중, 유길준 등의 온건 개화파는 조선의 전통적인 통치 체제인〈군신 공치〉에 의거하여 현재 비대화한 신권을 억제하고 국왕의 권력을 강화하여 군신 간의 균형을 잡으려고 했다.

그러나 조선 정부는 일본이 요구한 기일 내에 회답을 하지 않고 내정 개혁안에는 기본적으로 동의하지만 어디까지나 일본군의 철병이 먼저라고 생각하고 있었다.

그에 대하여 오토리 공사는 조선에 주둔하고 있는 청국군의 철수를 요구하고 조선이 독립 자주국이라는 증거를 요구하였다. 구체적으로는 종속 관계를 명문화하였던 조청 상민 수륙 무역 장정을 비롯하여 종속 관계와 불가분의 관계를 가지고 있는 2개 장정(중강 통상 장정, 길림 무역 장정)의 폐기를 요구하였다. 일본은 중국과의 종속 관계의 완전한 해결을 조선 정부에 압박하였던 것이다.

조선 정부는 당소의와 상의한 뒤 앞에서 회답하였던 것과 마찬가지로 〈조선은 자주국으로 일본과 평등한 권리를 가지고 있으며, 조선의 내정과 외교가 자주적이라는 것은 중국도 알고 있다〉라는 회답을 거듭하였다. 이 때문에 7월 23일 마침내 일본은 은거하고 있었던 고종의 생부 대원군을 내세우고 군대를 동원하여 조선 왕조의 궁전(경복궁)을 포위 점거하여 정권을 무너뜨리고 대원군을 수뇌로 하는 신정권을 수립하였다. 쿠데타였다.

청일전쟁하의 종속 관계 폐기

일본으로서는 조일 수호 조규 이래 오랫동안 해결하지 못했던 중국과 조선 간의 종속 문제를 정면으로 해결하려는 기회를 맞았다.

1894년 7월 19일 다시 한번 조선 진출을 목표로 한 일본은 청국과의 전쟁을 결정하였다. 외상이었던 무쓰 무네미쓰는 『건건록』에서 청일전쟁의 주된 원인은 〈청한 종속〉의 논쟁이었다고 평가하고 있다. 조선 왕궁 점거가 있었던 7월 23일 연합 함대는 이미 사세보항을 출항하고 있었다. 그리고 7월 25일 이른 아침 서해안의 아산만에 있는 풍도 부근에서 청일 간에 전투가 시작되었다. 이 풍도만 해전에서 일본이 승리하면서 아산에 증파될 예정이었던 청국 측 병력을 반감시켰다.

7월 25일 오시마 요시마사 여단장은 혼성 제9여단의 주력을 이끌고 아산으로 향하였다. 다음 날 26일에 오토리 공사로부터 아산의 청국군을 국외로 축출해 달라는 조선 정부의 의뢰 공문을 수령하였다는 보고가 오시마 여단장에게 도착하였다. 이것은 오토리 공사 등이 조선 정부를 강하게 압박하여 나온 것이었다.

결국 일본은 11월 요동반도의 여순을 점령하고 청일 간의 강화 절충의 중재역을 미국이 맡을 수 있는지를 타진하기 시작하였다. 청일 간의 〈청한 종속〉 논쟁은 일본의 승리가 눈앞에 보이고 있었다.

다른 한편 청일전쟁과 병행하여 조선에서는 다음 절에서 상세히 다루는 〈갑오개혁〉이라고 부르는 근대 개혁에 착수하였다. 그것은 김옥균 등에 의한 갑신정변을 계승하는 것으로, 군주제에 기반하면서도 민의 정치적 의사를 반영하는 〈군민 공치〉의 정치 체제를 지향했다. 동시에 일본 진출의 단서가 되는 것이었다. 조선이 내정 개혁을 하기 위해서는 먼저 청과의 종속 관계의 해소가 필요하였다. 이것은 갑신정변에서도 강조되었던 것이다.

청일 개전 직후인 7월 25일 조선 정부는 청국에 대해 종속 관계를 명문화하고 있었던 세 장정의 폐기를 일방적으로 통고하였다. 오토리 공사의 최후 통첩을 받아들인 것이다. 이 통고에 의해 1637년부터 250년 이상 이어져 왔던 청국과 조선의 종속 관계가 종언하였다.

다만 청국에 대한 세 장정의 폐기 통고는 분명 일본의 군사적 압력에 의해 실행된 것이었다. 고종을 비롯한 정부의 중심 인물들은 대일 교섭에 대해 원세개, 당소의 등과 상의하였던 것과 같이 어디까지나 종속 관계를 축으로 하고 있었고, 청국과의 관계를 스스로 단절할 의지는 없었다.

2
갑오개혁:
개혁과 외세

정치 제도 개혁

갑오개혁은 청일 간 개전과 거의 같은 시기인 1894년 7월부터 다음에 서술하는 고종이 러시아 공사관으로 피난(아관파천)하는 1896년 2월까지 이어진 조선의 근대화 개혁이다.

갑오개혁은 정치 제도, 재정과 금융 제도, 지방 제도, 군사 제도, 경찰 제도, 교육 제도 등을 포함하는 광범위한 것이었다. 일본의 메이지 유신을 모델로 하였던 갑신정변의 정신을 계승하고 또한 일본 정부의 인적·재정적 지원을 받아서 이루어졌다. 갑오개혁은 일본식의 근대화 모델을 조선에 이식한 개혁이라고 말하는 것도 가능하다. 단, 일본인 고문관의 조선 체류는 비교적 짧은 시간이었으므로 조선인 관료들이 주체적으로 추진하여 뒷날 독립협회

가 지향한 개혁에 선행하는 것이자, 황제 전제 국가 대한
제국 탄생의 바탕이 되는 면도 있었다. 다만 이와 같이 일
본의 힘을 빌렸던 위로부터의 개혁은 민중의 눈에는 근대
적 측면보다도 일본의 침략으로 비쳤다.

갑오개혁을 구체적으로 보자.

정치 제도에서는 일본의 원로원과 추밀원 관제의 틀을
받아 군국기무처가 설치되었다. 군국기무처는 국왕 친
임·자순의 규칙이 없고, 그 덕에 수시로 개회할 수 있어
일체의 정무와 군사는 군국기무처 회의의 심사를 거치지
않으면 시행할 수 없는 초정부적 독재 기관이었다.

총재에는 김홍집이 취임하였다. 그 외 멤버는 갑신정변
을 비판하고 온건 개화파라고 평가되었던 김윤식과 어윤
중, 또 초대 주미 전권대신이었던 박정양 등 종래의 중진
관료들에 더하여, 정부 전복을 도모하는 이준용 등 대원
군파, 그리고 일본 게이오기주쿠에 유학 경험도 있고 일
본 사정에 밝은 유길준 등이 참여하였다.

1894년 7월 30일 성립 직후의 군국기무처는 수많은
의안을 의결하여 조선의 전통을 바꾸려고 하였다. 과거
제도와 신분 차별의 폐지, 죄인의 가족 등을 처벌하는 연
좌제 폐지, 조혼 금지 등도 포함되었다. 특히 주목할 만한
것은 공문서에서 개국기년, 즉 조선 독자의 역법을 채용

표1. 갑오개혁 신설 정부 기구

새 정부 기구 명칭	새 정부 기구의 장	해당하는 옛 정부 기구 명칭
의정부	총리대신	의정부
궁내부	궁내부대신	내무부
내무아문	내무대신	이조
외무아문	외무대신	통리교섭통상사무아문
탁지아문	탁지대신	호조
군무아문	군무대신	병조
법무아문	법무대신	형조
학무아문	학무대신	예조
공무아문	공무대신	공조
농상아문	농상대신	없음(신설)

출전:『한말근대법령자료집』1 및「근대조선에 있어서 정치적 개혁(제1회)」를
참조하여 작성.

하고 청국과의 조약을 개정하여 특명전권대사를 각국에
파견하는 것 등이었다.

갑오개혁은 조공 체제의 굴레에서 고뇌하던 조선이 종
속 관계를 폐기하고 독립국이라는 것을 내외에 알리려는
것이었다.

그 외 중앙 정부의 새로운 정치 기구는 의정부와 궁내
부 및 표1과 같이 8아문이었다.

의정부 아래에는 군국기무처를 비롯하여 도찰원, 중추

원, 회계국과 관보국 등 9개의 기관이 부속하였다.

나란히 설립하였던 궁내부는 왕실과 척족 관계 사무를 관장하였다. 궁내부는 내무부를 계승한 조직이었다. 내무부가 맡았던 군국사무 부분은 의정부로 이관되고, 궁내사무는 궁내부로 이관되었다. 궁내부의 명칭은 일본의 궁내성에서 유래하지만 실상은 다른 것이었다.

조선에서는 중국 황제에 책봉된 국왕이 최고 권위로 무한한 권한을 가지면서 척족과 명문 가문 출신의 중진 관료가 정치를 주도하였지만 조령모개하는 일도 자주 있었다. 그 때문에 일본 정부는 조선과 청국의 종속 관계를 폐기한 다음 궁중의 비정치화를 큰 목표로 삼았다. 또한 이것은 일본의 조선 지배를 용이하게 할 의도가 있었다. 반면 갑오개혁을 담당했던 김홍집 정권도 의정부와 궁내부를 분리하고 궁중을 비정치화하여 왕권을 축소시키고 국왕이 가졌던 인사권을 제약하여 의정부에 권력을 집중시킨 강력한 중앙집권적 통치 행정 체제를 수립하려고 하였다. 이것은 조선의 전통적인 〈군신 공치〉에 의거하면서 근대 국가를 구상한 왕권 억제 정책이었다.

그러나 조선에는 국왕 직속의 기관이 아무래도 많았다. 그것들을 궁내부에 그대로 이관시켰기 때문에 궁내부는 의정부보다도 복잡하고 권한도 지나치게 큰 것이 되었다.

한편 1895년 1월 11일 의정부는 내각이라고 이름을 바꾸었다.

재정 개혁의 시도: 탁지아문의 설치

갑오개혁에서 중요하였던 재정·금융 제도, 지방 제도, 군사 제도 그리고 교육 제도 등이 어떻게 개혁되었는지에 대해 간단히 살펴보자.

우선 재정·금융 개혁이다. 지금까지 왕실이 정부로부터 독립된 회계를 가지고 세출입이 불분명한 상태에서 근대적 문물의 도입과 제도 개편을 하여 재정은 매우 곤궁하였다.

갑오개혁에서는 전국의 재정을 일괄하여 관리하는 것을 목표로 일본의 재무성에 해당하는 탁지아문을 처음으로 만들었다. 탁지아문은 국가 재정의 출납과 조세·국채·화폐 등을 관리하고 지방 재정도 감독하였다. 이것은 갑신정변을 일으켰던 김옥균의 〈14개조 정강〉에도 있었던 것으로 그 정신을 계승했다고 할 수 있다.

탁지아문으로의 재정 일원화는 다른 회계였던 왕실 재정의 폐지로 이어진다. 그러나 국왕은 이것을 싫어하여 〈내장원〉(이후 내장사)이라는 독자적인 재정 기관을 신설하고 왕실이 가지고 있는 국내의 모든 재원을 그 소관으로 하여 탁지아문의 개입을 막으려고 하였다. 탁지아문과 내장사의 재정 이원 체제는 대한제국으로도 계승되었다.

악화의 발행으로 유통이 혼란하던 통화의 정비에도 착수하였다. 은 본위제를 채용한 〈신식화폐발행장정〉을 제정하고 신식 화폐와 같은 질량의 외국 화폐의 통용도 인정하였다. 1냥=10전=100푼으로 은 5냥이 일본의 1엔 은화에 상당하였다.

이와 같은 개혁 자금은 조선 정부가 충분히 갖고 있지 않아 일본 정부의 차관에 의존하였다. 그러나 탁지아문은 토지 소유권의 재분배와 토지 조사 사업 등은 시행하지 못했고 갑오개혁에서 발본적인 재정·금융 제도 개혁은 시행되지 못했다.

지방 제도: 8도 폐지, 23부 337군의 설치

지방 제도 개혁은 일본 정부와 체계적인 연계가 부족하여 불신을 받고 있었던 오토리 공사 경질 이후에 속도를 올렸다. 후임 공사로 내외에 정통한 이노우에 가오루 일본 전 내무대신이 취임하여, 1894년 10월 25일에 착임하고, 12월에 박영효 등을 복권시킨 신정권을 수립하였다. 단, 갑신정변을 주도한 박영효가 정권에 참여하면서 다른 개혁 관료들과 충돌하여 정치 세력이 분열하기 시작했다.

조선의 지방 행정 체제는 8도(경기도·충청도·경상도·전라도·강원도·황해도·평안도·함경도)를 기본으로 5개의 유수부(개성·강화·광주·춘천·수원), 3개의 감리서(인천·부산·원산), 그리고 부·목·군·현 등으로 편성되어 있었다. 이와 같이 복잡한 것에 덧붙여 지방 행정 관리의 임명권은 국왕에게 있어, 매관매직이 크게 횡행하는 부패의 온상이었다.

1895년 6월 18일 일본의 내무대신에 해당하는 내부대신 박영효의 지휘하에 지방 제도 개혁이 공포되었다. 박영효는 일본 지방 제도를 본떠 8도를 폐지하고 전국을 한성부·인천부·동래부·개성부·평양부 등 23부로 나누고 부·목·군·현을 폐지하여 모두를 337군으로 하는 통폐합을 단행하였다.

또 지방관의 관제도 바꾸었다. 각 부의 우두머리인 관찰사는 내부대신의 지휘·감독을 받는 등 지방 행정의 효율성을 높여 근대적인 중앙 집권 국가를 실현하고자 하였다. 다만 이 개혁은 당시의 지방 민심을 무시하였기 때문에 민중의 반감을 초래하였다.

군사 제도

1894년 7월 23일 일본군의 경복궁 점거 이래 조선군은 사실상 해체되어 조선 국왕의 호위와 지방의 치안은 일본군이 담당하고 있었다. 박영효가 정권을 담당한 1894년 말 이후 군사 제도 개혁에 착수하였다.

수만 명의 강력한 근대적 상비군 창설을 희망한 박영효는 1895년 4월 20일 공포한 〈군부관제〉에 일본 육해군의 제도를 본떠 군부대신 밑에 육군 장교를 두었다. 군복도 일본 육군 장교의 군복을 차용했고, 5월 3일에는 〈육군복장규칙〉을 공포하여 군복, 외투, 군모 등을 비롯한 칼과 군화 등 모두를 서양식으로 변경했다.

서양식으로의 복제 변경은 고종을 비롯한 고위 관료들에게는 받아들이기 어려운 변화였다. 그 때문에 갑오개혁에서는 육군과 경무사의 복제 개혁에 머물렀다.

나아가 힘세고 건강한 남자를 선발하여 〈훈련대〉를 만들었다. 계획으로는 1895년 말까지 6개 대대 약 3천 명의 병력을 한성·평양 등 주요 도시에 배치할 예정이었다. 6월 13일에는 〈훈련대사관양성소관제〉를 시행하고 귀천을 불문하고 일반으로부터 모집하였다.

그렇지만 직후에 박영효가 실각하여 일본에 다시 망명하였고, 또 10월에는 후술하는 명성황후 암살에 훈련대가 가담하였기 때문에 비난이 높아 훈련대는 해산되었다.

교육 제도 개혁: 유교 교육과 근대 교육의 혼합

원래부터 조선에는 한성의 성균관을 정점으로 각지에 향교가 있었다. 성균관은 유교 교육 기관으로 전 왕조인 고려 시대 말에 설치되어 조선 시대에 긴 시간에 걸쳐 인재 양성과 유교 교육을 담당하였다. 향교는 지방에서 유학을 가르치는 관설 학교였다. 성균관, 향교와 같은 교육 기관은 조선 왕조가 운영하고 초등 교육은 각지의 유학자가 담당하였다. 5세부터 8세 무렵에는 한문과 유교 경전을 배우기 시작하여 과거를 중심으로 하는 교육과 관리 등용 제도를 뒷받침했다.

여기서는 유교의 가르침인 〈남녀유별〉이 엄수되어 남자는 남자 방에서 수학하고, 침식에 이르기까지 여자와 교류하지 않았다. 또한 중국 고전을 배우는 일이 존숭되었고 통역과 의학 등을 다루는 기술직은 하위, 육체노동은 학문과 가장 먼 곳에 있었다.

갑오개혁에 의한 교육 제도는 근대적인 실용 교육 제도를 수립하고 〈이국편민〉, 〈부국강병〉을 목표로 한 것이었다. 과거를 폐지하고 새로운 관리 임용 제도를 채택함으로써 전통적인 유학 교육의 틀을 벗어나 한글, 조선사, 수학, 물리 등을 가르치는 근대적인 학교 교육으로 변화하는 획기적인 전환점이 되었다. 외국어 학교도 설립되어 게이오기주쿠 등으로 유학생 파견을 시행하였다.

다른 한편 성균관은 폐지하지 않고 그대로 두었다. 1895년 9월 27일에 〈성균관경학과규칙〉을 제정하고, 성균관 경학과에서는 종래의 유교 교육에 덧붙여 만국사와 만국지지, 산술 등 근대적 학문의 습득이 부과되었다. 근대적 학문과 전통적인 유학 교육을 함께 진흥하고자 한 것이다.

1895년 9월 7일에 일본의 소학교령을 모범으로 〈소학교령〉이 공포되었다. 의무 교육은 아니었고 만 8세부터 만 15세의 남녀를 대상으로 국민 교육의 기초와 지식·기능 습득을 위해 소학교 설치(관립·공립·사립)가 규정되었다. 관립은 국고, 공립은 부·군이 지불하고 사립은 지방재정과 국고가 보조하는 것으로 결정되었다. 그러나 지방재정 제도가 미정비된 상태였고 재래의 교육 제도와 연결이 원만히 이루어지지 않았기 때문에 정착되지 못했다.

갑오개혁의 〈소학교령〉은 조선에서 처음으로 초등 교육에 국가가 직접 관여한 것이었다. 다만 일본의 제도를 과도하게 의식하여 조선의 전통적인 교육의 상황과 연결되지 못했고 관립 소학교와 한성의 공립 소학교가 중심이 되어 운영되는 것에 머물렀다.

갑오개혁은 조선에 〈국민〉을 창출하는 것도 목적의 하나였다. 그러나 제도 개혁의 혜택은 한성을 중심으로 하는 도시부의 엘리트층에 한정되어 지방에는 충분히 확대되지 못했다. 이것은 뒷날 근대화를 추진하는 독립협회의 활동이 도시부에 한정되었던 것과도 이어진다.

3
종속 관계의 종언:
홍범 14조 서고

홍범 14조와 시모노세키 조약

청일전쟁 중 갑오개혁이 진행되고 있었던 1895년 1월 7일 고종은 백관을 이끌고 조선 왕조의 왕과 왕비의 위패를 모시고 있는 종묘에 나아가 영전 앞에서 다음과 같은 서고문을 바쳤다.

조선 왕조가 시작되었던 시기로부터 503년이 지났지만, 짐의 치세에 시운이 크게 변화하였고 문명이 열렸습니다. 우방의 진심 어린 계획과 조정의 의견이 일치하여 〈자주 독립이야말로 우리 나라를 강고히 하는 길〉이 되었습니다.

(『승정원일기』·『고종실록』 고종31년(1894) 12월 12일)

이 서고문의 〈우방〉은 일본이다. 〈일본의 진심 어린 계획〉으로 조선이 〈자주 독립〉을 이루었다는 구도는 갑신정변을 주도하였던 개화파와 일본 정부가 그린 조선 근대화였다. 조선 정부의 자주성을 강조하는 것으로 서양 열강의 개입을 방어하는 목적도 있었다. 서고문은 박영효의 진언을 채용하여 이노우에 공사와 앞서 서술한 게이오기주쿠 유학 경험이 있는 유길준이 공동으로 작성하였다. 이노우에 공사 착임 후 일본 정부의 개혁 주도가 눈에 드러나게 되었다.

서고문에는 〈홍범 14조〉라고 불리는 내정 개혁의 방침도 기술되어 있다. 이것을 광범위하게 알리기 위하여 순한글, 한문과 한글 혼용, 순한문의 3종으로 작성되었다.

그 내용은 〈청국에 의존하는 생각을 끊고 자주 독립하는 기초를 확립하는 것〉으로 시작하는 14조이다. 왕실의 권리를 제한하여 왕실 사무와 정부 사무를 분리하는 일, 인민에게 법에서 정한 것 외 징세를 하지 말 것, 지방 관리의 직권을 명확히 하는 일, 또 외국의 학문 습득, 징병에 의한 군사 제도의 확립 그리고 연좌제와 같은 징벌의 금지 등이 포함되어 있었다.

홍범 14조의 최대 목적은 조선이 청과의 종속 관계를 끊고 독립국인 것을 국내외에 널리 알리는 것이었다. 조선 정부의 자주성을 강조하면서 서양 열강으로부터의 간섭을 미리 막으려고 하였다. 그 외 갑오개혁이 지향하는 정치, 재정, 금융, 지방, 교육 등의 제도 개혁의 목표를 내걸고 그 이념의 기초를 보여 주었다. 갑오개혁이 청국과의 종속 관계 폐기를 대전제로 했다는 것을 다시 한번 확인할 수 있다.

홍범 14조에 의해 조선이 중국과의 종속 관계를 청산하고 독립 자주국이라는 사실을 서고하는 것과 병행하여 7일 후인 1월 14일에 국가 제사와 속절 제사가 정리되었다. 나아가 17일에 국왕 이하의 존칭도 개정하였다.

중화 질서에서는 중국 황제가 유일무이의 존재로 조선은 중국의 〈속국〉으로서 신하의 입장과 관습을 지켜 왔다. 지금까지 조선 국왕과 왕대비, 왕비에게는 〈전하〉라는 존칭이 사용되어 왔고, 책봉된 나라의 후예라는 것을 보여 주는 〈왕세자〉 및 〈왕세자빈〉에게는 〈저하〉가 사용되어 왔다. 그러나 이후는 독립 국가로서 〈폐하〉를 사용하는 것을 비롯하여 표2와 같이 왕실 구성원의 존칭을 변경하였다.

국왕을 〈대군주〉라고 칭하는 것은 이전에도 조선 국왕이 서양 각국과 일본에 대해서, 즉 청국이 관여하지 않는 관계에서 때때로 나타났다. 그러나 〈폐하〉는 중국 황제만

표2. 존칭의 변경

옛 존칭	새 존칭
주상 전하	대군주 폐하
왕대비 전하	왕태후 폐하
왕비 전하	왕후 폐하
왕세자 저하	왕태자 전하
왕세자빈 저하	왕태자비 전하

출전:「주본 왕실존칭에 관한 건」,『한국근대법령자료집』1

의 존칭이었다. 〈대군주〉를 〈대군주 폐하〉라고 부르는 일
은 없었다. 이와 같은 존칭 변경은 일본 측이 조선에 청과
의 종속 관계를 단절 시키기 위하여 기도한 일이기도 하
였다.

그러나 청일전쟁 개전 직후 고종과 대원군은 밀서를 보
내 청국에 군대 파견을 의뢰하고 일본 세력의 구축을 요
청하고 있었다.

같은 시기 1894년 7월 29일에 쓰여진 유학자 황현의
일기에는 다음과 같은 기술이 있다.

오토리 공사가 고종을 황제라고 칭하며 연호를 사용
할 것과, 단발하고 양복을 입을 것을 말했지만 모두 오
토리의 말에는 귀를 기울이지 않고, 고종을 대군주 폐

하라 하고 개국 기원을 사용하여 연호를 대신하였다.

(『매천야록』 갑오 6월 27일)

오토리 공사는 청국으로부터의 독립을 기정사실로 만들기 위해 고종을 〈황제〉라 부르고 중국의 역법이 아닌 조선 독자의 연호를 만들어 사용하라고 말했지만, 오토리가 말한 것을 누구도 듣지 않았다는 것이다.

고종을 비롯한 정권 중추는 일본이 그리는 것과 같은 근대화 개혁을 추구하지 않았고, 청과의 관계 단절도 원하지는 않았다. 홍범 14조는 일본이 강요하였던 부분이 많았다.

시모노세키 조약 체결: 종속 관계의 완전한 종언

1895년 4월 청국은 전쟁에 패배하여 일본과 강화 조약을 체결하였다. 이 시모노세키 조약에 의해 청과 조선의 종속 관계 폐기가 공식적으로 조약문에 명기되었다. 시모노세키 조약 제1조는 다음과 같이 기술되어 있다.

청국은 조선이 완전 무결한 독립 자주 국가라는 것을 확인한다. 따라서 다음과 같이 독립 자주를 해치는 조선국에서의 청국에 대한 공헌, 전례 등은 장래 완전히 폐지한다.

일본은 전쟁에서 청국에 승리함으로써 일본·조선·청국 사이의 애매한 관계를 제거하였던 것이다.

1895년 6월 6일 조선의 독립을 기념하여 처음으로 원유회(원유가회)가 개최되었다. 물론 고종도 참가한 대규모의 연회였다. 초대 손님은 조선 정부의 고관뿐만 아니라 외국 공사·영사, 외국인 고문관과 교사, 외국인 상인까지도 포함하여 부부 동반으로 1천 명 정도였다. 고종은 원유회를 즐긴 것 같다. 다음과 같은 기록이 있다.

오늘의 원유회는 날씨도 대단히 좋았고 우리 정부가 각국의 사신과 신사·상인과 함께 기뻐하였고, 이것이야말로 바로 이 세계의 평온한 행복이다. 짐은 대단히 기쁘기 때문에 궁내부서리[대리]대신 김종한에게 명하여 짐의 뜻을 선포하게 했다. 많은 훌륭한 내빈들은 짐의 뜻을 기쁘게 받아들이기를 바라노라.

(『승정원일기』 고종 32년(1895) 5월 14일)

시모노세키 조약이 체결되고 조선과 청의 종속 관계가 없어진 이후의 언급이었다. 조선이 세계 각국과 대등한 독립국이 되어 그것을 국내외의 사람들이 축하하였다고 고종은 기뻐하고 있다. 이것도 또한 본심이었을 것이다.

개국 기원절의 축하연

청일전쟁 이후 갑오개혁을 통하여 독립국이라는 사실을 대외적으로 강조하였던 조선은 근대 국가로서의 국가 수립을 축하하는 경축일을 제정하였다. 개국 기원절은 태조 이성계가 조선 왕조를 건국한 날을 축하하는 경축일이다. 1895년부터 궁중과 민간에서 다양한 형태의 경축이 행해지게 되었다.

1895년 9월 4일 처음으로 개국 기원절을 기념하여 대규모의 궁중 행사가 거행되었다. 국가 전례는 공식 의례로, 그 국가의 이념과 가치를 가시적으로 보여 주는 장이기도 하다. 그 때문에 다음에 서술하는 개국 기원절의 궁중 행사에 확실하지는 않지만 고종의 의사가 어느 정도 반영되었고 일본 측의 간섭이 어느 정도였는지가 매우 중요한 것이다.

개국 기원절의 기념식전은 다음과 같이 2부 형식이었다. 오후 3시부터 왕궁에서 접견례가 행해졌다. 접견례는 각국 공사들이 부부 동반으로 고종을 알현하는 행사였다. 고종은 사진과 같이 익선관과 곤룡포(왕의 정복)를 착용

1902년경, 명으로부터 하사받아 착용하기 시작한 익선관을
머리에, 곤룡포를 몸에 착용한 고종. 황제 즉위 전에는 홍색의
홍룡포를, 즉위 후에는 황제의 색인 황색의 황룡포를 착용했다.

가마를 타고 있는 고종, 1904년.

하고 남쪽을 향하여 의자의 앞에 섰다. 공사들은 서양식의 대례복과 대훈장을 착용하고 부인들은 예복을 입고 고종에게 축하 인사를 하였다. 국내의 고관들도 부부 동반으로 접견례를 행하였다.

다음으로 오후 8시부터 12시까지 본격적인 축하연이 있었다. 축하연은 접견례보다도 중요시되었다. 개국 기원절의 축하연은 서양식의 입식 파티의 형식으로 티테이블 2개, 크고 작은 국기 5개가 준비되었다. 서양 요리용의 접시와 와인 잔도 준비되었고 와인도 제공되었다.

축하연에는 국내외의 고관이 부부 동반으로 초대되었다. 나아가 주최 측의 왕실 구성원도 국왕, 왕후, 왕태자였다. 국왕도 부부 동반으로 참가하였던 것이다. 조선 국왕 부처가 근대적인 연회에 공식적으로 부부 동반으로 참가한 최초의 장면이었다고 생각된다. 그러나 조선에서는 신분이 높은 여성은 가족 이외의 남성에게 얼굴을 보이지 않는 관습이 있었기 때문에 『고종실록』을 비롯한 조선 측의 공식 기록에는 왕후의 참가는 기록되어 있지 않다.

국왕, 왕후, 왕태자는 각자 전용의 〈가마〉를 타고 등장하였다. 고종은 가마 안에서 칙어와 축사를 말하였다. 이와 같은 고종의 대응을 보면 서양식의 파티를 의식하면서도 동시에 중화의 전통적인 규례를 지키고 있었다고도 생각된다.

그리고 서양 열강이 〈모른 척하기〉를 하였던 청과 조선의 종속 관계는 시모노세키 조약에 의하여 완전히 단절되었다. 일본은 군사력을 배경으로 조선을 중화 질서로부터 끌어내어 조약 체제에 의한 근대 국가 관계로 끌어들였다. 이와 같은 일본의 조선 진출과 국제 관계의 변화에 고종은 어떻게 대응하고 있었던 것일까.

고종의 입장에서 보자면 청국을 의식하는 일 없이 정치를 행할 수 있게 되었다. 고종이 즉위한 이후 가지고 있었던 명조 중화의 계보를 잇는 조선 중화주의는 어떻게 드러나고 있었던 것일까. 미리 말하면 그것은 1897년 10월 12일의 대한제국 성립으로 이어지게 된다.

제2장
조선 왕조로부터 대한제국으로:
1895~1897년

청과 조선의 종속 관계 폐기는 조선이 직접 관여할 수 없었던 청일전쟁에 의한 시모노세키 조약으로 결정되었다. 청과의 단절을 전제로 한 조선의 근대 국가 개혁은 조선의 개혁 관료 주도하에 일본이 개입한 갑오개혁에 의해 진행되었다.

다른 한편 국왕 고종의 생각은 어떠한 것이었을까? 고종은 친정 전인 1870년 진강 자리에서 야만족인 여진족의 청국 황제를 물리치고 장래 〈진천자〉가 나타나서 명나라 중화를 부흥시킬 것이라는 얘기를 듣고 있었다. 그 말대로 청국은 쇠했지만 중국에 진천자는 나타나지 않았다. 여기에서 고종은 스스로가 진천자가 되는 것을 상상했다.

이 장에서는 고종이 진천자로서 즉위하는 과정을 보기로 하자. 단 진천자는 1870년에 꿈꾸었던 것과 같은 중화의 부흥만을 목표한 것으로 충분하지 않고 내정 개혁이나 중화와 근대의 조화, 공존도 생각하지 않으면 안 되었다.

1
을미사변, 아관파천:
국왕 고종의 방황

환구 제사의 실시: 황제에게만 허락된 제사

1895년 4월 시모노세키 조약에 의해 청국과의 종속 관계가 공식적으로 단절된 3개월 후인 7월 12일 고종은 〈환구단〉 건축 명령을 내렸다. 그러나 영·러·미 공사와 일본이 시기상조라 하여 무산되었다.

환구단은 유교 경전의 최고신인 호천 상제를 제사하는 제단으로, 중화의 황제만 천자로서 제사를 지내는 것이 허락되었다. 조선에서는 고려 왕조가 983년에 환구단을 도입하였지만 조선 왕조 초기에 명과의 종속 관계를 고려하여 폐지하였다.

여기서 행해지는 환구 제사는 천자인 중국의 황제가 시행하는 의례로, 독립한 나라라는 것을 널리 알리기 위하여 황제의 정통성 및 권력 강화와 긴밀하게 연결되어 있

환구단. 유교의 최고신을 모시는 제단으로, 중화의 황제만이 제사를 지낼 수 있는 곳이었다.

는 것이었다.

　조선의 환구단은 중국의 환구단에 비하면 대단히 간소한 것이었지만 황제 제도에 근거한 고유의 제단이라는 사실은 변함이 없었다. 동시에 환구대제를 동지와 정월 상신(음력 원단)에 지내는 것도 정해져 있었지만, 그 날짜를 정하는 것은 중국 방식(『주례』의 규정)을 따르고 있었다. 1895년 12월의 동지에 고종은 처음으로 환구단에서 환구대제를 시행할 준비도 하고 있었다. 그러나 그 직전에 명성황후가 시해되었기 때문에 복상 중이어서 대리를 세워 시행하였다.

을미사변

이노우에 가오루 공사가 착임하고 청일전쟁이 끝났어도 갑오개혁은 진행되었다. 일본인 고문관 채용과 대일 경제 종속화를 목표로 한 차관 공여가 진행되었고, 특히 궁중과 부중, 즉 정치의 분리도 진행되었다. 이에 대하여 서양 열강이 일본의 이권 획득에 항의하였다. 열강의 동향을 우려한 이노우에 공사는 1895년 6월 갑오개혁에서 손을 떼고 귀국하였다. 이즈음 고종의 왕비인 민씨는 러시아 공사 카를 이바노비치 베베르와 함께 일본 세력의 축출을 획책하였다.

민비의 움직임을 파악하고 있었던 후임 미우라 고로 공사와 스기무라 후카시 서기관, 오카모토 류노스케 궁내부 고문관 등은 민씨 일족과 대립 관계에 있었던 고종의 생부 대원군을 내세우는 것을 계획했고, 1895년 10월 8일 새벽에 왕궁에 침입하여 민비 시해를 실행하였다.

왕비는 해를 입어 위를 향해 누워 후후 하면서 숨을 쉬고 있었고 숨이 끊어질 때였다. 사세[경무청 촉탁의사 사세 구마테쓰]가 와서 손수건으로 상처가 어느 정도 깊은지 재었다. 왕비는 이때 이미 피하려 했으나 피하지 못했다. 장사들은 모두 사진을 가지고 얼굴을 비

미우라 고로(1847~1926).

교하였다. 왕비는 양손으로 얼굴을 가리고 있었다.

(『朝鮮王妃殺害と日本人』)

〈사진을 가지고 얼굴을 비교하였다〉라는 것은 유교의
〈남녀유별〉 때문에 민비의 얼굴을 보았던 인물이 없었기
때문이었다. 잔인한 살해 현장이었다.

미우라 공사는 사건 직후 〈이것으로 조선도 드디어 일
본의 것이 되었다〉(『日本の韓国併合』)라고 말하였다고
한다.

그러나 사태는 미우라 공사의 판단과는 반대 방향으로

진행되었다. 명성황후 시해 사건이 고종을 비롯한 조선인에게 준 충격은 이후에도 〈응어리〉로 남아 계속되었기 때문이다.

사건 이후 일본 공사관 측은 외부대신 김윤식에게 훈련대가 왕궁에서 소란을 일으켰지만 국왕은 무사하니 염려할 필요 없다는 내용(10월 8일)과 민비가 국정에 관여하였기 때문에 폐위한다는 내용(10월 11일)을 2통의 외교 문서로 작성하게 하여 미·러·독·영·불 대표에게 보내게 하였다.

그러나 이 흉악한 행위는 미국인 시위대 교관 제네럴 다이와, 숙직하고 있는 러시아인 전기 기사 아파나시 이바노비치 세레딘 사바틴이 목격하였다. 미국 공사와 러시아 공사 그리고 독일 영사는 이와 같은 문서에 대해 반박하였다. 이 때문에 국제 여론에 의한 비판을 두려워한 일본 정부는 명성황후 시해 사건 관계자를 일본에 소환하여 재판에 회부하였다.

조선 민중의 반일 감정도 고양되어 갔다. 무엇보다도 민비 시해 사건 1개월 후 음력을 양력으로 바꾸는 것(음력 11월 17일을 양력 1896년 1월 1일로)이 예정되어 있었다. 그것은 조선 왕조 독자의 연호인 〈건양〉을 시작하는 시기이기도 하였다.

때마침 단발령이 나와 며칠 내에 국왕을 포함하여 관리들이 실행하고 있었다. 정부는 집집마다 관리를 파견하여 단발을 시키고, 단발을 하지 않은 지방 상인들은 한성 출입이 금지되었다. 이 단발령은 〈신체발부는 부모로부터 받은 것으로 훼손하지 않는 것이 효〉라는 유교의 가르침을 대단히 중요시하여 머리카락을 자르는 습관이 없이 긴 채로 머리를 묶고 있었던 민중에게 특별히 큰 비판을 받았다. 고종도 단발을 하였지만 그것이 알려지지 않게 모자를 쓰기도 하였다. 나아가 의관 제도 개혁이 시작되면서 외국의 의복 제도가 적용되었다.

이와 같은 근대화 개혁에 각지의 양반은 저항하였다. 〈중화를 존중하고 이적을 물리친다〉, 〈국모 복수〉를 내걸고 농민을 조직하여 반일·반근대화의 의병 투쟁이 전개되었다.

아관파천, 갑오개혁의 종언

1896년 2월 11일 날이 밝기 전 고종은 궁녀가 타는 가마에 몸을 숨기고 몰래 궁전을 나와 러시아 공사관으로 피난하였다. 이른바 〈아관파천〉이다. 물론 러시아 공사관과의 합의하에 일어난 것이다.

왕비를 살해당한 고종은 일본에 대하여 공포와 증오를

품었고 또한 내각이 생각과 같지 않게 운영되어 고립을 느끼고 있었다. 이미 러시아 공사관에 피신하고 있었던 이범진을 통해 고종은 아관파천을 바라는 밀서를 러시아 공사관에 전달하고 있었다.

아관파천을 지휘하고 있었던 것은 이범진, 이완용 등 정동파라 불리는 친미·친러적인 인사들과, 전 러시아 공사 베베르, 대리공사로 막 착임하였던 A. N. 스페이예르였다. 러시아 정부는 조선의 내정 문제를 자극하는 것에는 반대였지만, 일본과 영국의 공동 보조를 경계한 러시아 공사가 고종에게 일본과 영국 배척을 고취하면서 아관파천을 강력히 권고하였다. 고종은 단발령에 대한 폭동이 시작되자, 반역자들이 이 폭동을 이용하여 자신을 노린다는 점을 두려워하여 러시아 공사관으로 피신을 원했다. 고종은 이때부터 1897년 2월까지 1년 간 러시아 공사관에 머물면서 집무하였다.

아관파천 직후 총리대신 김홍집과 농상공부대신 정병하에게 명성황후 시해 사건 죄로 처벌하는 고종의 칙명이 내려졌다. 이들은 경무청에 호송되는 도중에 민중에 의해 살해되었다. 탁지부대신 어윤중도 피난하는 도중에 민중에 의해 살해되었으며 내부대신 유길준, 법부대신 장박, 군부대신 조희연은 일본에 망명하였고, 외부대신 김윤식

한성의 러시아 공사관. 고종은 1896년 2월부터 1897년 2월까지
이곳에 머물렀다.

은 제주도로 유배되었다.

1894년 7월에 시작되었던 갑오개혁은 고종의 아관파천으로 사실상 끝났다. 거듭 말하지만 갑오개혁은 청일전쟁 이전부터 조선 정부의 중추에 있었던 중진 관료의 〈군신 공치〉 지향에 더해 갑신정변 참가자와 일본에 유학하였던 젊은 관료들의 근대적 개혁 논리가 추가되어 일본 정부가 개입하여 추진되었던 조선의 근대 국가 개혁이었다.

아관파천 이후의 내각 진용은 반석과 같은 것은 아니었다. 고종의 측근 세력이 내각을 조직하였으나 그 대부분은 갑오개혁으로 과거가 폐지되었던 것도 있어 전통적인 관료 코스를 거치지 않고 고종의 총애로 그 지위를 확보하였던 자와 러시아와 미국 등 외국 세력과의 연결을 이용하여 지위를 얻은 정동파 인사들이었다. 하급 신분 출신의 친러파도 많았다.

그때까지 조선 왕조의 정치를 지탱해 왔던 기존의 관료들은 그들을 경시하여 대립은 현저하였다. 특히 기존의 정부 중진의 한 사람이었던 김병시는 일국의 왕이 외국 공사관에 도망하는 것에 대하여 불신감을 가지고 아관파천에 반대하였다. 고종은 여러 사람에게 신망을 받는 김병시를 총리대신으로 하여 신내각을 조직할 것을 원했지만 김병시는 러시아 공사관에서 나오는 것이 먼저라고 말하며 고사하면서 거듭 고종의 임명을 거절하였다. 그리하여 고종은 박정양을 총리대신 대리로 하여 내각을 조직하였다. 이 내각은 수구파를 포함하면서 갑오개혁의 취지를 이어받아 근대적 제도들을 조선의 실정에 맞게 개편하였다.

내각 폐지와 의정부 설치

일본 세력을 배제하고 러시아 공사관에 피난하였던 고종은 자신이 꿈꾸었던 중화의 부흥과 근대화 정책을 추진하고자 하였다. 그 가운데 주목할 만한 것이 내각 폐지였다.

1896년 9월 24일에 내각을 폐지하는 조칙을 내리고 의정부를 복설하였다. 단 명칭은 이전과 같이 〈의정부〉였으나 실제 내용은 다른 것이었다. 고종은 다음과 같이 말하였다.

제도를 새롭게 정하는 것은 옛날 방식을 따르지만 새로운 규정을 참조하는 것으로 나라의 안녕을 지킨다. 이즈음 모든 제도가 무너지고 새롭게 되었기 때문에 민심이 안정되지 못했다. 이번 제도는 짐이 정사에 매진하여 지체 없이 잘 되도록 생각한 것이다.
(『승정원일기』 고종33년(1896) 8월 18일)

구래의 방법을 근본으로 하고 그것을 따르면서 새로운 방법을 참조하는 것이 나라의 안녕으로 이어진다고 말한 것이다. 여기에서 키워드는 〈구본신참〉이다. 고종이 갑오개혁의 내용을 계승하면서도 갑오개혁의 실천 방법을 평가하지 않았던 이유이기도 했으며, 고종이 그리는 국가 형성이었다.

갑오개혁으로 1895년 4월 19일에 제정되었던 〈내각 관제〉는 〈국무대신은 대군주 폐하를 보필〉하고 그 외 사무를 내각총리대신과 각 대신이 함께 처리하는 것으로 결정하고 있었다. 그러나 내각 폐지 후의 〈의정부 관제〉에서는 〈대군주 폐하가 만기를 통령한다〉로 기록하고, 회의에는 국왕이 임석(혹은 왕태자 전하가 대리 임석)하는 것으로 하였다. 갑오개혁과 달리 고종의 권한이 강화된 것이다.

러시아 공사관에 체재하고 있었던 고종은 러시아 공사 베베르에게 의정부 복설에 대해서 상의하였다. 베베르는 러시아의 국가 평의회를 참고하도록 고종에게 권고하면서, 고종이 바라는 군주권을 강화하면서 입헌 심의를 강화하는 절충안을 제안하였다. 이것을 받아들여 국왕의 권력강화만이 아니고 국왕의 권력과 의정부의 권한이 병행하는 형태가 채용되었다. 국왕의 권력을 제한하고자 하였던 갑오개혁에 역행하는 것이었다.

2
〈황제〉 즉위의 열망:
구본신참의 구현

구본신참 개혁

앞에서 서술한 바와 같이 고종은 갑오개혁이 목표로 하였던 탁지아문으로의 재정 일원화에 대해 반대하고 있었다. 특히 중앙에서 전문적인 훈련을 받았던 세무 시찰관이 지방에서 징세를 담당하는 것이 갑오개혁의 핵심이었는데 고종은 그것을 폐지하고 이전 형태로 돌렸다.

지방 제도도 전국을 23부로 나누었던 행정 구획을 13도로 되돌리고 각도에 관찰사를 두었다. 다른 한편 〈호구조사규칙〉을 만들어 호적을 작성하여 전국 인구를 파악하려 하였다. 이것은 새로운 접근법이었다.

갑오개혁에서 교육 제도는 근대적인 교육과 전통적인 유학 교육의 진흥을 기도하여 성균관 경학과를 설치하였다. 그러나 1896년 7월에 〈성균관경학과규칙〉을 개정하여 전통적인 학문 습득(경전 및 역사문의 연습을 추가)을 강화하였다.

특히 주목할 만한 것은 고종이 〈성균관경학과〉의 휴업일에서 서고일(12월 12일)을 제외한 것이다.

서고일이란 것은 홍범 14조를 올린 음력날(양력으로는 1895년 1월 7일)이다. 이 날은 1895년 6월 2일에 조칙을 내어 〈독립경일〉로 새로 제정되었다. 서고일 삭제를 통해 홍범 14조가 일본과 갑오개혁파에 의해 강요당한 것으로 고종의 뜻이 아니었다는 것을 알 수 있다.

그러나 서고일 다음 날인 음력 12월 13일(양력 1월 11일)이 〈홍경절〉이 되었다. 이유는 고종이 즉위한 날이었고, 작년에 〈서고〉한 날이었기 때문에 나라의 명절에 적당했기 때문이다. 홍범 14조를 봉헌한 날은 음력 12월 12일이다. 1일의 차이를 오차로 볼 것인가. 일단은 고종이 휴업일에서 제외한 서고일을 고종이 즉위한 날과 병행하여 경축일로 한 것은 역대 왕과 왕비의 위패가 안치되어 있는 종묘에 맹세한 의미가 컸기 때문일 것이다.

또한 1896년 7월 24일에는 국가 제사에 대해서 전과 같이 음력을 사용한다는 조칙이 나왔다. 음력으로부터 양력으로 바꾼다는 것은 〈청국으로부터 독립〉이라는 의미로 일본 측이 중시하였던 것이었다. 그러나 갑오개혁 종언 후 국가 제사의 음력 사용을 고종이 선언한 것이다.

갑신정변에서 시작하여 홍범 14조, 갑오개혁으로 이어지는 〈청국으로부터의 독립〉, 나아가 그에 앞선 근대 국가 형성은 일본에서 바라본 조선의 이상형이었다. 그러나 고종이 그리는 국가상에서 〈청국으로부터의 독립〉은 그렇게 중요한 것이 아니었다. 고종이 그리는 독립과, 일본과 갑오개혁파가 생각하는 독립이 달랐기 때문에 고종은 아관파천으로 나아갔던 것이다. 그렇다면 고종이 생각하는 독립, 국가란 것은 어떠한 것이었을까?

황제 즉위로의 길: 일본으로의 접근

앞에서 기술한 바와 같이 고종은 대군주 폐하라고 존칭을 바꾸어 존칭으로서는 청황제와 대등하게 되었다. 그러나 갑오개혁을 통하여 자신의 권한이 약화되고 을미사변으로 신변의 위기까지 느꼈던 경험으로부터 고종은 황제가 되는 것을 생각하기 시작하였다. 그것은 대한제국의 성립과 표리일체를 이루는 것이었다.

고종은 1897년 2월 20일 아관파천 종료 이전부터 황제 즉위를 위한 구체적 계획을 세우고 있었다. 그것은 1897년 1월 일본의 에이쇼 황태후(고메이 천황비, 메이지 천황의 적모)가 서거했을 때 조선의 대응에서도 추측할 수 있다.

고종은 타국 이상으로 일본에 정중한 조문을 보내라고 정부에 명령하였다. 고종에게 일본은 왕비를 살해하고 스스로 러시아 공사관으로 피난하지 않으면 안 되는 상황으로 몰아갔을 정도의 공포와 증오의 대상이었다. 그럼에도 불구하고 고종은 친서를 휴대한 특파대사를 장례식에 출석시켰고 다음 날 헌화도 했다. 이와 같은 대응은 고종이 황제 즉위 계획에 일본을 이용하고자 했기 때문일 것이다.

일본 정부는 고종의 행동을 호의적으로 받아들여 고종에게 〈대훈위국화대수장〉, 즉 최고위의 훈장을 수여하였다. 고종의 일본에 대한 접근은 무슨 이유였을까.

고종은 자신이 러시아 공사관에 있는 동안은 물론이고 환궁했어도 다른 나라가 자신이 황제로 즉위하는 것을 승인하는 일이 어렵다고 느끼고 있었다. 이와 같은 것은 측근을 각국 사신으로 파견하여 각국이 황제 칭호를 승인할 것인지 아닌지 의향을 알아보았던 일로부터도 알 수 있다. 고종의 황제 즉위를 알게 된 러시아 공사 스페이예르도 반대했다.

다른 한편 일본만은 한자를 사용하는 나라라는 사실로부터도 황제 칭호를 승인할 가능성이 있다고 생각하였다. 1893년 10월 6일 고종이 일본 공사를 접견하였을 때 주고받은 대화를 기록한 조선 정부의 기록(『승정원일기』)에서는 천황을 〈황제〉라고 기록하고 있다. 한자어를 사용하는 양국에서는 천황을 조선에서 〈황제〉로 번역 표기한 것처럼 고종에게 〈황제〉 명칭을 사용하는 일에 대해서 일본에서는 그렇게 문제가 되지 않을 것이라고 추측하였을 가능성이 높다.

1897년 10월 국왕은 외부협판 유기환을 가토 마스오 변리공사에게 보내 각국이 황제 칭호를 승인할수 있도록 주선해 줄 것을 의뢰하고 있다. 가토는 일본어로 〈황제〉라고 칭하는 것에는 문제가 없고 그것으로 국왕의 일본에 대한 감정이 풀리게 된다면 일본의 조선 정책에서 크게 이익이 있을 것으로 생각하였다. 동시에 가토는 다른 나라에서 황제 칭호를 승인하는 국가는 없을 듯해서 여러 나라와 발걸음을 같이하는 쪽이 일본에게 유익한 것이 아닐까라고 생각하여 주저하고 있었다.

구본신참의 신법전: 교전소 설치

1897년 2월 20일 고종은 1년 만에 환궁하였다. 겉으로는 왕궁 수리가 끝났기 때문이라고 하였으나 실제로는 아관파천에 대한 비판과 반러 감정을 견디기 어려웠기 때문이다. 또한 아관파천 중에 러시아 교관 초빙이 이루어지고, 궁궐 경비병을 육성했으므로 고종의 신병을 러시아 교관이 지휘하는 군사가 보호하여 고종도 러시아 공사관 측도 환궁에 동의하였다.

환궁 후인 3월 16일 대신들을 모아서 회의를 열었다. 그때 일찍이 고종의 총리대신 지명을 거듭 거부하였던 김병시는 구례로 돌아가는 것은 돌아가고 신식을 따르는 것은 따라, 각각 엄격히 구분하지 않으면 안 된다고 말하였다.

김병시의 주장은 조선 근대 국가 형성의 중심축이 되었다. 서양 근대의 요소와 명조 중화의 요소를 계승한 조선 전통과의 절충이었다. 고종이 지향한 구본신참과도 통하는 것이었다.

그 때문에 신구 법전을 절충할 목적으로 의정부의 중추원에 〈교전소〉를 설치하였다(3월 23일). 총재에는 김병시를 비롯하여 3명의 중진 관료, 부총재에 박정양과 이완용 등 4명이 취임하였으나 실질적으로는 C. W. 르젠드르 등의 외국인과 고종의 측근 세력, 다음 장에서 언급하는 독립협회의 중핵 멤버가 업무를 담당하였다. 이완용은 독립협회 멤버였고 박정양도 가까운 입장이었다. 또한 르젠드르는 프랑스 출생 미국인이었다. 일본에서 외교·군사 고문을 지냈으며 1890년 3월 9일 조선 내무부의 협판에 임명되었다.

5월 15일 〈육군복장규칙〉에 관한 조칙이 나왔다. 이것은 〈신〉 요소의 도입이었다. 갑오개혁 시기에 문관복을 서양 근대식으로 하는 복제 개혁이 있었는데 고종도 복제에 있어서는 서양식을 계승하였다. 황제 즉위에 즈음하여 대외적으로 조선이 근대 국가로서 가시화되는 것을 중시하였다고 말할 수 있을 것이다. 이 점에서는 20년 정도 전에 연회에서 일본 측의 대례복 착용을 강하게 거부하였던 일로부터는 대단히 큰 변화였다.

그러나 교전소 회의는 분열되었다. 고종의 측근 세력이 권력을 집중시켜서 의정부 중심으로 국가 제도의 강화를 생각하였던 것에 대하여, 독립협회 멤버가 고종의 국권 남용을 제한하면서 국가 권력의 기능적 분리를 모색하였기 때문이었다. 이와 같은 와중에 고종의 측근 세력은 고종의 황제 즉위를 위한 여론을 양성하고자 하였다.

3
대한제국의 성립:
준비된 〈중화 황제〉

즉위를 요구하는 신하들의 상소

1897년 5월 1일 이최영이 고종의 황제 즉위를 원하는 상소(청원과 의견을 국왕에게 올리는 문서)를 올렸다. 이최영은 1836년에 출생하여 1880년에 과거에 합격하였고 1894년에는 군사 관계를 관장하는 병조참의(차관보)였던 정권 상층부의 일인이었다. 이최영은 상소 당시 전승지 신분으로 상소를 올렸다. 상소의 내용은 조선이 단군 기자(단군은 한민족의 조상신, 기자는 덕이 있는 중국인으로 조선후에 봉해져 민의 교화에 진력하였다고 알려져 있다)의 전통을 이어 천하의 모든 사람으로부터 예의의 나라라고 말해지고 있다는 것을 먼저 언급한 다음 아래와 같이 이어졌다.

폐하의 성대하고 위대한 업적의 덕분으로 오늘날 자주 독립의 시기를 맞아 건양이라는 연호를 만들고 조칙[천자만이 사용 가능한]이라는 말을 사용함으로써 이미 황제의 제도를 행하고 있는데 지금까지 군주의 지위에 머물고 있습니다. 근대 공법에 의하면 〈군주〉와 〈황제〉도 같은 지위이지만, 한어와 중화의 문화에 젖어 고루한 조선인의 생각에서는 황제라는 칭호가 가지는 의미는 큰 것입니다. 꼭 황제에 즉위하시기를 바랍니다.

(『승정원일기』 고종34년(1897) 3월 30일, 『고종실록』 동년 5월 1일)

매우 흥미로운 것은 이최영이 생각하는 황제 국가의 요소가 독자의 연호와 조칙이라는 중국의 황제상이었다는 것이다.

『고종실록』에 의하면 이때 이후도 고종의 황제 즉위를 청하는 상소가 계속 이어졌다. 그러나 그들의 신분은 그리 높지 않았다.

가토의 보고에 의하면 고종은 황제 칭호에 대한 희망이 강했던 한편으로 타국의 승인을 얻지 못할 가능성이 크기 때문에 황제 즉위를 요청하는 상소를 하도록 측근에게 내부적으로 명령을 내리고 있었다. 이를 위해 지금까지 실의에 빠져 있던 유학자들이 조정의 환심을 사려고 경쟁적으로 상소를 올렸다.

고종은 상소를 받아들이지 않기도 하고 〈만만불가(절대 옳지 않다)〉라고 되돌렸다. 그러나 황제 즉위를 위한 준비는 진행되고 있었다.

1897년 6월 3일 의정부참정 내부대신 남정철의 건의로 사례소가 설치되었다. 사례소란 황제 즉위 의례의 제정과 황제국에 걸맞은 국가 의례를 정비하는 임시 기관이었다.

그곳에서는 황제국으로서 행하는 국가 전례를 정비하기 위하여 『대한예전』의 편찬이 명의 『대명집례』·『대명회전』을 참고하여 이루어졌다. 특히 고종 황제의 즉위식인 등극의에 대해서는 『대명회전』에 수록된 등극의를 그대로 모방하고 있다. 그것은 조선이 명조 중화를 계승하고자 하는 의식의 반영이었다. 고종에게 황제상은 이 시점에서는 서양 근대의 〈Emperor〉보다도 중국의 황제였다.

8월 12일 갑오개혁에서 제정하였던 단발령과 〈건양〉 연호를 취소하고 새로운 연호로 15일에 〈광무〉를 결정하여 2일 후인 17일부터 사용하기 시작하였다. 또 9월 20일에는 환구단 신축이 제안되어 10월 1일에 공사가 개시되었다. 모델은 어디까지나 명의 『대명집례』에 근거한 것이었으며, 청의 『대청회전』은 아니었다.

국제법을 의식한 상소

1897년 9월 20일에 환구단 신축이 결정되었고 5일 후 황제 즉위를 요청하는 상소가 다시 활발하게 일어났다. 10월 3일 고종이 상소를 받아들이는 시간까지 연일 20건 정도의 상소가 있었다. 이번의 상소는 앞의 실의에 빠진 유학자의 상소와 달리 황제 즉위를 정당화하는 구체적인 내용이었다.

주목할 만한 것은 고종으로부터 황제 즉위를 요청하는 상소를 올리라는 내명을 받았다고 생각되는 농상공부협판 권재형과 외부협판 유기환의 상소이다.

권재형은 1872년 출생으로 20대 후반인 1885년에 외교 통상을 관장하는 담당관에 임명된 것을 시작으로 여러 외국과의 업무를 담당하였다. 특히 1891년에는 주일 공사관 서기관으로 일본 도쿄에 부임하여 그곳에서 오스트리아 공사와 조오 수호 통상 조약 체결에 관여하였다.

1894년의 갑오개혁에서도 군국기무처 위원으로서 활약하였고, 독립협회의 발기인의 한 사람이었다.

권재형은 『만국공법』·『공법회통』이라는 국제법을 인용하면서 다음과 같이 서술하였다.

만약 〈왕을 황으로 높이는 것은 공법상 어렵다〉라고 말한다면, 저는 만국공법을 근거로 바로 명확하게 반론하는 것이 가능합니다. 저는 일찍이 정위량[W. A. 마틴, 중국에 파견되었던 미국인 선교사]이 번역한 『공법회통』을 읽어 보았는데, 제86장에는 〈국주는 《제》 칭호가 없더라도 《제》를 칭하는 국가와 평행한 관계를 가진다〉라고 되어 있습니다. (중략) 우리 나라의 민이 문약하여 이미 있었던 관습에 의존하는 일밖에 모릅니다. 그것은 멀리는 2000년, 가까이는 500년 중국을 떠받드는 일만 해왔기 때문입니다. (중략) 위의를 바로 하고 군주를 높이며 민심을 움직여 향해야 할 곳을 보여주었으면 합니다.

(『승정원일기』 고종34년(1897) 8월 29일)

국제법에 비추어 본다면 일부러 〈황제〉에 즉위하지 않더라도 고종이 타국과 대등한 군주라는 사실은 변함이 없지만, 조선인은 오랫동안 중국을 섬겨 왔기 때문에 낡은 습관으로부터 벗어나지 못하고 〈황제〉를 존중한다, 민심을 분발시키기 위해서도 고종이 황제에 즉위하기를 바란다고 말하고 있다. 나아가 권재형은 다음과 같이 계속하고 있다.

『공법회통』제84장에는 〈모든 나라가 존칭을 사용하는 것이 가능한 것은 아니고 명분과 실제가 있지 않으면 안 된다〉라고 되어 있습니다. 나아가 각주에는 〈140년 전 러시아 군주가 황제로 개칭하였을 때 처음에 각국은 그것을 기뻐하지 않았고 20여 년 뒤에 드디어 인정하였다〉라고 되어 있습니다. 나는 이것으로부터 생각한 것은 결국 각국이 승인, 불승인할지는 추측하는 것이 어렵지만 단 우리 나라가 스스로 어떻게 행동할 것인지에 달려 있다고 말할 수 있습니다.

(앞과 같음)

권재형이『공법회통』제84장을 인용한 것은 일찍이 러시아 군주가 황제에 즉위하였을 때와 같이 고종의 황제 즉위를 각국이 바로 승인하지 않을지도 모른다는 고종의 위기감을 보았기 때문이다. 그곳에서 권재형은 타국의 승인 등은 신경 쓰지 말고 고종이 어떻게 대처할 것인가 하는 것만을 생각해 달라고 말하고 있다.『공법회통』제84장의 러시아 황제 승인의 예는 그 후 상소에서도 여러 번 인용되고 있다. 나중에 독립협회에서 활약한 권재형의 세계관을 잘 보여 준다. 권재형은 국제법을 근거로 고종의 황제 즉위를 정당화하였다.

『만국공법』은 미국의 법학자 H. 휘튼의 *Elements of International Law*(1836년), 『공법회통』은 독일의 법학자 J. C. 블룬칠리의 *Das moderne Völkerrecht der civilisirten Staaten als Rechtsbuch dargestellt*(1868년)으로 두 책 모두 상소에 나왔던 정위량인 W. A. 마틴이, 전자는 1864년에 후자는 1880년에 한문으로 번역하여 중국과 조선에서 넓게 읽혔던 국제법 서적이다.

명조 중화를 의식한 상소

또 유기환의 상소도 이후에 인용하는 중요한 내용을 포함하고 있다. 유기환은 1858년 출생으로 1881년 1월에 일본 시찰단(조사 시찰단)의 일원으로 일본을 방문, 외교 통상을 관장하는 담당관에 임명되었고, 1889년에 일본 공사관 서기관에 임명되는 등 권재형과 유사한 경력을 가졌다. 고종 환궁 후에 특명전권공사 등을 거쳐 외부협판에 임명되었고 대한제국의 국가 형성 과정에서 중요한 지위에 있었다. 단 유기환은 나중에 독립협회를 비롯한 개화 세력을 탄압하는 수구파에 속한다. 유기환은 다음과 같이 말하고 있다.

한·당으로부터 송·명까지 군주의 칭호는 단지 한 사

람의 황제를 받들어 왔기 때문에 신하는 모두 군주에게 지존의 지위에 있기를 바라 왔다고 생각합니다. 유럽에서 황제의 칭호는 로마에서 처음으로 사용하여 그 후 게르만은 로마 계통을 이어서 황제의 칭호를 사용하였습니다. 오스트리아는 예전 로마의 영토였다고 황제를 칭하였고, 독일은 게르만의 계통을 이어서 황제라는 큰 칭호를 제정하였습니다. 우리나라 3천 리 강토는 세계의 일 구역이고 중화와 접하여 의관과 문물은 모두 명의 제도에 따라 그 정통을 잇고 있기 때문에 황제 칭호를 이어서는 안 될 것이 없습니다. 또 청국과 우리 나라는 균등하게 동양에 있어 독일과 오스트리아가 로마계통을 잇는 것과 같은 것입니다.

『승정원일기』 고종34년(1897) 9월 1일)

유기환은 로마의 황제 칭호를 게르만·오스트리아·독일이 계승한 사실을 설명하면서 로마를 명나라로 바꾸어 명나라의 제도를 잇는 조선이 명나라가 사용하던 황제 칭호를 이어받아서는 안 될 것이 없다고 말하고 있다. 나아가 동양에 명나라의 계통을 잇는 조선과 청을 대등하게 같이 세운 것은 로마의 계통을 잇는 독일과 오스트리아의 경우와 같다고 덧붙이고 있다.

여기에서도 조선에서 명과 청은 〈중국〉이라고 하나로 칭하는 것이 불가능하다는 사실을 알 수 있을 것이다. 명은 중화의 의관과 문물의 모범이 되는 지존의 대상이었지만, 청은 조선과 대등한 명의 계통을 잇는 국가이기 때문이다.

권재형과 유기환 두 사람의 상소는 지향하는 국가상이 근본적으로는 다른 사고방식에 의한 것이지만 고종의 황제 즉위라는 목적에서는 동일한 것이었다.

나아가 9월 29일에는 724명이 연명한 상소가 나왔고, 9월 30일부터 10월 3일까지 문무백관이 황제 칭호를 올리고 그것을 국왕이 인정하는 명령을 내릴 것을 기다리는 대궐 내 집회를 수십 회 행하고 있었다. 중화 세계에서 황제 즉위는 신하들로부터의 추대를 이상으로 하고 있었기 때문이다.

음력 9월 17일, 황제 즉위식

1897년 10월 3일, 마침내 고종은 황제 즉위 상소를 받아들였다. 즉위일은 길일을 점쳐 음력 9월 17일(양력 10월 12일)로 결정하였다. 양력은 조선에서 갑오개혁 시기에 일본이 무리하게 끌어들인 것으로 아관파천 후인 1896년 7월에 각종 제사를 음력으로 되돌렸지만 길흉도 음력에 근거하여 생각하고 있었다.

고종은 명의 황제 즉위식과 같은 모양으로 환구단에서 10월 12일 0시부터 4시경에 걸쳐 황제 즉위식을 거행하였다. 고종은 왕태자 및 신하들과 함께 천지와 조선 왕조의 태조 이성계에게 새로 황제국의 개국을 알리는 고유제를 행하고 즉위식을 올렸다. 천지에 즉위를 알리는 것은 정치적 권위는 천명을 받아 생기는 것이라는 중화 세계의 이념에 근거한 것이다.

고종은 환구단에서 잔을 세 번 올리는 〈삼헌례〉를 행하고 환구 제사를 이끌었다. 이때의 음악은 모두 환구 제사에서만 사용되는 특별한 악곡이었다. 악곡은 조선 시대의 모든 의례에서는 나타나지 않고 명의 환구 제사에서 사용되었던 것이었다.

또한 천자에게만 허락되는 〈팔일무〉를 처음으로 거행하였다. 팔일무는 천자의 제사에서 8명씩 8열이 되어 총 64명이 추는 춤으로, 유교에서는 〈천자는 8일, 제후는 6일〉로 정해져 있었다. 중국 황제의 제후였던 조선에서는 팔일무가 행해졌던 일은 없었다.

다른 한편 아악기로 구성되는 편제 방식인 〈악현〉은 조선의 전통적인 것으로 이어지고 있었다. 고종의 환구 제사는 명의 시행 방식뿐만 아니고 조선의 구습과 절충한 것이었다.

고종은 오전 4시경 왕궁에 돌아와 황제를 상징하는 금으로 만든 의자에 앉았다. 신하로부터 12겹으로 된 황제의 복장인 곤면복이 입혀지고 어보(황제의 도장)를 받았다. 면복은 동아시아의 군주가 무엇보다도 중요한 의례에서 입는 최고 등급의 예복이다.

즉위식에서 〈조선왕〉은 관의 앞에 9개의 구슬이 달려 있는 〈구류관〉에 국왕이 갖추어야 할 9개 덕목의 장문(자수)이 놓인 〈구장복〉을 입었지만, 황제 즉위식의 중간에 신하가 새로 〈대한제국의 황제〉로서의 12장의 곤면복을 입혔다.

다음 날인 10월 13일에 고종은 황제로서 황태자와 황후를 책봉하였다. 책봉 의식을 위하여 고종은 황제의 조복(예복)인 통천관복을 착용하였다. 의식에서 착용한 황제의 복장은 이미 준비되어 있었다. 그것은 앞으로 돌아가서 조선에서 〈진천자〉의 창출, 바꾸어 말하면 명조 중화를 계승한 황제 즉위가 8개월 전 아관파천 중에 있을 때부터 계획되어 있었다는 것을 시사한다. 황제 즉위 상소를 〈만만불가〉라고 되돌리면서도 황제 즉위 준비는 착착 추진하고 있었던 것이다. 황제 즉위에 동반하여 행해진 관련 의식은 즉위식을 비롯하여 환구단에서의 고유제,

통천관복을 입은 고종.

백관에 의한 축하 의례, 책봉 의례, 조칙의 반포 등 23종이었다.

대한제국과 황제 고종으로

한편 대외적인 행사는 10월 13일 오후 5시에 시행하였다. 23종의 일련의 의식에 각국 대표는 참석하지 않았다. 나아가 각국 공사·영사들의 반발과 알현 거부를 미연에 방지하기 위해 초청 통지에 황제 즉위의 행사 시기를 기록하지 않고, 〈황제〉 문자도 사용하고 있지 않았다.

각국 사신을 인견하는 10월 13일은 신개항장 거류 규칙에 대해서 각국 대표가 회의를 개최하는 날이었다. 조선 정부는 사전에 이를 파악하고 각국 사신 전원이 모이도록 계획한 것이었을 터이다. 다른 한편 고종 인견을 향하는 미·러·불·영·독, 그리고 일본의 공사·영사 측은 사전에 논의하여 고종의 황제 즉위에 공적인 축사 등은 하지 않을 것으로 결정하고 있었다.

그리고 대한제국 정부로부터 각국 본국 정부 앞으로 황제 즉위를 전달하는 외교 문서는 10월 14일에 발송되었다. 각국의 대응은 어땠을까.

고종을 〈대황제 폐하〉라고 표현한 한자어 표기의 칭호를 가장 먼저 사용한 것은 일본이었다. 11월 20일 가토 마스오 변리공사가 외부대신 조병식 앞으로 명성황후 폐하의 장례 의식에 특파공사를 파견한다는 사실을 전하는 외교 문서에 처음으로 사용하여 다른 나라보다 앞서고 있었다.

러시아가 외교 문서에서 고종에 대하여 황제 칭호를 사용한 것이 12월 19일, 또 프랑스가 다음 해 3월 5일이었다. 일본의 고종 황제 승인은 다른 나라들보다 앞선 것이었다.

10월 14일에는 국호를 〈대한〉으로 바꾸었다. 〈조선〉을 바꾸어 새 국호를 세웠다는 것은 조선이 기자 조선 이래 중국에 책봉되었던 국명으로, 천하를 지배하는 제국의 국호에 걸맞지 않다는 생각에 근거한 것이다.

이에 대한제국이 성립하였다. 이후 고종이 황제에 즉위한 음력 9월 17일은 〈계천기원절〉이라는 축일이 되었다.

제3장

새 국가상의 모색:
황제와 지식인의 협화와 불화

고종의 황제 즉위를 전후하여 국가의 형태는 여러 가지 가능성이 있었다. 앞 장에서 서술하였던 신법률을 만들기 위하여 1897년 3월에 설치하였던 교정소에서는 고종의 권력을 어디까지 인정할 것인지에 대해 논의가 갈리고 있었다.

이와 같은 배경에는 독립협회의 결성이 있었다. 독립협회는 국가의 독립과 근대화를 추구하는 정동파라고 불리는 개혁 관료와 개명적 지식인에 의한 정치 단체였다. 1896년 7월에 결성되었다. 그것은 고종이 황제에 즉위하기 1년 3개월 전, 아관파천 중이었다. 그들은 조선이 명실상부하게 독립국이 되게 하고자 자유 민권 사상의 보급에 힘쓰면서 대중 운동을 전개하여 큰 영향을 끼치고 있었다.

당시 고종도 독립협회도 독립 자주를 같이 그리고 있었다. 그것은 조선이 청의 〈속국 자주〉이고 일본과 서양 열강에는 독립 자주였던 사실로부터 독립 자주로의 일원화 움직임이기도 했다. 그러나 스스로 전제에 의한 제국을 의도하는 고종과 지식인들의 생각이 서로 겹치는 일은 없었다.

이 장에서는 역사의 시곗바늘을 대한제국의 성립 전으로 돌려 독립협회의 결성과 그 활동, 자신의 전제에 의한 제국으로서의 국가를 원하는 고종의 동향, 그리고 양자의 협업으로부터 빚어지는 대립과 탄압을 그려 보기로 하자.

1
독립협회 결성:
개화파 지식인들이 지향한 것

개화파 서재필의 행동:『독립신문』에 의한 계몽

독립협회의 계기는 갑신정변에서 개화파의 중심이었던 서재필이 1896년 4월에『독립신문』을 발간한 것에서 시작한다. 처음으로 한글만을 사용하여 표기한 신문 발간의 영향은 컸다. 독립협회는 같은 해 7월에 결성하지만 그 주장의 무대를 만들었던 서재필의 발자취를『독립신문』발간에 이르는 과정에서 보기로 하자. 그것에서 근대화를 지향하는 조선의 지식인과 일본·미국과의 복잡한 관계를 담장 너머로 바라보는 것이 가능하기 때문이다.

서재필은 1864년 조선 왕조의 명문 일족에서 태어났다. 1882년 18세로 과거에 합격한 서재필은 엘리트 관료의 길에 있었지만 과거에 수석 합격하면서 근대 사상에 깊은 관심을 가지고 있었던 김옥균의 권유에 응하여 다음

해 일본 육군 도야마 학교에 입학, 근대적인 군사 교육과 지리학을 습득하였다.

1884년 갑신정변의 주역의 한 사람으로 참가했으나 실패 후 김옥균·박영효·서광범과 함께 4흉의 반역자가 되어 일본으로 망명하였다. 그 후 박영효·서광범과 함께 미국으로 건너갔다. 한편 당시의 법(연좌)에 의해 서재필의 가족은 자살을 강요받았거나 처형되었다.

도미 후 귀국은 어렵다고 생각한 서재필은 미국 국적을 취득하고 필립 제이슨으로 개명하였다. 1890년부터는 미국 육군 군의 도서관의 번역관으로 일하면서, 컬럼비아 대학교 의과대학 야간부에서 의학을 배우고 의사 자격을 취득하였다.

1894년 갑오개혁이 시작되면서 개혁의 정당성을 지지하는 정치 세력이 필요했던 일본은 갑신정변의 4흉 가운데 살아남았던 박영효·서광범·서재필 등 3명에 주목하였다. 8월 초에 일본 망명 중이었던 박영효를 귀국시켰고 서광범·서재필은 주미 일본 공사가 귀국을 재촉하였다. 갑오개혁에서 박영효·서광범이 입각했고, 서재필은 외부협판에 임명되었지만 귀국하지 않았다. 귀국 요청에 응하지 않았던 것은 자서전에 의하면 이즈음 미국인 여성과 연애 결혼을 하였기 때문에 사생활이 이유였을는지 모

서재필(1864~1951).

른다.

그 후 실각하여 다시 망명자가 된 박영효가 도미하였고, 조선의 정세에 대해 상세하게 전해 들은 서재필은 드디어 귀국을 결심하고 1895년 12월 25일 조선 땅을 밟았다.

귀국 후 갑오개혁 중심 인물들과도 연락하면서 조선인을 위한 신문 발간을 결심하였다. 일본은 그의 행동을 경계의 눈으로 바라보았다. 당시는 일본의 조선 정책과 일본 거류민을 위한 『한성신보』가 창간되었던 시기였기 때

문에 윤치호의 영문 일기에 의하면 고무라 주타로 변리공
사가 서재필과 그의 지원자를 협박하여 신문 발간 사업을
좌절시키려고도 하였다.

한글과 영문으로 창간

1896년 4월 7일 『독립신문』이 창간되었다. 한글과 영
문으로 발행 부수는 2천 부였다. 독자층을 위해 1부에
1전으로 판매하였기 때문에 1부당 조금이었지만 적자가
났다. 영문판은 1부 1센트, 연간 구독이 1.30달러로 기록
되어 있다. 관련하여 당시 관보도 1부 1전이었다. 또 갑오
개혁의 〈신식화폐발행장정〉(1894년 8월)에서 화폐 단위
는 〈푼·전·냥〉으로 정해져 있었다. 1냥=10전=100푼이
었다. 당시는 통화단위로서 〈원〉을 사용하는 경우가 많았
고 1원=은 5냥=일본 1엔 은화였다.

『독립신문』은 미국 국적의 서재필의 소유로 법률상은
미국 신문이었다. 단 그 창간 경위를 보면 갑신정변에서
시작되는 조선의 근대화를 계승하는 것이었다.

발행 당초에는 3면까지 한글판『독립신문』, 4면이 영문
판『The Independent』로 그것이 하나로 묶어져 화·수·
목 주 3회 발행되었다. 『독립신문』은 처음으로 한글만으
로 발행되었다는 점에서 의의가 크고, 띄어쓰기와 이해하

『독립신문』창간호.

기 쉬운 표현을 쓰는 등을 시도하였다.

　조선에서는 한문이 〈진서〉로 존중되어 그것을 구사하는 관료를 높이 보았다. 다른 한편 한글은 〈언문〉이라고 멸시되어 배우지 못한 사람의 문자로 취급되었다. 『독립신문』의 한글 표기 배경에는 남녀, 상하, 귀천의 구별 없이 널리 조선에서 민주주의 사고를 뿌리내리게 하였고, 중국의 한문보다 이해하기 쉬운 조선 독자의 문자인 한글을 알리고 싶다는 생각이 있었다.

　『독립신문』은 1898년 1월 단계에서 한글판의 정기 구

독자가 940명(가판 제도에서의 구입, 무료 배포도 포함), 영문판은 정기 구독자가 183명이었다. 1부를 적어도 200명이 읽었다는 지적도 있어 한성을 비롯한 도시에서는 널리 읽혔다고 생각된다.

한글판 『독립신문』의 주필은 국어학자 주시경이었고, 영문판은 서재필로 그는 사설 집필과 편집, 제작의 책임자였다. 서재필은 영문판 창간호에서 『독립신문』에 대해서 다음의 5가지를 강조하였다. ① 조선인을 위한 조선, ② 아름다운 정치, ③ 여러 외국과의 우호 관계의 확립, ④ 조선 자본에 의한 점진적이고 안정적인 조선 자원의 개발(가능한 한 외국의 후견을 받아들인다), ⑤ 외국 서적(역사와 과학, 예술 등)의 조선어 번역이었다.

서재필은 일본과 미국에서의 체험에서 국민·국가의 형성을 조선에 이식하려고 하였다.

일본 및 청국과 비교

이와 같은 배경에는 〈조선은 아직 《독립국》으로서의 내실을 가지고 있지 못하다〉, 〈조선인은 아직 《국민》에 미치지 못한다〉는 인식이 있었다. 『독립신문』이 국민·국가를 창출하는 위에 〈거울〉로서 일본과 청국이 있었다.

조선이 독립국이라 하거드면 세상에 행세하기도 독립국 같이 하여야 할 터이오, (중략) 조선이 이왕에 청국 속국이라고 하였으되 말만 그러하였지 청국서 조선 내치에 상관이 없었고 조선 정부에서 물론 무슨 일이든지 조선 일을 임의로 몇백 년을 하여 왔더니 근년에 청국이 원세개를 보내어 조선 정부 일을 속으로 아는 체한 것은 조선 정부에서 자청한 일이오. 일본과 청국이 싸운 후에는 조선이 독립되었다고 말로는 하였으되 실상인즉 일본 속국이 된 것 같은지라.

(『독립신문』 건양원년(1896) 5월 16일 토요일)

조선이 청국의 〈속국〉이었다는 것은 말만 그러하였지 실정과 달랐지만 지금은 조선이 일본의 속국이 되어 있는 것처럼 보인다고 말하고 있다. 즉 갑오개혁이 일본에 종속되어 진행되었다고 인식한다. 반면 〈일본이 2년 전에 청국과 싸워 이긴 후에 조선이 명백한 독립국이 되었다〉고 하였음에도 불구하고 일본인이 〈조선인에게 박정〉하고 명성황후 시해 사건에 관계한 사실에 대한 〈의심과 분노〉를 가진 일본관도 있었다(『독립신문』 건양원년 (1896) 4월 18일 토요일).

이 해 2월에 고종이 아관파천을 하였지만 『독립신문』

은 1896년의 단계에서는 반러시아의 주장을 하고 있지 않다. 6월 20일 토요일 기사에서는 조선 인민은 독립을 모르고 청국에 속하는 사람이라고 생각해 왔기 때문에 군주와 나라를 사랑하는 기운이 자신의 몸을 사랑하는 정도에도 미치지 못한다고 우려하고 있다. 조선이 독립국으로 행동하고 조선인이 애국심을 키우는 일을 고무하고 있다.

다른 한편 청에 대해서는 〈청국은 세계에서 가장 퇴폐한 국가이다〉(『독립신문』 건양원년(1896) 8월 4일)라고 말하면서 〈세계에서 가장 천한 청국의 속국으로부터 [조선은] 지금까지는 세계 각국과 동등하게 되어 또 각국에 영사만을 파견하였으나, 지금은 공사를 파견하고 각국 정부는 조선 정부를 자주 독립한 정부로 접대하고 있다〉(동 9월 12일)라고 기술하고 있다. 청국을 〈중국〉이 아니고 일본에서의 호칭과 같이 〈청국〉이라고 부르고 〈퇴폐〉, 〈천하다〉라고 멸시하고 있다.

그 멸시에는 『독립신문』이 갑신정변의 사상을 계승하고 있다는 배경도 있다. 후쿠자와 유키치를 비롯한 일본 지식인이 개화파를 설득하였던 논리에 청국 멸시관이 있었다.

다른 한편 『독립신문』의 발간이 궤도에 올랐던 1896년 6월에는 〈청으로부터의 독립〉을 가시화하는 새로운 사업을 시작하였다. 〈청국에 속하는 사람〉이었다고 생각해 온 조선인의 의식을 고치기 위한 것이었다. 그것은 과거에 중국 황제가 파견한 사신이 조선에 도착하였을 때 조선의 왕세자와 백관이 마중하였던 장소로서 중국 사절을 성대하게 모셨던 〈모화관〉과 그 앞에 세워졌던 〈영은문〉을 각기 〈독립관〉과 〈독립문〉으로 개수·개칭하는 사업이었다.

『독립신문』이 말하는 〈독립〉이란 청일전쟁까지 청의 속국이었던 조선이 독립하였다고 말하는, 일본의 영향을 받은 〈독립〉이라는 생각으로, 이 단계에서는 〈청으로부터의 독립〉에 주안이 있었다.

독립협회 설립

독립협회는 이 독립관, 독립문 그리고 독립 공원을 조성하는 사업을 위해 만들었다. 『독립신문』 창간으로부터 3개월 후인 1896년 7월 2일이었다.

그에 앞서 서재필은 6월 7일에 발기인 14명이 모인 회합을 열고, 20일에 고종의 재가를 얻었다. 7월 2일에는 창립 총회가 개최되었고 선출된 독립협회 위원의 명단은 다음과 같다. 고문에 서재필이 취임하였지만 비공식이었다.

회장: 안경수(회계장 겸임)

위원장: 이완용

위원: 김가진, 김종한, 민상호, 이채연, 권재형, 현흥택, 이상재, 이근호

주요한 위원 8인은 발기인 14인 가운데서 선출되었다. 독립협회는 21조 규칙을 만들었지만 중심적인 사업은 모금과 계몽이었다.

독립협회는 반년 후인 1896년 말까지 2천 명의 회원을 갖춘 대규모의 단체로 급성장하였다.

1년간의 예산서를 작성한 다음 해 1897년 8월 26일까지 7천 명 이상으로부터 약 5만 897원이라는 거액의 모금 성과를 거두었다. 당시 〈총리대신〉의 월급이 300원, 가장 낮은 관리인 〈주사〉의 월급이 15원이었다. 헌금은 도시의 부유층과 지식인, 그리고 지배층 등이 냈다.

고종의 즉위와 그것에 동반하는 대한제국 성립을 향한 움직임은 러시아 공사관으로부터 환궁 후인 1897년 5월 이후였다. 독립협회가 확대되어 독립 국가의 상징으로서 독립문을 건설하고 국민 의식을 환기하는 활동의 급성장기에는 고종이 아관파천을 하여 러시아의 영향력이 서서히 강해지는 시기, 즉 황제 즉위를 향한 움직임이 있기 반

년 이상 앞서는 시기이다.

초기의 독립협회 위원에는 정부 관료가 다수 참여하고 있었다. 예를 들면 회장 안경수는 위원인 김가진과 함께 일본 정부에 가까운 입장에서 갑오개혁에 참여하였다. 위원장 이완용은 위원인 이채연, 이상재와 함께 청의 이홍장 등의 간섭이 시도되는 가운데 파견되었던 초대 주미공사 박정양 일행의 일원으로 방미한 경험을 가진다. 이완용은 뒤에 서술하겠지만 내각총리대신으로 한국 병합조약에 조인하는 인물이다.

고종이 그리는 새로운 국가상은 아직 명확히 드러나지 않고 있었다.

독립문 정초식과 토론회

1896년 11월 21일 오후 2시 30분부터 독립문 정초식이 거행되어 국내외의 내빈, 독립협회 회원, 정부 각 대신, 일반 시민, 외국 공사·영사, 각 학교의 학생 등 5천~6천 명이 모였다. 『경성부사』에 의하면 독립문은 러시아인 기사 사바틴의 협력하에 서재필이 프랑스의 개선문을 모델로 설계하였다고 한다.

독립문에 국기를 장식하고, 그 밑에 회장 이하 독립협회 회원과 내빈이 모여 식전 행사가 진행되었다. 식전 차례를 보면 목사의 기도, 내빈 인사, 학생들의 〈조선가〉, 〈독립가〉, 〈진보가〉 등 애국 창가가 제창되었고 체조까지 행해지고 있었다. 각 학교 학생들이 대군주 폐하를 위해 만세를 외치고 독립협회를 위해서는 천세(만세는 황제의 만수무강을 기원하고 천세는 제후의 장수를 기원한다)를 불렀다. 독립문의 정초식은 이와 같이 서양의 식전을 모델로 진행되었다.

다른 한편 한성 사람들은 독립문 건립 사업을 열렬히 지원하고 다양한 계층이 독립문 건립을 위해 모금에 참여하였다. 정초식은 적어도 한성에 있는 조선인을 독립협회가 생각한 〈국민〉으로 삼는 중요한 역할을 했다.

고종은 아관파천 중이어서 독립문 정초식에는 참석하지 못했다. 그러나 왕태자는 독립문 건립에 즈음하여 1,000원이라는 큰 돈을 하사하였다. 또 〈독립관〉이라고 직접 쓴 편액을 하사하였다.

1897년 5월 23일 독립관 개수가 완료되자 왕태자로부터 받은 편액을 거는 의식이 성대하게 거행되었다. 왕태자는 1896년 말까지 또 1,000원을 독립협회의 보조금으로 헌납하였다. 왕태자의 독립협회에 대한 관여는 관료들이 독립협회에 가입하는 큰 계기가 되었다. 1897년 5월부터 7월에 걸쳐 정부 고관이 독립협회 위원에 선출되고

독립문. 1897년 11월 20일 준공했다. 중국 사절을 맞이하는 영은문이
있던 장소에 세워졌다.

있다. 그것은 고종의 황제 즉위를 요청하는 상소가 시작
되었던 시기이다.

독립관에 왕태자 친필의 편액이 걸린 일로 민중과 정부
고관, 그리고 왕실이 일체가 되어 독립국을 형성하고자
하는 기운이 한층 높아졌다고 말할 수 있다. 초기의 독립
협회에는 다양한 사람이 함께 참여하였고 왕실과도 우호
적인 관계를 구축하고 있었다.

그러나 1897년 8월 29일부터 독립협회가 정기적으로
〈토론회〉를 개최하게 되면서 정부와의 사이에 거리가 생
겼다.

토론회는 의제를 하나 결정하여 찬성과 반대를 토론하

는 형식으로 진행되었다. 도중에 참가도 가능하였고 투표(다수결)에 의해 주제의 가부를 결정하는 일도 있었다.

독립협회는 갑오개혁을 지지하고 근대 제도를 정착시키고자 하였다. 그것을 위해 토론회의 의제는 국가 부강책, 국가의 자주권 확보, 안전 보장, 보건 사회 정책 등 다양한 근대화 정책으로, 독립협회는 이와 같은 의제를 개혁 방향으로 수렴하여 집단의식과 연대 의식을 심으려고 하였다. 때로 그것은 정부를 향한 신랄한 비판이 되기도 하였다.

앞의 장에서 보았던 것처럼 고종은 갑오개혁의 근대화를 전면적으로 평가하지 않고, 구본신참, 즉 구래의 방법을 근본으로 새로운 규정을 참고하여 제도를 제정하려고 생각하고 있었다. 독립협회의 토론회가 시작되었을 무렵에는 명조 중화를 계승하면서 근대 국가를 참조한 황제 즉위가 조선 정부 내에서는 이미 정해진 노선이 되어 갔다. 독립협회에 참가하고 있던 정부 고관은 거리를 두고자 하여 정부는 독립협회와 서재필을 비난하는 것처럼 되어 갔다.

황제 즉위의 경축: 대한제국과 독립협회의 거리

그렇다면 1897년 10월 12일의 고종의 황제 즉위식에 대해서『독립신문』은 어떻게 보도하였을까. 황제 즉위 직후의 10월 14일의 논설은 〈광무 원년 10월 12일은 조선 사상 몇만 년을 거쳐서도 무엇보다도 빛나는 영화로운 날이 될 것이다〉라는 문장으로 시작하여 다음과 같이 기록하고 있다.

조선이 몇천 년을 왕국으로 지내어 가끔 청국에 속하여 속국 대접을 받고 청국에 종이 되어 지낸 때가 많이 있더니 하느님이 도와 조선을 자주 독립국으로 만드니 이번 달 12일에 대군주 폐하께서 조선사상 처음으로 대황제 위에 나아가시고 그날부터 조선이 다만 자주 독립국뿐이 아니라 자주 독립한 대황제국이 되었으니 나라가 이렇게 영광이 된 것을 어찌 조선 인민이 되어 하느님을 대하여 감격한 생각이 아니 나리오.

(『독립신문』 광무원년(1897) 10월 14일 목요일)

〈다만 자주 독립국〉이 아니고 〈대황제국〉이 된 것을 영광이라고 말하는 것은 앞서 황제 즉위를 요청하는 상소에 보였던 것과 같이 황제를 존숭하는 일에 익숙한 조선 민중의 의식이 덧붙여진 것이라고 생각된다.

최후에 고종이 각국의 사신을 초빙하여 황제 즉위를 전

달하는 일을 언급하면서 다음과 같이 기록하고 있다.

세계에 조선 대황제 폐하보다 더 높은 임금이 없고 조선 신민보다 더 높은 신민이 세계에 없으니 조선 신민들이 되어 지금부터 더 열심히 나라 위엄과 권리와 영광과 명예를 더 아끼고 더 돋우어 세계에 제일등국으로 대접을 받을 도리들을 하는 것이 대황제 폐하를 위하여 정성 있는 것을 보이는 것이오.

(『독립신문』 광무원년(1897) 10월 14일 목요일)

황제에게 마음을 다하고 나라를 사랑하고 규칙, 예절을 지켜 문명을 진보시키는 근대적 가치관이 체현되도록 국민 창출을 언급하고 있다.

이와 같이 독립협회가 그리는 대한제국과 국민은 고종이 그리는 상과 겹치는 것이었는가, 아니면 다른 것인가.

고종의 황제 즉위로부터 1개월 정도 지난 11월 11일 독립협회는 독립협회 회원, 정부 고관과 더불어 외국 공사·영사와 거류민을 초빙하여 대한제국 성립을 축하하는 경축회를 개최하였다. 『독립신문』 11월 13일의 〈잡보〉 기사에 의하면 경축회는 다과를 준비한 파티로 〈대황제 폐하 만세〉를 외치고 〈대한은 세계가 자주 독립하는 황제국이다〉라고 소리를 높였다고 한다.

조선의 내셔널리즘 형성을 연구하는 쓰키아시 다쓰히코는 이 경축회에 대해서 두 가지 점에 착목하였다. 대한제국의 성립을 무엇보다도 축하한다는 독립협회가 성립 직후가 아니고 1개월이 지나서 경축회를 행한 것, 이것을 전하는 위의 〈잡보〉 기사의 첫머리에 〈근일에 걱정되고 위태한 일이 정부에 많이 있어 대한을 조금이라도 사랑하고 대한독립을 보전하려는 신민들은 걱정이 한량 없다〉라고 기술하고 있는 점이다. 〈걱정〉이란 것은 정부와 인민의 러시아 위협에 대한 무자각을 가리키는 것이다. 1897년 9월경 독립협회가 주장하는 〈독립〉은 〈청으로부터의 독립〉에서 〈러시아로부터의 독립〉으로 의미가 변화하였고, 정부와 거리가 생겼다고 지적한다.

그렇다면 〈독립〉하는 대상이 러시아로 변했다는 것으로 독립협회와 고종, 대한제국 정부와의 관계는 어떻게 변화하여 왔다는 것인가.

2
황제의 러시아 접근과
독립협회의 반대

러일의 대두: 동아시아 국제 관계의 변화

대한제국 성립 전후로 조금 시간을 되돌려 보자. 청일 전쟁에서 청국의 패배는 서양 열강의 동아시아 진출을 가속시켰다. 다른 한편 러시아는 일본의 군사력을 경계하여 삼국 간섭으로 일본의 요동반도 획득을 저지하였다. 그에 대하여 일본은 군비 확장을 최우선 과제로 하면서 한반도에서는 러일 협상론이 우세하였다. 러일 협상론은 조선에서 일본, 만주에서의 러시아의 우월권과 자유를 상호 인정하는 방책이었다.

1896년 5월 26일 러시아의 니콜라이 2세의 대관식이 거행되었다. 대관식에 동아시아에서는 일본은 후시미노미야 사다나루 친왕과 야마가타 아리토모, 청국에서는 이홍장, 조선에서는 민영환이 나라를 대표하여 초대되었다.

이 러시아에서 조·청·일 3국은 각기 러시아와 외교 교섭을 하였다.

6월 3일 A. B. 로바노프 로스토프스키 러시아 외상과 이홍장은 일본에 대한 전쟁을 포함한 러청 비밀 동맹 조약에 조인하였다. 이 조약을 일본이 확인한 것은 러일전쟁 이후였다.

6월 9일 야마가타와 로바노프 로스토프스키 외상은 〈조선 문제에 관한 모스크바 의정서〉에 조인하였다. 이 조약의 비공개 조항에는 러일 양국 군대의 조선 주둔을 인정하고 조선군이 완성될 때까지 고종의 호위는 계속하여 러시아군이 담당한다는 내용 등이 쓰여 있었다. 후에 니시 도쿠지로 주러시아 일본 공사는 이 교섭에 대해서 러시아는 단독으로 조선 보호국화를 희망하였고, 일본과 공동으로 한반도의 남북 분할 통치에는 뜻이 없었다고 회상하였다.

민영환은 6월 5일 니콜라이 2세와 로바노프 로스토프스키 외상을 알현하였다. 민영환은 특명전권대사로서 파견되었고, 수행원으로는 독립협회의 윤치호도 있었다. 민영환은 다음과 같은 5개 항목의 지원 요청서를 제출하였다.

① 수백 명으로 구성되는 러시아군의 러시아 근위병에

의한 국왕의 호위, ② 러시아 군사 교관단의 파견, ③ 러시아인 고문관(궁내부, 내각 행정, 공공사업 전문가)의 파견, ④ 전신선 연결, ⑤ 일본에 대한 부채를 갚기 위한 300만 원 차관 등이었다. 민영환은 〈5개항의 지원 요청 가운데 무엇보다도 중요한 것은 국왕을 호위하는 러시아 경호대의 파견이었다〉라고 말했다. 민영환을 특명전권대사로 러시아에 파견한 것은 고종의 강한 의향의 반영이었을 것이다. 당시 고종은 아관파천 중이었다.

러시아는 이 요청을 받아들여 1896년 10월 21일에 D. V. 푸차타 대좌를 비롯한 10명의 러시아인 병사가 조선에 도착하였다. 푸차타는 6천 명 규모의 군대를 창설해야 한다는 의견서를 12월 2일에 제출하였고 고종은 여기에 전적으로 동의하였다. 아관파천은 러시아 공사와 러시아 군의 비호에 의해 이루어진 것이었다. 재정 지원에 대해서도 1897년 9월 25일에 K. 알렉세예프가 재정 고문으로 조선에 도착하였다. 조선 정부는 고문이었던 영국인에 대한 불만으로 알렉세예프로 교체하였다.

대한제국 성립 후 1897년 12월 21일에 행해졌던 명성황후의 국장에서는 상여의 양쪽에 러시아식의 의장대가 도열하였고 고종의 가마 네 귀퉁이에는 러시아인 사관이 4명씩 호위하고 있었다. 또 12월에는 니콜라이 2세가 한러 은행 설립을 승인하고, 다음 해 3월에 한러 은행이 개업하여 대한제국에서 러시아 영향력은 점차 확대되어 가는 추세였다. 이 해 3월에 러시아는 여순·대련을 조차하였고 더불어 하얼빈에서 대련까지의 남만주 철도 부설의 권리를 획득하였다.

이와 같은 러시아의 움직임에 일본과 영국은 만주와 한반도에 동시 진출하는 것을 경계하여 공동으로 대응하였지만, 러시아와 일본 사이에서도 새로운 협정 체결을 모색하는 움직임이 나타났다. 니시 도쿠지로 외상과 R. R. 로젠 주일 러시아 공사 사이에 4월 25일 〈로젠·니시 협정〉이 체결되었다.

일본은 러시아의 요동반도 진출에 맞먹는 대가로 조선에서 상공업상의 이익의 인정과 지지를 러시아로부터 획득하였다. 러일 교섭에서 니시 외상은 일본에게 대한제국에 대한 조언과 조력을 인정하는 전권을 인정하면, 만주및 그 연안을 일본의 이익 범위 밖으로 인정한다는 소위〈만한 교환론〉을 제안하였으나 로젠은 거절하였다.

독립협회의 반러시아 운동

고종은 러시아를 신뢰하여 러시아의 조선 진출을 추구하고 있었다. 그러나 이에 대해 러시아 정부는 소극적인 태도를 보였고, 한국 내에서도 강한 반대의 목소리가 늘어 갔다. 독립협회도 그들 중 하나였다. 앞에서도 본 것처럼 독립협회는 러시아에 대해 불신을 가지고 있었다.

1898년 2월 20일 독립협회의 토론회가 예정되어 있었지만 국가의 위기 극복을 위한 구국 선언과 고종에게 올리는 상소를 결의하였다. 2월 21일에는 135명의 서명을 모아 다음 날 회장 안경수가 고종에게 상소하였다. 러시아인 고문관에 의한 내정 장악 등에 대한 비판을 전제로 하고 있다.

국가가 국가인 것은 두 가지 일에 근거한 것입니다. 하나는 자립하는 일로 타국에 의지하지 않는 일이며, 다른 하나는 국내의 행정과 법을 자수하는 일입니다. 이 권리는 하늘이 우리 폐하에게 준 대권으로 이 권리가 없다면 국가가 아닙니다. (중략) 황제에게 바라는 것은 충심으로 삼천리 1,500만 적자들과 마음을 같이 하여 분노와 염려를 같이 해주십시오. 대내적으로는 정해진 법을 실천하고 대외적으로는 다른 나라에게 의지하지 않고, 황상의 권리를 스스로 세워 우리 나라의 권리를 스스로 세워 주십시오.

(『승정원일기』 고종35년(1898) 2월 2일, 『고종실록』

동년 2월 22일)

대한제국이 외국에 의지 않고 독립하기 위해서는 내정을 정비해야 한다는 주장이다. 독립협회가 말하는 〈대내적으로는 정해진 법을 실천〉한다는 것은 갑오개혁기에 일본의 지도하에 서고한 홍범 14조와 각종 법제의 준수를 가리킨다고 생각된다. 〈대외적으로는 타국에 의지 않는다〉는 것은 물론 러시아에 대해서이다. 고종이 이에 대해 〈도리에 맞는 말이다. 어떻게 행동하는가에 달려 있다〉라고 대답하였다.

독립협회 운동에 의해 대한제국 정부는 러시아인 군사 교관과 재정 고문의 철수를 러시아 정부에 요청하였고, 재정 고문 알렉세예프에게 귀국 명령을 내렸다. 3월 말에는 군사 교관들도 한국을 떠났다. 또한 3월 10일에 열강의 내정 간섭, 이권 요구 등에 반대하는 만민공동회를 개최하였다. 한러 은행도 5월에 폐쇄하여 대한제국에서 러시아 세력은 짧은 시간에 급히 줄어들었다. 배경에는 일본의 대러 외교도 있었다. 그러나 고종이 러시아를 신뢰하는 분위기는 변함이 없었다.

앞의 상소를 계기로 독립협회는 계몽 단체에서 정치 결사 단체로서의 활동을 본격화하였다. 대한제국의 자립을 호소하고 러시아에 대한 접근을 비판하였다. 독립협회의 창설에 협력한 정부 고관들은 독립협회 활동과 거리를 두 었으며, 독립협회는 재야 지식인의 색채가 더욱 짙게 되 었다.

2월 27일 정기 총회에서 선출된 회장 이완용은 정부 측 에 들어갔기 때문에, 부회장 윤치호가 회장 직무를 대행 하였지만, 윤치호는 민중 운동이 과격화하는 일을 두려워 하여 활동에 소극적이었다. 나아가 5월에는 『독립신문』 을 창간한 서재필이 정부의 압력으로 출국하였다. 독립협 회는 정부의 관직을 가지지 않는 회원이 주도하여 갔다.

의회 개설 운동

1898년 봄부터 독립협회는 의회 개설을 위한 운동을 본격적으로 전개하였다. 4월 3일 독립협회 토론회의 주 제는 〈의회원의 설립이 정치상 무엇보다 중요하다〉라고 정하고, 회원과 국민에게 의회 설립의 필요성을 설명하고 있다. 하지만 독립협회는 우민관을 가지고 있어서 현재 우리가 생각하는 의회와는 의미상 거리가 있다.

이와 같은 움직임에 대하여 정부는 궁내부 고문 르젠드 르를 회장 대행 윤치호에게 파견하고 자문 위원회를 도입 하여 대신들의 생각을 확인하고 싶다고 전했다. 르젠드르는 대한제국이 30년 전에 일본의 상황과 아주 흡사하다라는 지론을 전개하고, 윤치호와 서재필의 생각에 반대하였다라고 윤치호는 4월 14일의 영문 일기에 기록하고 있다.

이에 대하여 출국 직전의 서재필은 4월 30일의 『독립신문』에서 의회 설치를 목표로 내걸고 황제 대신 인민의 직분을 명쾌하게 논하였다. 다른 한편 정부는 7월 8일에 독립협회 회원 윤치호 등 4명을 중추원 의관에 임명하면서 독립협회의 환심을 사고자 하였다.

중추원은 갑오개혁에서 신설된 의정부 부속의 관직 대기 기관으로, 1895년 3월의 관제 개혁에서 의정부의 자문 기관이 되면서부터 기능의 확대와 축소 등을 거쳤다. 의회원 설립을 제안한 윤치호 등은 중추원을 개편하여 의회원으로 설치할 것을 제안하였다. 다만 이번 중추원 의관 임명은 의회 개설에 찬동하였다기보다는 활동을 억제하고자 한 것이었다고 생각된다.

그것은 다음과 같은 사례를 통해서도 알 수 있다. 7월 9일 윤치호가 중추원 1등 의관으로 입장해서 일반인들도 읽을 수 있도록 역사상 처음으로 한문과 한글을 혼용한 문체로 의회 설립을 제기하는 상소를 올렸다. 그러나 이에 대하여 고종은 〈조정을 걱정하고 백성을 사랑하기 때문에 발언하였다고 생각하지만, 신분을 넘어서 함부로 말해서는 안 된다〉라고 대답하였다(『승정원일기』 고종 35년(1898) 5월 21일, 『고종실록』 동년 7월 9일).

7월 20일에 다시 한번 윤치호는 《《홍범 14조》의 준행과 유능한 인사의 선발, 그리고 인민의 의론을 넓게 채택할 것〉을 상소했다. 그러나 고종은 받아들이지 않았다(『승정원일기』 고종 35년(1898) 6월 2일, 『고종실록』 동년 7월 20일).

1898년 2월의 단계에서 고종은 독립협회가 주장하는 입헌 군주 정체에 반대하지 않았지만, 7월의 단계에서는 명확히 반대하고 있었다. 대한제국 정부는 중추원을 의회로 하는 것이 아니라 단순한 자문 기관으로 하고자 했다.

광무 개혁: 대한제국의 정책

조금 앞의 일이지만 1898년 5월 23일 고종은 〈의정부 차대규칙〉을 의결하는 조칙을 발령하였다. 여기서는 〈군신 상하가 정사에 대해서 상담하고 정책 강구에 노력해야 한다. (중략) 정부의 여러 신하들은 재신이 회동하여 매월 6회 차대를 행하는 것을 정한다〉라고 되어 있었다. 〈차대〉란 조선 시대부터 궁전에서 중요한 정무를 국왕에게 보고하는 회의이다. 6월 10일에 나온 칙령에 의한 〈의

정부차대규칙〉에서 다시 한번 구체적인 일정을 제시하였다.

궁중과 부중을 분리시켰던 갑오개혁에 의해 국왕이 국정을 의논하는 장에 관여하는 일이 어렵게 되었다. 고종은 스스로 회의에 나가서 국정의 주도권을 장악하려고 정기적인 회의를 부활시키고자 한 것이다.

몇 번씩 말하지만 갑오개혁은 〈군신 공치〉에 따른 왕권의 억제와 일본 정부가 노리는 궁중의 비정치화, 그리고 국가 재정의 확충 등이라는 목표를 내걸고 있었다. 징세의 금납화는 무엇보다도 중요한 성과였다. 대한제국의 개혁(광무개혁)은 정치 제도의 면에서 갑오개혁을 고치려고 하는 점이 컸지만, 재정·금융 제도는 갑오개혁의 성과를 계승하고 있었던 면이 많았다.

다만 왕실 재정에 대해서는 달랐다. 갑오개혁은 왕실 재정을 축소하려고 했지만 고종은 여기에 저항하여 정부의 개혁을 싫어하고, 왕실 독자의 재정 운영을 위해 내장원(후에 내장사로 개칭)을 설치하고 있었다. 대한제국기 내장원은 황제 개인의 사설 금고와 같다는 지적도 있다. 고종은 황제 즉위 후 황제권 강화를 목적으로 왕실 재정의 확보와 국가 운영을 위해 탁지부(탁지아문)의 재정 확보라는 두 가지 목표를 내걸었다. 다만 고종은 탁지부대신에게는 일상적인 업무를 맡길 뿐, 중요한 사업과 재정 정책은 황실 직속 기관에 담당시켰다. 그 결과 탁지부의 재원은 감소하고 정부 기구의 운영 경비조차 충분하지 않았다.

황제는 황실 독자의 재원을 늘리는 것으로 황제 권력을 강화하고자 하였다. 예를 들면 1898년 6월 24일 내장사에 〈삼정과 소속 각광〉이라는 새로운 직무를 추가하였다. 삼정은 인삼에 관한 정책과 행정이고, 소속 각광이란 궁내부가 가지고 있는 각 지역의 광산 경영이다. 한국산 인삼(특히 인삼을 가공한 영양 식품인 홍삼)은 품질이 매우 좋고 중요한 교역품으로 과거 중국에 대한 헌상품이기도 하였다. 1894년 갑오개혁에 의해서 홍삼의 관리권은 탁지아문이 가졌는데 황제가 관장하게 되었다.

다른 한편 광산 사업도 중요한 재원이었다. 광산 사업은 갑오개혁의 관제 개혁에서 광물의 측량은 공무아문, 분석은 농상아문, 광세는 탁지아문이 담당하도록 되어 있었다. 그런데 1895년 5월 평안도에 있는 운산 광산이 궁내부의 관리로 옮겨지는 것을 시작으로, 1898년 6월에는 전국 43곳의 광산을 궁내부의 내장사로 이관하였다. 한반도의 광산은 영·러·독·일본 등 열강의 이권 싸움의 장이기도 하였다. 대한제국 정부는 세력 균형 정책에 근거해서 열강에게 이권을 나누어 주었지만 궁내부 소속의 광산은 외국인의 관여를 금지하고 황실 주도로 관리하였다. 이로 인해 황실 재정은 1896~1897년에 적자였지만, 1898년에는 수지가 맞춰졌으며, 1900년에는 막대한 흑자를 기록하였다.

다른 한편 고종은 정확한 호구 파악이 국가 재정을 개선한다고 생각하여 1896년 9월 1일에 칙령 〈호구조사규칙〉을 발표하였다. 대한제국기인 1897년 이후에는 호구조사의 결과, 실재하는 호구를 어느 정도 파악하는 것이 가능하게 되었다.

양전 사업(토지를 조사하고 측량하는 사업. 식민지 시기 조선 총독부가 시행하였던 토지 조사 사업과의 혼동을 피하기 위해 양전 사업이라고 부른다)의 착수도 지세 수입을 누락시키지 않고 징세하면서 토지 소유권을 확립하는 대한제국의 중요한 정책이었다. 1898년 6월 23일 황제는 전국의 토지를 측량하는 일에 대해 재가를 내렸다. 종래의 농지와 가옥에 한정하지 않고 지질과 산림, 수질에서 도로에 이르기까지 그것은 광범위하게 진행되었다.

토지 측량을 담당하는 〈양지아문〉도 신설되어 직원은 각 관청에서 선임하였다. 양전 사업은 관청을 넘나드는 대규모 사업이었다. 서양의 측량 기술에 대한 불신과 농

촌 내부에서 기존의 계급 관계 변화에 대한 반발 등이 있어 양전 사업의 개시는 늦어졌지만, 이 양전 사업의 결과 토지의 위치와 면적, 소유자 등을 파악할 수 있게 되었다. 그러나 양전의 과정과 방법을 분석하면서 그 성과에 의의를 두는 견해도 있다.

고종은 국가 재정에서 큰 비중을 차지하고 있는 지세와 호세를 재정비하고 확대하고자 하였다. 다른 한편 인삼과 광산 등의 이익이 탁지부에서 황실의 재산으로 들어가 그것은 국가 재정의 피폐로 이어졌다. 어느 쪽이든 1898년은 1897년 10월에 황제에 즉위한 고종에 의해 대한제국의 앞으로의 방향을 결정짓고 황제국을 만드는 시기였다.

3

독립협회의 강제 해산:
의회 개설의 좌절

만수성절: 고종 탄생 축제

1898년 9월 10일은 음력 7월 25일로 고종이 황제로 즉위하고 처음으로 맞이하는 만수성절이었다. 만수성절이란 중화 세계에서 천자의 탄생일을 말한다. 이날 황제는 왕궁에서 오전 11시에 일본 공사를 비롯한 각국 공사·영사, 사관, 외국어 교사들의 경축례를, 정오가 지나서는 정부 대신으로부터 경축례를 받았다. 나아가 오후 9시부터는 왕궁에서 외부로 자리를 옮겨서 정부 대신들과 각국 공사·영사, 사관들 그리고 한어와 일본어, 영어 등의 외국어 교사를 초청하여 축하연을 행했다. 입식 형식의 만찬과 공연이 있었지만 공연의 주요한 종목은 정재(황제 즉위식에서도 공연된 궁중 무용)로, 기녀와 악공이 이끌었다.

이 만수성절에서 주목할 만한 것은 황제의 탄생일을 궁중만이 아니고 처음으로 왕궁 밖에서도 축하하였다는 일이다. 황제의 탄생일은 왕궁 내부 및 외부 등의 외교 장소에서의 축하에 머물지 않고 한성 시민도 참여하여 많은 사람들이 기뻐하고 황제에 대한 충성과 사랑의 마음을 표현하는 〈만민 경축의 연회〉였다. 이것은 독립협회 활동의 결과이기도 하였다.

9월 10일 독립협회는 만수성절 경축회를 독립협회 본관에서 개최하였다. 오전 11시에 독립협회 사무소의 대청문 앞에는 국기를 내걸고 독립관 앞뜰에 천막을 설치하여 수천 명의 사람을 수용 가능하도록 하였고, 뜰의 네 모서리에 다과를 배치하였다. 『대한계년사』에 의하면 이와 같은 경축연회의 모습이, 독립문 앞에 관민 천여 명과 각급 학교 학생 700여 명이 머리에 한 송이의 꽃을 꽂았고, 울타리를 사이에 두고 그 주위에 사람이 바다를 이루는 것과 같은 상황이었다고 하였다. 오후 2시에 회장 윤치호의 개회사를 시작으로 경축회에서는 회원이 〈경축가〉를 부르고 각 학교의 학도가 〈애국가〉를 부르면서 다과를 즐기며 술잔을 나누었다. 나아가 오후 7시에는 악대의 선도로 회원 전부가 왕궁인 경운궁의 정문인 인화문까지 가서 황제 폐하에게 만세를, 황태자 전하에게 천세를 각기 3회씩 외쳤다고 한다.

이와 같이 독립협회 활동도 있고 고종의 황제 즉위 후에는 한성에서 대한제국의 국민이 창출되고 있었다.

독차 사건: 독약 커피

그러나 대한제국의 그 이후의 명운을 좌우하는 비극이 만수성절 다음 날에 일어났다. 9월 11일 밤 10시경 만찬에 나온 커피에 독약이 들어 있어 그것을 마신 황태자가 장애를 입었기 때문이다. 양식을 좋아했던 고종은 늘 커피를 마셨지만 이날은 맛이 이상했기 때문에 조금만 마셨다. 그러나 황태자는 반 정도 마셨다고 한다. 두 사람은 곧바로 토하고 복통을 호소하였다. 커피를 마신 내시와 시녀들도 각기 중독 증상을 호소하였다.

범인은 김종화라고 하는 26세의 젊은 사람이었다. 배후에는 친러파로 전라도 흑산도에 유배 중이었던 김홍륙에 의한 황제 살해 지시가 있었다. 그것은 황제가 러시아 공사관에서 환궁하고 대한제국이 성립하는 시기가 되자 정부 내에서 아관파천 중에 근왕 세력이라고 불렸던 친러파의 영향력이 약해지고 있었던 것을 의미한다. 당시 한성의 분위기도 반러로 기울고 있어 언제 친러파가 친일파에 밀릴지 모르는 상태였다.

무엇보다도 이 독차 사건에 의해 궁중 안뿐만 아니라 한성으로 소동이 확대되었다. 독립협회·황국협회(회장 정낙용, 독립협회에 대항하여 정부 수구파가 황제의 뜻에 따라 행상인을 중심으로 조직한 단체)·황국 중앙 총상회(회장 조병식, 외국 자본에 대항하여 상권 유지를 위해 만들어진 한성부의 상인 조합) 세 단체는 공동으로 협의하여 정부 관료의 책임을 묻는 결의를 발표하고 이후 대책을 요구하였다.

독립협회의 확장, 의회 설립 지지의 확대

독차 사건을 계기로 독립협회는 정부 대신과 경무사 등의 사직을 요구하였다. 나아가 독차 사건의 범인에게 갑오개혁에서 폐지한 고문형과 연좌제가 집행되자 독립협회 회원과 한성의 민중도 참가하여 전근대적인 정부의 수법을 비판하고 대신들의 파면을 압박하였다.

1898년에 독립협회는 7월에 평양, 9월에 대구, 10월에 의주, 선천, 강계, 북청, 목포, 인천 등 각 지역에 지회가 생겨 그 활동은 지방에까지 확대되었고 회원이 4,173명에 이르렀다. 독립협회는 활발하게 정치 활동을 전개하면서 당시 내각에 부속하여 내각의 결정에 동조하는 기관이었던 중추원을 의회로 개편하고 입헌 기관으로서의 의회 개설을 통하여 어느 정도 민의가 국정에 반영되는 체제를 모색하였다.

한편 대한제국 정부 내부에서도 초대 주미 공사 박정양 등 개명적인 관료를 중심으로 의회 설립 지지자가 늘어나고 있었다. 독립협회도 개명적인 관료를 중심으로 내각을 형성하고 정부와 국민이 단결하는 자주 독립 국가를 지향하였다.

1898년 10월 29일 정부 관료를 한성의 중심가인 종로에 초빙해서 독립협회를 비롯해 각 협회의 회원, 각 학교의 학도 등 한성의 민중과 상인을 포함한 관민공동회가 개최되었다. 이 관민공동회에는 박정양을 비롯해 15명의 정부 대신과 궁내부 고문 르젠드르가 출석하였다. 그 외 각지의 부인회와 학도, 승도들도 크게 참가하였다.

헌의 6조로부터 의회 설립법으로

이 때의 관민공동회에서 종래 독립협회의 주장을 정리한 〈헌의 6조〉가 가결되었다. 헌의 6조는 제1조에서 황제 전제권을 긍정하면서도 제2조와 제3조에서 황제 독자의 재정 운영을 부정하는 조항을 포함하였고, 제5조에서는 황제 독자의 임명권을 부정하고 전제 군주제를 근본적으로 억제하고 있었다. 최후의 6조에서는 홍범 14조를 비롯하여 갑오개혁 이후 근대화의 실천을 요청하고 있었다. 헌의 6조는 정무 대신들의 가결을 거쳐서 고종에게 상소하여 승인되었다.

고종은 헌의 6조를 반영하여 조칙으로 〈민국의 급무를 중외에 포고하는 건〉 5조를 10월 30일에 내렸다. 거기에는 〈언론이 막혀 있고, 상하가 서로 간에 근면하고 경계하여 열심히 하는 일이 없다. 하루 빨리 중추원에서 장정을 제정하고 실시하라〉라는 내용이 포함되어 있어 중추원 관제 개정을 승인하고 있었다.

이 시점에서 대한제국은 입헌 군주제 국가가 되는 길도 열려 있었다. 또 황제 즉위 후의 대한제국기에 정치 집회와 시위가 이미 일어나고 있었던 사실은 중요하다. 독립협회가 주도한 관민공동회가 성공하고 황제도 중추원의 개정을 승인하면서 박정양을 중심으로 정부는 〈중추원 관제 개정〉을 작성하였다. 이것은 독립협회안을 거의 반영한 내용이었다.

11월 2일 황제의 재가를 거쳐서 전17조에 이르는 칙령 제36호 〈중추원 관제 개정〉이 공포되었다. 한반도에서 처음으로 제정된 의회 설립법이다.

그 내용은 제1조에서 중추원은 법률뿐만 아니고 황제의 칙령에 대해서도 제정, 폐지, 개정하는 권리를 가지고,

황제의 권한을 제한하는 것이 가능하게 되었다. 나아가 의정부가 황제에 상주하는 일체의 사항에 대해서도 중추원을 거치도록 하여(1조, 12조), 의정부의 권능도 억제하고 의회 기능도 갖추고 있었다. 중추원의 구성원은 의장 1인, 부의장 1인, 의관 50인, 참사관 2인, 주사 4인(제2조) 등으로 의회(중추원)에 참가 가능한 자는 〈인민협회〉에 속하는 27세 이상의 〈정치, 법률, 학식〉에 통달하는 자로 제한(제3조)되었다. 얼마 동안은 독립협회에서 선거를 행하도록 되어 있었다(제16조).

수구파의 반격, 고종의 분노

그러나 11월 4일 중추원 관제 개정이 나온 직후부터 수구파 대신들의 반격이 시작되었다. 이날 궁중의 다례를 위해 백관이 모였을 때 독립협회 활동에 비판적인 조병식, 민종묵 등 수구파는 앞서 관민공동회에 참석하여 헌의 6조의 가결에 서명한 대신들의 파면을 고종에게 요구하였다. 그 결과 독립협회를 배경으로 했던 박정양 등이 파면되었다.

다음 날에는 의정부의 최고위였던 의정부터 각 관료까지 수구파로 교체되었다. 이것을 허가한 고종의 생각을 사료에서 읽기는 어렵다. 독립협회 활동에 반대하는 수구파 의견을 존중하고 그쪽이 스스로가 그리는 황제 국가에 가깝다고 생각했기 때문일 것이다. 동시에 독립협회를 비롯한 각 협회의 해산과 집회 참가자에 대한 단속이 조직에 의해서 시작되었다.

실제로 11월 4일 밤에 수구파 공작에 의해서 익명서가 왕궁의 정문 광화문 밖에 걸렸다. 그 내용은 〈독립협회가 5일에 대회를 개최하여 박정양을 대통령에, 윤치호를 부통령으로 하여 공화 정치로 국제를 바꾸고자 하고 있다〉라는 것이었다. 고종은 이 내용에 격노하여 다음 날 5일 독립회원 17명을 체포하였다. 회장 윤치호는 사전에 신변의 위험을 감지하고 외국인 저택으로 도망가서 체포를 면했다.

이와 같은 정부의 움직임에 대하여 독립협회 회원과 한성의 시민 등이 모여 만민공동회를 결성하고 회원 17명의 체포에 항의하는 시위를 벌였다. 이때 대규모의 충돌로 구두 수선공이 죽었다. 독립협회와 만민공동회는 〈의사〉로 추도하고 〈만민장〉을 집행하였다.

수구파는 러시아 공사를 방문하고 독립협회 해산에 대해서 의견을 구했다. 러시아 공사는 정당은 국정을 방해한다고 조언하고 독립협회 해산에 대해 열강 사이에 문제가 되면 협력하겠다고 전했다. 양자는 독립협회 진압을 위해 병력을 사용하는 일도 생각하고 있었다.

일본은 독립협회를 긍정적으로 받아들이고 있었지만 이와 같은 일이 독립협회를 싫어하는 고종에게 알려지는 것은 바람직하지 않다고 생각하고 있었다. 그것은 미국과 영국 공사도 같았다. 다만 당시 한성에서 독립협회를 지지하는 자가 늘어나고, 독립협회 해산에 민중의 반대도 예상되었다. 그 때문에 일본 공사는 미국·영국 공사와 협력하여 러시아 공사가 독립협회 진압에 병력을 이용하지 않도록 조치하였다.

고종은 만민공동회의 계속되는 활동을 두려워하여 11월 12일에 박정양 등 파면하였던 대신들의 징계를 풀고 독립협회 회원을 석방하였다. 다른 한편 같은 날 칙령 제37호 〈중추원 관제 개정〉을 내렸다.

거기에는 중추원의 의회적 기능은 상실되고 독립협회에서 실시되었어야 할 선거도 없었다. 11월 29일에는 새로 만든 중추원 관제를 실시하기 위해, 의관 50명이 새로 지명되었다. 그 결과 수구파 세력(황제파 및 황국협회)이 3분의 2인 33석, 독립협회·만민공동회는 3분의 1인 17석이 되었다.

12월 15일 오후 4시 중추원이 개원하였다. 부의장에는 윤치호가 선출되었다. 다음 날 오전 11시에는 법규를 통과시키고 능력과 명성이 있는 대신 후보자 11명을 무기명 투표에서 선출하고 고종에게 상주하였다. 그 가운데는 명성황후 시해를 기도하여 망명 중이었던 박영효가 포함되어 있었다. 이것에 고종은 격노하였다.

독립협회의 해산, 남겨진 의미

고종은 원래부터 만민공동회를 병력으로 진압하는 일을 희망하고 있었다. 그러나 근대 국가로 출발한 대한제국의 체면을 지키기 위해 각국의 눈을 의식하고 있었다. 고종은 일본 공사와 러시아 공사를 불러 의견을 듣고 있었다. 그리고 러시아 공사에게는 독립협회를 제거하기로 결정했는데 만일 외부로부터 뜻밖의 공격이 있을 경우 그의 도움과 보호 요청에 즉시 응해 달라는 친서를 보냈다. 11월 하순의 단계에서 미국 공사는 병력을 사용하는 새로운 진압에는 반대하고 영국 공사와 독일 영사는 서양인 순사 파견 등을 주장하였다. 덧붙여 독립협회와 만민공동회의 주장이 전혀 정당하지 않은 것은 아니라는 의견도 있었다. 한편 러시아 공사는 병력에 의한 진압을 긍정하고, 고종은 러시아 공사의 의견에 호감을 가지고 있었다. 러시아 공사는 독립협회와 만민공동회의 문제가 생긴다면 간섭할 것이라고 이미 알리고 있었다. 나아가 대한제국 정부가 스스로 해결할 수 없다고 하면 영미 여러 나라가 개입하기 전에 일본과 러시아 양국이 협력하여 주선하자고 일본 공사에게도 전달하고 있었다.

일본 공사는 두 번째 아관파천을 염려하여 대한제국 정부가 병력을 사용하여 만민공동회를 진압하는 일을 지지하는 것처럼 되었다.

이와 같은 각국의 동향 가운데 12월 22일부터 고종과 수구파 정부는 시위 진압을 위하여 군대를 투입하였다. 25일에는 독립협회와 만민공동회가 강제적으로 해산되었다. 독립협회의 정치 운동은 이렇게 무력에 의해서 끝나게 되었다.

독립협회는 미국에서의 경험을 가진 지식인을 비롯하여 한성의 민중과 상인을 중심으로 구성되었다. 앞에서 말한 것처럼 독립협회는 한글만을 사용한 『독립신문』을 발간하고, 처음으로 한글을 사용한 상소를 고종에게 올렸다. 나아가 독립문 준공과 국가의 기념일에 민중을 동원하여 모두가 경축하는 일뿐만 아니라 노래나 만세라고 하는 신체의 움직임도 함께 행하는 것으로 애국심을 함양하고 근대적 국민을 창출하고자 했다. 그렇다고 하지만 유교의 영향이 컸던 대한제국에서는 독립협회 활동은 한성을 비롯한 도시에 한정되는 것이었다.

다만 독립협회의 주장은 정부에 외국(특히 러시아)에
대한 의존 반대와 이권 양여의 반대, 의회 설립, 공정한
재판 요구 등 독립 국가로서 갖춰야 하는 자세를 제시하
고 있었다. 이와 같은 정치에 대한 요구의 많은 부분은 근
대화를 지향한 갑오개혁의 흐름을 잇는 것이었다.

대한제국 성립 이후 러일전쟁이 개전하기까지 1897년
부터 1904년의 시기, 한반도의 외국 세력은 일본과 러시
아가 우위를 점하고 있었지만 결정적인 지위를 점하고 있
었던 국가는 없었다. 그 때문에 대한제국은 각국 세력의
균형을 내다보면서 독자적인 국가 운영이 가능했다. 대한
제국 성립 직후에는 입헌 군주제로의 방향도 가능성이 있
었다. 그러나 고종은 그와 같은 움직임을 무력으로 억눌
렀다. 고종은 전제 국가를 지향하고 있었다.

제4장

대한제국의 시대:
황제 통치의 현실과 한계

1898년 12월에 독립협회를 해산시킨 고종은 의회 개설을 바라는 지식인과 민중의 사상을 봉쇄하고 대한제국의 운명을 손에 넣었다. 다른 한편 1898년 한성에서는 서양 문명을 받아들인 거리 만들기도 시작되고 있었다.

고종은 자신의 무한 권력을 보장하는 법 정비도 추진하고 여러 가지 국가 행사도 계획하였다. 다만 철도 개통에 있어서는 개통 후에 어린아이가 치어 죽은 뒤 성난 군중이 철도에 투석과 방화하는 사건 등이 일어나 서양 문명의 도입이 아주 순조롭게 진행되었던 것은 아니었다.

이 장에서는 대한제국을 둘러싼 국제 관계가 일시 안정된 1898년부터 러일전쟁 개전까지를 보겠다. 대한제국의 전성기라고 말해도 좋을 시대이다. 우선 고종이 대한제국 황제의 전제 대권을 규정한 〈대한국 국제〉부터 보자.

1
유교 종주의 전제 군주:
구본신참의 도달점

유교 종주로서

독립협회를 강제적으로 해산시키고 무력으로 민회와 여론을 억눌렀던 고종은 어떠한 국가를 지향하고 있었던 것일까. 1899년 4월 27일 고종은 대한제국의 종교를 유교로 하고 나라의 유학 교육 기관인 성균관의 관제를 개정하는 조칙을 발령하였다.

세계 만국이 종교를 무엇보다도 존중하고 나라의 근본으로 하는 것은 인심을 선하게 함으로써 정치를 행하고자 하기 때문이다. 우리 나라의 종교는 막연히 존중하는 것으로 그 내실이 같이 하고 있지 않다. 우리 나라의 종교라고 하면 공자의 도가 아니겠는가. (중략) 그러므로 짐은 동궁과 함께 바로 한 나라의 유교 종주로

서 기자와 공자의 도리를 밝히고 성조의 뜻을 계승하고
자 한다.

（『승정원일기』 고종36년(1899) 3월 18일）

고종은 서양 각국의 기독교를 의식하면서 유교가 그것
에 상응하는 것이라고 생각하였을 것이다. 나아가 중화의
계승자로서 유교적인 국가 이념을 기반으로 황제와 황태
자를 유교의 종주로 만들고자 생각하였다.

다음에 서술하는 대한국 국제는 황제의 무한한 권한을
정하고 있는데, 그것은 서양 근대의 법 제도를 참조하여
〈전제 군주〉라는 것을 강조했을 뿐만 아니라 조선에서 친
숙하게 형성되어 온 유교의 가르침 가운데 위치가 설정되
었다. 〈군신의 의의〉와 같이 누구라도 아는 유교의 덕목
을 사람들에게 의식시키면서, 원래의 〈군신의 의의〉와는
내실이 달라진 무한의 군권을 가진 황제를 받아들이게 하
였다.

나아가 1899년 6월 법규 제정을 의논하는 교정소(후
에 법규 교정소로 개칭)를 설치하고, 8월 17일에 고종은
국가의 법전 정비의 필요성을 알리는 조칙을 발령하였다.
그것은 〈국가는 국제를 반포하고 국가 제도와 군권을 명
시한 이후에 신민이 그것을 지키게 하는 것이다. 그러나

우리 나라에는 일정한 제도가 아직 없고 법전이라고 말할 만한 것도 없다〉라고 말하면서 법규 교정소에 국가의 제도를 의논하게 하는 것을 명령하는 내용이었다.

중화 세계에서는 〈제(制)〉가 황제의 명령, 즉 황제법을 의미하고 제후인 국왕 등의 명령인 〈교(敎)〉와 구별하고 있다. 고종은 중화를 계승한 황제를 의미하기 위해 〈국제〉를 사용했을 것이다.

법규 교정소의 구성원은 고종과 가까운 고위 관료로 구성되었고 르젠드르를 비롯한 외국인 고문관도 의정관에 임명되었다. 독립협회의 시위 활동에 군주권의 위협을 느낀 고종은 황제의 위엄과 통치력을 회복시키는 것을 추구하고 있었다.

대한국 국제의 제정

1899년 8월 17일 대한국 국제가 공포되었다. 대한국 국제는 한반도에서 처음으로 정치 정체와 황제의 권한을 명기한 것이다. 나아가 다른 법률의 근원이 되어 사실상 한반도에서 최초의 헌법이기도 하였다.

전문에는 〈중의를 받아들임과 동시에 공법을 참조하여 국제를 입안하여 제정한 것으로 본국의 정치와 군권을 명시한 것이다〉라고 기록되었고 〈이것은 법규의 큰 두뇌이며, 대관건이다〉라고 규정되었다. 〈관건〉이란 사물의 요체라는 의미이다. 대한국 국제는 국내의 모든 법규의 근본이며 대강이었다.

전 9조의 전문은 다음과 같은 내용이다.

제1조. 대한국은 세계의 모든 나라가 인정한 자주 독립의 제국이다.

제2조. 대한국의 정체는 지금까지 500년간 전해 온 것이며, 만세 불변의 전제 정치이다.

제3조. 대한국 대황제는 무한한 군권을 행사하며, 공법이 말하는 자립 정체이다.

제4조. 대한국의 신민이 대황제께서 누리시는 황권을 침해할 행위를 한다면, 그 행위를 이미 했거나 앞으로 할 것인가를 따지지 않고, 그 사람은 신민으로서의 도리를 잃은 자로 간주한다.

제5조. 대한국 대황제는 국내의 육군, 해군을 통솔하며 편제를 정하고 계엄령을 내리거나 해제할 수 있다.

제6조. 대한국 대황제는 법률을 제정하고 반포, 집행을 명령하고, 만국의 법률을 본따 국내 법률을 개정하고, 또한 대사면과 특사, 감형, 복권을 명할 수 있다. 공법에 말하는 자정율례이다.

제7조. 대한국 대황제는 행정 각부의 제도와 문무관의 봉급을 제정하거나 개정하고, 행정상 필요한 각종 칙령을 반포할 수 있다. 공법에 말하는 자행치리이다.

제8조. 대한국 대황제는 문무관의 출척과 임면을 행하고 작위와 훈장, 그 외 영전을 수여하거나 박탈할 수 있다. 공법에서 말하는 자선신공이다.

제9조. 대한국 대황제는 조약을 맺은 각국에 사신을 파견하여 주재시키고 선전과 강화 및 제반의 조약을 체결할 수 있다. 공법에서 말하는 자견사신이다.

제1조에서 대한제국이 자주 독립의 제국이라 제시하고, 제3조에서 대한제국 황제가 무한한 군권을 가지는 것으로 규정하였다. 이 제3조를 전제로 통수권(제5조), 입법권(제6조), 은사권(제6조), 관제권(제7·8조), 행정 명령권(제7조), 영전 수여·박탈권(제8조), 외교권(제9조)을 황제가 가지는 것으로 하였다. 이와 같은 조문의 끝에는 〈공법에서 말하는〉이라고 하여 국제법을 참조했다는 것을 강조하고 있다.

대한국 국제는 중화와 구례의 계승보다도 서양의 규정인 신법을 채용했다는 내용이었다. 여기서 중요한 것은 대한국 국제를 추진한 수구파 관료도 구태의연하지 않고 신구 절충의 개량 사상을 가지고 있었다는 사실이다.

청국에 대한 대등 의식과 조약 체결

1895년의 시모노세키 조약에 의한 청과의 종속 관계 폐기 이후 조선은 청과 대등한 조약 체결을 희망하였다. 그러나 청은 대등한 지위를 용이하게 인정하지 않고 조약 체결을 기피하였다. 나아가 그 후 고종이 아관파천을 한 일도 있어 청은 조선을 독립국으로 인정하지 않았다.

그 때문에 청일전쟁에 의해 청의 대표였던 원세개가 일찍 귀국하고, 후임 당소의도 1894년 8월에 귀국한 이후는 정부 간에 공적이고 직접적인 교섭은 거의 없었다. 또한 1896년 6월경에 당소의는 조선에 돌아왔지만, 1898년 5월에 황제 즉위 상소에 대해서 〈망자존대〉(망령되게 스스로 존대하다)라고 보고하였다.

조선이 〈광무〉 연호를 채용했다고 알리는 외교 문서를 일본을 비롯하여 미국·영국·독일·러시아·프랑스 공사관에 보냈지만 청국에게 보냈다는 기록은 없다. 고종의 황제 즉위를 알리는 문서도, 국호를 〈대한〉으로 바꾸었다는 것을 알리는 문서도 마찬가지였다. 결국 조선은 청과의 관계가 단절되어 있는 기간에 〈광무〉라고 연호를 바꾸고, 황제 즉위와 〈국호〉를 〈대한〉으로 개칭한 것이다.

공문서에서도 이 시기부터 〈중조〉, 〈중화〉, 〈중국〉이라고 부르던 청을 일본과 나란히 〈청국〉이라고 부르기 시작하였다. 또 청국 상인이 조선에서 업무 보는 일에 대해서 〈우리 정부의 특별한 정책〉이라고 표현하고, 청상의 보호 규칙에 대해서는 〈조정으로부터의 보살핌〉이라고 전하고 있다. 일찍이 〈종주국〉 상인에 대해서 조선 정부는 확실히 대응을 바꾸었던 것이다.

대한제국이 성립하였던 1898년에 들면서 대한제국 국내에 청국 사람이 많이 거주하고 있는 이유 등으로 청과의 조약 체결을 희망하여 일본 공사에게 중재를 의뢰하였다. 한편 이 정보를 알고 있었던 청은 스스로 먼저 사절을 파견하여 교섭을 시작함으로써 미리 〈주인과 노복의 구별〉을 표시하고자 생각했다.

청국은 대한제국이 일본뿐만 아니라 서양 열강의 후견을 받아서 북경에 공사 파견을 시작하려는 사실을 염려하였다. 대한제국의 공사가 중국 황제에게 국서를 봉정하고 대등한 형식으로 조약을 체결하게 되기 때문이다. 중화의 자존심에서 무엇보다 피하고 싶은 일이었다.

1898년 8월 5일 청국 광서제는 청국과 한국 어느 쪽에서 사절을 보내도 조약 체결을 요청하는 대한제국의 희망을 받아들이라는 유지를 내렸다. 중국 근대 외교를 전문으로 하는 오카모토 다카시는 광서제의 이와 같은 생각에는 광서제 개인의 견해뿐만 아니라 본격화하는 열강의 이권 획득 경쟁에 대한 위기감 등이 있었다고 지적하였다. 이 광서제의 유지를 계기로 1899년 1월 24일에 사절을 대한제국에 파견하고 2월 1일에 대한제국 황제를 알현한 후에 조약 교섭을 시작하였다.

교섭에서의 쟁점은 치외 법권을 인정하는가, 아닌가 하는 것이었다. 상호 간에 치외 법권을 보유하고자 하는 청국에 대하여 대한제국 내에서는 치외 법권을 가지지 않는 순전한 대등 조약을 체결하고자 하는 의견이 많았다. 결국 대한제국이 타협하고 상호 간에 치외 법권을 인정하게 되었다. 다만 재판법이 정비된 이후에 폐지한다고 하는 조항을 삽입하였다.

이리하여 1899년 9월 11일에 한청 통상 조약이 체결되었다. 본심은 어떻든 간에 청이 대한제국을 독립 국가로 인정하고 조약 체제에 근거한 근대 국제법 질서에 의한 대등한 관계를 수용한 것이다.

양전 사업에 착수

앞 장에서 언급한 것과 같이 대한제국의 양전 사업, 즉 토지 조사 사업은 근대적 토지 제도의 확립을 목적으로 하는 중요한 정책이었다.

1899년 6월부터 양전 사업은 본격적으로 착수되어 흉년인 1901년까지 124개 지역을 조사하였다. 이때의 특징은 그때까지 관청의 경비와 하급 관리의 수입에 충당되었던 지방의 은결(고의로 양안에 올리지 않았던 경작지)을 국가가 파악하게 되어 지방 재정을 압박하였던 일이다. 지방의 하급 관리들은 국가로부터 녹봉이 지급되지 않았기 때문에 각 지방이 경비를 부담하는 양전 사업에 크게 불만을 가졌다. 또 양전 사업의 결과 증세액이 대폭적으로 증가하면서 반대 투쟁도 일어났다. 한편으로 국가 재정에서도 양전 사업의 경비는 지출되었다. 각 지방에 파견하는 관리 숙식비 등이 포함되어 있어서 양전 사업의 경비는 크게 늘어났다.

다른 한편 1901년에 지계아문을 신설하고 관청이 토지 소유권을 확인한 〈관계〉를 발행하였다. 관계는 농지뿐만 아니라 전국 모든 산림 등에도 발급하였다. 다음 해부터는 양전 사업 등 토지 조사 전체를 지계아문이 담당하게 되어, 토지 조사와 관계 발행을 연동시켜 토지 가격, 경지 면적을 파악하였다. 또 미터법을 사용하는 근대적인 측량법도 채용하였다.

대한제국기의 양전 사업은 사적인 토지 소유를 법적으

양전 사업의 측량 장면. 1899년, 양지아문 소속 미국인 측량사
레이먼드 크럼이 토지를 측량하고 있다.

로 인정하는 것을 목표로 하고 조선 후기 이래의 지주적
토지 소유권을 온존하면서 그것을 토대로 근대적 개혁을
하고자 한 것이었다. 결과적으로 한국의 전통에 서양의
원리를 덧붙인 것이다. 여기에서도 이전 사업을 계승하면
서 새로운 토지 제도를 도입한 구본신참 정책의 일면을
확인할 수 있다.

그러나 지계아문이 있었어도 실질적으로는 이전과 마
찬가지로 지방관과 지방의 하급 관리가 주관했기 때문에
기존과 다름없이 중간 착취가 이루어지는 일도 있었다.
무엇보다도 양전 사업에서는 호적의 작성을 도모하였지
만 지계를 발급할 수 있을 정도로 호적을 파악하지는 못

했고, 지계 발급도 일부 지역에서만 착수되었다는 한계가
있었다.

궁핍한 재정

1899년 1월 25일 고종은 전주에 있는 조선 왕조 조상
묘의 재정비를 시작하였다. 6월에는 황실의 족보(동족의
부계 중심으로 혈연 관계를 기록한 책자)를 수정하는 지
시도 냈다. 고종은 자신의 정통성과 권위를 확고히 하고
자 하였다. 12월에는 역대 국왕을 황제로 하기 위해 대대
적인 추존을 행하고 위패도 전면적으로 새로 만들어 교체
하였다.

대한국 국제의 제정과 함께 이와 같은 것이 고종의 권
위를 높이는 목적이었던 것은 말할 필요도 없다. 그러나
이와 같은 사업은 탁지부의 예산 외로부터 지출되었기 때
문에 국가 재정을 압박하였다. 이에 1899년 이후 대한제
국은 황제 개인의 가산제 국가로 변모하였다는 지적도
있다.

다른 한편 대한제국 성립 이후 증가하는 황실 재정의
적자 운영은 내장원(내장사로 개칭)의 강화와 연결되었
다. 내장원은 스스로 사업을 확대하면서 황실 재정의 관
리를 강화했다. 궁내부도 1899년 이후 확대하여 일부의

철도 등을 그 밑에 두면서 궁내부 주도의 근대화 개혁을 추진하였다. 그렇지만 궁내부의 이와 같은 사업의 예산은 내장원이 관리하는 황실 재정에서 지출되지 않았다. 1900년을 경계로 궁내부 경비는 황실 재정에서 분리되었고 금액도 급증하였다.

대한제국의 경제 상황은 쌀값이 크게 오름에 따라 물가 상승 등으로 악화하는 가운데 대한국 국제가 제정되었던 1899년과 다음 해인 1900년을 경계로 황제가 관여하는 황실비, 궁내부 비용이 증가하고 있었다. 대한제국의 재정을 고려한다면 본래는 황실의 권위를 높이는 사업에 막대한 예산을 덧붙이거나 황실비와 궁내부비의 세출을 늘리는 일은 어려웠다. 그러나 고종은 여러 나라로부터의 차관으로 충당하면서 대한제국을 국내외에 알리는 사업에 관한 지출을 계속하였다.

1899년 11월에 내장원은 일본에 차관을 요청하였고, 다음 해 대한제국에서 독점적인 경제력의 확보를 노린 일본은 차관 공여를 시작하였다.

2
황제국의 문화:
건축, 의복, 애국가

석조전 건설

새로 건국한 대한제국의 문화를 무엇보다 상징하는 것이 왕궁인 경운궁(덕수궁)이다. 조선 왕궁은 기본적으로는 중국의 자금성을 모델로 하고 있다. 경운궁에는 그와 같은 전통적인 조선 건축에 의한 건물 중화전과 함께 서양 신고전주의 양식에 의한 두 개의 석조 건축이 있다. 하나는 상하이의 건물과 항만 시설의 설계도 맡았던 영국인 J. R. 하딩의 설계에 의해 1909년에 완성한 석조전이다. 다른 하나는 일본인 나카무라 요시헤이가 설계한 철근 콘크리트 구조로 1938년에 완성한 덕수궁 미술관이다.

1898년 2월 22일 날짜로 하딩의 서명이 붙어 있는 석조전의 설계도가 남아 있는 것으로 보아 황제 즉위 후 얼마 지나지 않아 고종이 석조전 건축을 의뢰한 것 같다. 고

왕궁인 경운궁(덕수궁). 조선 건축 양식으로 지어진 중화전의 뒤편에,
서양 신고전주의 양식으로 지어진 석조전이 있었다.

종은 새로운 황제 국가의 상징으로 서양식 궁전의 건축을
생각하고 있었던 것이다. 1900년 3월 미국의 『아메리칸
아키텍트 앤드 빌딩 뉴스』라는 잡지에 석조전의 목재 모
형이 게재되었다. 모형과 실제 석조전은 몇 가지 점에서
다른 것이 있는데, 남측에 조선 왕조의 상징인 오얏이 조
각되어 있다.

오얏은 대한제국 황실의 문장으로 동시에 국가의 상징
으로 사용되었다. 5개의 꽃잎으로 되어 있는 오얏 문장은
금색으로 1892년에 주조된 화폐에 최초로 사용되었다.
그 후 1900년에 공포된 〈훈장조례〉의 조칙에서 〈이화〉가
나라의 문양으로 되어 있다. 또한 외국에서 온 손님의 접

대가 늘어나게 된 1900년을 전후하여 서양식 식기 세트를 일본과 유럽에서 주문하였는데 그와 같은 식기에도 오얏이 그려져 있다.

석조전은 1909년에 준공되었고, 이왕가에 인도된 것은 1910년 8월이었다. 완성 후에는 분수가 있는 정원도 만들어졌다. 석조전이 완성되었을 때 고종은 이미 양위하여 아들인 순종이 황제의 자리에 있었다. 경운궁은 고종이 생활하는 덕수궁으로 개칭되었다. 신축된 석조전은 황제의 사생활 공간인 침전과 정사를 보는 정전 기능의 양면을 갖추고 있었다. 그러나 고종은 석조전을 침소보다는 공식적인 정사를 보는 공간으로 사용하고, 고위 관료나 친척, 외국 공사·영사를 만나는 공식 의례 장소로 이용했다. 전통적인 중화의 문화뿐만 아니라 서양 문화에도 관심을 가지고 좋아했던 고종의 일면을 엿볼 수 있다.

복제의 변화

일본이 메이지 유신 후 조선에 수교를 요구하는 서계를 가져왔을 때, 서계의 위격 다음으로 문제가 되었던 것이 서양식의 대례복이었다는 것은 이미 서술하였다. 조선은 명조 중화를 잇는 정통 중화로서 명나라의 의관 제도를 계승하고 있다는 자긍심을 가지고 있었다. 그 때문에 갑오개혁기인 1895년 5월 3일에 〈육군복장규칙〉에 의해 육군만 서양식의 복제를 도입하였지만 문관과 그 외 복제는 변하지 않았다.

1896년 1월 11일 고종은 단발에 관한 조칙을 내렸지만 그것은 갑오개혁이 추진한 것으로 고종은 이른바 강제적으로 단발을 당했다. 따라서 아관파천 이후 1897년 8월 12일에 이 단발령은 취소되었다. 앞서 단발령에 의해 고종은 이미 단발을 하였지만 단발하였던 일이 알려지지 않도록 전통적인 복장과 모자를 쓰고 사진을 찍었다.

그러나 대한제국이 성립하자 서양식의 복제가 차례로 도입되었다. 1898년 6월 재외 주재 외교관·영사관의 복장을 서양식의 대례복으로 바꾼 것을 시작으로, 다음 해 1월에는 고위 관료(조신)의 복장에 대해서 제례 등의 의식을 제외하고, 고금의 제도를 참작하고 각국의 규례를 모범으로 준비하였고, 3월에 경무사·경무관의 예모와 복장이 서양식으로 바뀌었다. 6월에는 각국 군제에 따라 대원수인 황제와 원수인 황태자의 복제가 서양식의 군복으로 바뀌었다. 이후 고종은 대원수의 복장으로 단발한 것을 알리는 모습으로 사진을 찍었다.

1900년 4월 17일에는 〈문관복장규칙〉과 〈문관대례복제식〉에 의해서 문관의 관복도 서양식이 되었다. 다만 서

군복을 입은 고종. 1907년 이후 촬영된 것으로 추정된다.

양식의 복제 도입에는 수구파 관료들로부터 강한 반발이
있었다. 수구파 관료들에게는 중화의 복제를 지키는 것이
조선 중화의 자긍심과 겹쳐 서양식의 복제 도입은 중화를
바꾸어 이적으로 만드는 것이라고 생각되었다.

　중화의 정통한 계승자로서의 자긍심에서 중국(명조)
황제와 나란히 황제 즉위를 거행하고 출발한 대한제국이
었지만, 그 후 전통적인 복제에서 서양식의 대례복으로
점진적으로 변화하였다.

애국가

대한제국은 근대화 정책의 일환으로 애국가와 서양 음악의 도입을 추진하였다. 1900년 12월 〈군악대 설치에 관한 건〉을 반포하고 군악대의 교육은 독일인 프란츠 에케르트가 담당하게 하였다. 에케르트는 일본의 기미가요에도 관련한 인물이다. 에케르트는 1901년 2월 피콜로, 플루트, 오보에, 클라리넷 등 스물다섯 종류의 서양 악기와 함께 한성에 도착하였다.

군악대는 51명으로 이루어지는 1개대가 2개 설치되었는데 모두 황실 전속이었다. 에케르트는 서양식의 악보와 연주 방법을 지도하고, 1901년 9월 7일 만수성절 경축연에서 양악 두 곡을 연주하여 초연을 성공시켰다. 그 후도 황태자의 탄생일인 천추경절 등 외국인이 모이는 교류의 장에서 연주하였다.

다른 한편 애국가는 독립협회 활동 당시부터 있었고 각종 집회 등에서 불려졌다. 그러나 통일된 가사가 있었던 것은 아니었다. 충군애국을 강조한 가사를 찬송가의 선율에 입혀서 〈독립가〉와 〈조선가〉 등으로 많이 불려졌다.

1902년 1월 황제는 〈충군애국에 인심을 움직이고 사기를 높이는 것에 성악을 이길 만한 것이 없다〉라고 국가를 정하는 조칙을 제정하였다. 3월 17일 천추경절에서 애

에케르트의 『대한제국 애국가』.

국가가 처음으로 연주되었다고 추측된다. 7월에는 『대한 제국 애국가』라는 책자도 발행하였다. 국내 반포용의 한 국어판과 외국 반포용의 로마자판이 있다. 이때 정해진 애국가의 가사는 〈상제가 우리 황제를 도와주소서〉로 시 작한다. 충군애국과 존왕 사상을 강조하고, 오늘날 대한 민국의 〈하느님이 보우하사 우리나라 만세〉와도 통한다. 다만 작사자는 알려지지 않았다. 멜로디는 한국의 전통적 인 악곡에 가까운 사장조의 음계로, 원곡은 한국 민요이 고 에케르트가 편곡하였다고 생각된다.

한편 「기미가요」는 에케르트가 노래를 선택하여 그것을 군악대의 예식곡으로 하였고, 그 후 노래가 되었다. 둘 다 에케르트가 관계하였다.

대한제국 애국가는 한국 병합의 과정에서 금지되었다. 해방 후에는 남과 북, 어느 국가에서도 국가는 「애국가」이지만 가사와 선율은 다른 것이다.

1902년의 만수성절, 즉위 40주년 기념 행사를 습격한 천연두

1902년의 황제 탄생일인 만수성절은 대한제국의 역사 가운데서도 가장 성대하게 거행되었다. 그것은 세계의 황제국과 어깨를 나란히 하고 각국의 원수와 대등하다는 것을 보이고자 하는 대한제국 황제의 모습이었다. 앞서 말한 것처럼 만수성절은 독립협회 활동에서부터 궁중 행사뿐만 아니라 궁중 밖의 민중도 넓게 축하하는 것이 되었다.

1900년에 들어서 관원, 외국인, 학생, 선교사, 상인, 민간단체 그리고 전국의 개항장 등 다양한 계층과 지역에서 만수성절을 축하했다. 왕궁인 경운궁의 대안문 앞에는 일반 민중이 모여 〈만세 만세 만만세〉를 외치며 황제를 칭송하였다. 집집마다 국기와 등을 달고 학교에서는 〈만수성절 경축가〉를 불렀다.

다른 한편 각국 공사·영사들을 초대한 서양식의 연회가 열렸고, 궁중에서는 전통적인 향연이 개최되었다. 여기에서는 중화의 황제와 나란히 제국의 격에 맞는 궁중무용이 공연되었다. 이 해의 공연은 종류가 다른 해에 비해 무엇보다도 많았고 성대하게 축하가 이루어졌던 것을 알 수 있다.

1902년은 고종이 50세를 넘기고 즉위 40년을 맞이하는 해였다. 3월에 〈어극 40년 칭경예식〉을 10월에 행하도록 결정하였다. 7월에 들어서 〈어극 40년 칭경예식〉의 행사 순서가 정해졌다. 식순에 따르면 다음과 같은 내용이었다고 생각된다. 고종이 황제에 즉위한 10월 12일(계천기원절)에 황제가 황태자와 문무백관을 거느리고 환구단을 참배한다. 거기에는 외국의 공사·영사의 참가도 예정되어 있었다. 다음 날에는 왕궁에서 황제의 친족과 문무백관이 경축을 행하고, 나아가 일시는 정해져 있지 않지만 관병식, 원유회, 각종 연회도 예정되어 있었다. 이 무렵 석조전 뒤편에 돈덕전을 건축한 것으로 추측된다. 그러나 7월경부터 천연두가 유행함에 따라 10월 4일에는 어극 40년 칭경예식을 다음 해로 연기하도록 결정하였다.

이와 같은 대한제국의 움직임을 한성에 주재하는 외국 공사·영사는 차가운 눈으로 보고 있었다. 그것은 어극

고종 즉위 40주년 기념 우표. 가운데 통천관이 그려져 있고,
그 아래 대한제국을 〈CORÉE〉라고 적었다.

40년 칭경예식이 국가 재정을 압박하고, 나아가 외국 차
관을 요청하는 것이라고 생각되었기 때문이다. 1903년
1월에는 미국 공사를 중심으로 어극 40년 칭경예식을 중
지하도록 고종에게 주상하고자 할 정도였다.

　그러나 고종은 거행을 희망하였다. 『관보』를 보면,
1903년 1월에는 다시 28만 원이 넘는 비용이 탁지부에
계상되어 있었다. 또한 일본의 미쓰이 물산으로부터 군함
을 구입하여 어극 40년 칭경예식에서 축포를 쏘는 일까
지 생각하고 있었다. 대한제국 외부는 각국에 축하 대사

의 특파를 요청하고 있었다. 그렇지만 각국 정부는 러시아와 일본을 제외하고 특사 파견을 생각하고 있지 않았다. 러시아는 칭경예식 연기 공지를 전달받았으면서도, 1902년 10월 16일에 베베르를 특사 자격으로 방한시켰다. 일본 정부는 고종의 환심을 사기 위하여 황족 야마시나노미야 기쿠마로 왕을 특사로 파견하는 방향을 조정하고 있었다.

그렇지만 천연두의 만연이 멈추지 않았고, 4월에는 고종의 일곱째 아들 영친왕(이하 이은)도 감염되어 〈어극 40년 칭경예식〉의 재연기가 결정되었고 결국 실현되지 못했다. 〈어극 40년 칭경예식〉의 중지는 대한제국 쇠망의 전조이기도 하였다.

제5장

보호국으로의 길:
러일전쟁 전야에서 개전으로

1897년에 건국한 대한제국은 얼마 지나지 않아 흔들리기 시작하였다. 그 밑바탕에는 고종이 여러 가지 사업의 막대한 비용을 국가 재정으로부터 끌어들인 일, 또 본래는 국가 재정이어야 할 모든 재원을 고종이 독자적으로 확보하였던 것에 기인한다. 정부는 심각한 재정난에 빠졌다. 그리고 보다 직접적으로는 일본의 대한제국 진출이 가속화되었던 것이 원인이다.

이 장에서는 러일전쟁 전야, 일본과 러시아의 사이에서 생존을 위한 대한제국의 동향과 개전 후 일본 우위의 전세 가운데 압력을 받으면서 한일 의정서, 제1차 한일 협약을 체결하는 과정을 본다. 지금까지 이 시기의 연구는 주로 일본 정부의 입장에서 논의하여 왔다. 여기서는 일본 정부의 움직임에 유의하며 대한제국을 주체로서 그리고자 한다.

1
대한제국의 외교:
다양한 가능성

의화단 사건의 여파: 러일과의 교섭

1900년 6월 부청 멸양을 외치는 의화단 봉기에 편승하여 청국은 열강 여러 나라에 선전 포고하였다. 이른바 의화단 사건이다. 8월에는 열강 8개국의 연합 군대가 북경에 대한 공격을 개시하였고, 불과 2주 사이에 제압하였다. 러시아는 의화단 사건을 틈타 만주를 침공하고 8월 말에는 전면 점령하였다.

러시아의 만주 점령을 계기로 일본은 한국 진출을 생각하였다. 고무라 주타로 주러 일본 공사는 극동에서의 입장이 취약한 러시아는 일본에 회유적 태도를 취하지 않을 수 없다고 판단하고, 한국 문제에서 러시아와 안전하고 또한 연속적으로 상호 이해를 얻을 수 있는 최대의 호기로 파악하였다. 근대 일본 외교를 전문으로 하는 사사키 유이치에 의하면 그것은 러시아의 만주 진출과 일본의 한국 진출을 등가 교환으로 보는 일본 외무성의 생각이기도 하였다.

한편 1900년 6월부터 8월 사이 고종으로부터 일본의 대한정책을 타진하라는 밀지를 가지고 시종 현영운이 일본 궁내성 제도 시찰을 명목으로 도쿄에 체재하고 있었다. 주일 대한제국 공사관은 그의 방일 목적을 의화단 사건에 대한 이토 히로부미의 의견을 듣기 위한 것으로 이해하고 있었다.

현영운은 1866년 출생으로, 1885년에 게이오기주쿠를 졸업했다 하며, 일본어에 능통하여 귀국 후 외교 통상을 담당하는 정부의 관료가 되었다. 1898년 8월에 이토 히로부미가 방한하였을 때 통역을 담당하고 고종으로부터도 총애를 받았다.

도쿄에서 현영운은 동아동문회의 간부 구니토모 시게아키와 만났다. 구니토모는 동아동문회 회장 고노에 아쓰마로의 뜻을 받아서 대한제국에서 내란이 일어났을 때에 일본이 파병하여 진압하고 일본이 타국과 전쟁하는 경우 대한제국 국내에서 전투 혹은 군대 행동을 허락하는 〈한일공방동맹〉 안을 열렬히 언급하며 현영운을 설득하였다. 동아동문회는 중국과의 제휴를 주장하는 민간의 아시

아주의 단체이다. 그 가운데 고노에는 대러 강경론자로서
알려져 있다. 현영운은 그의 주장이라고 할 수 있는 〈국방
동맹〉의 설득을 받아들여 스기무라 후카시 외무성 통상
국장에게 제안하였는데 받아들이지 않았다.

다른 한편 현영운의 귀국 후 얼마 되지 않아 주한 일본
공사 하야시 곤스케는 고종이 한일 국방 동맹에 동의하고
대한제국 정부 내에 상당수의 한일 제휴파가 형성되어 가
고 있다고 보고하고 있다.

그렇지만 고종의 진의는 아직 정해지지 않고 있었다.
1900년 8월 7일 고종은 탁지부대신 조병식을 특명전권
공사로 임명하고 의화단 사건 이후에 대한제국의 국외 중
립에 대한 국제적 교섭을 일본 정부 및 주일 외교 사절단
에 제안하도록 명령하였다. 도쿄에 도착한 조병식은 대한
제국의 국외 중립안을 일본 정부에 제출하고, 나아가 주
일 미국 공사, 주일 러시아 공사와 면회하여 같은 내용의
국외 중립안을 제안하였다.

고종은 조병식을 일본에 파견하는 동시에 러시아에 대
한제국의 국외 중립화에 협력해 달라고 요청하였다. 고종
은 조병식이 도쿄에서 국외 중립화 교섭에 실패할 경우
러시아의 후원에 의한 국외 중립화를 모색하고 있었다.
고종은 러시아에 기대하고 있었다. 러시아의 중립화안은

여러 나라의 공동 보증에 의한 세력 균형을 이용하는 것으로 고종의 이상과 겹치는 것이었다.

1901년 1월 의화단 사건이 수습되는 가운데 러시아는 일본에게 여러 나라가 공동으로 대한제국의 국외 중립을 보장하자는 제안을 하였다. 그러나 일본 정부는 만주 문제와의 관련을 제외하고 한국 문제를 처리하는 일을 거부하였다. 러시아의 중개로 대한제국을 국외 중립화하고자 하는 고종의 시도는 일본의 반대로 실현되지 않았다.

대한제국에 의한 한일 협약의 모색

일본은 1901년 8월 이래 이토 히로부미 등이 주창하고 있는 러시아와의 제휴를 적극적으로 추진하는 러일 협상책을 포기하고, 러시아의 남하 정책에 대항하는 영국과 1902년 1월에 영일 동맹을 체결하였다. 이에 친러파의 영향력은 약화되었고 친일파가 세력을 신장하게 되었다. 여기에서 대한제국을 둘러싼 러일 관계는 결정적으로 변화했다.

다른 한편 1901년 11월 4일 외부대신 박제순은 고종의 밀명을 받고 일본 육군의 대연습 참관을 명목으로 방일하였다. 일본은 박제순을 후하게 대접하고 대연습 참관 시에는 외국 무관에게 훈장을 수여하도록 하야시 공사는 고무라 주타로 외상에게 전하고 있다.

11월 5일 고무라 외상과 회견한 박제순은 다음과 같은 세 가지 점에 대해 고종에게 밀명을 받았다고 전했다. ① 박영효를 비롯한 일본에 망명한 자(명성황후 시해 사건과 관련된 자 및 직후에 망명한 자)의 처분, ② 국방에 관한 한일 협약, ③ 차관이다. 특히 ③은 고종이 세입 부족을 우려하여 국가 재정을 담당하는 탁지부대신 등에게는 알리지 않고 박제순에게 명하였다고 한다. 여기에 대해 고무라 외상은 ② 국방에 관한 한일 협약에 대해서 다음과 같은 4항목을 박제순에게 제시하였다.

• 일본국은 한국 영토 보전에 노력할 것.
• 일본국은 한국 현재 황실의 안전과 굳건함을 도모할 것.
• 한국은 그 영토의 일부를 타국에 할양하거나 또는 일본국의 찬동을 거치지 않고 세입 등을 저당으로 차관을 일으키지 않을 것.
• 한국은 다른 나라의 원조를 빌리지 않을 것.
(「朴齊純來朝ノ使命ニ關スル件回報」, 『駐韓日本公使館記錄』16)

박제순은 권한이 없다는 이유로 확답을 피했지만, 고무라의 병 때문에 외무성 정무국장이 교섭을 담당하였다. 고무라는 이 4개항의 국방에 관한 한일 협약 체결을 위해 박제순의 귀국을 연기시키도록 노력하였지만 고종의 밀명을 띤 일본 방문이고 장기 체재를 희망하지 않아 결국 국방에 관한 한일 협약은 구체적인 교섭에 들어가지 않았다.

청국에 대한 접근, 국제 회의에 대한 기대

대한제국 외교를 연구하는 현광호에 의하면 고종은 이와 같이 일본에 대한 접근뿐만 아니라 청국을 포함한 한·청·일의 국방에 관한 제휴를 모색하고 있었다는 견해도 있다.

1901년 11월 6일 청국의 주한공사 교대에 즈음하여 인국으로서 사이 좋고 서로 간에 돕기를 바란다는 취지의 국서가 광서제로부터 대한제국 황제에게 도착하였다. 이 것은 일찍이 〈종주국〉으로서 청국의 국서와 비교하면 획기적인 내용이었다. 국서를 받아 본 고종은 대청 외교의 강화를 생각하였다.

1902년 2월 외부대신 박제순을 특명전권공사로 임명하고 북경 자금성 가까운 정양문 밖에 공사관을 설치하였다. 그때까지 청은 〈속국〉이었던 대한제국이 북경에 사절을 상주시키는 일을 허락하지 않고 천진에 영사관 기능을 가진 〈주진 공관〉을 설치하고 있었다.

박제순이 귀국 보고를 하였던 9월 21일 고종이 〈중국 황제를 알현하면 국서를 친히 받아도 되는가〉라고 묻자, 박제순은 〈우리 대한제국도 지금은 대등한 국가가 되었기 때문에 괜찮을 것입니다〉(『승정원일기』 고종39년 (1902) 8월 20일)라고 대답하고 있다. 동아시아에서 국제 관계의 변화를 보여 주는 것이다.

다른 한편 대한제국은 영일 동맹이 조인된 직후인 1902년 2월 네덜란드의 주선으로 적십자사와 만국평화 회의에 참가 희망을 전달하였다. 11월에는 교섭을 위해 프랑스·벨기에에 특명전권공사 민영찬을 파견하였다. 이것은 장래 예상되는 러일 개전에 의한 대한제국의 침공에 대비하여 고종이 적십자사를 이용하여 대한제국이 독립국이라는 것을 세계에 알려 국제 여론을 자기 편으로 만들기 위한 것이었다고 생각된다.

국외 중립화의 모색과 러시아에 대한 접근

1903년 6월 23일 러시아군의 만주 철수 교섭에 임했던 일본은 한국의 안전과 러시아의 만주에서의 행동을 조약의 범위로 한정하는 것을 집중적으로 논의하기로 결정하였다. 8월부터 일본의 제안에 의해 러일 교섭이 시작되었지만 러시아 정부 내의 혼란으로 진전되지 못하고, 1904년 1월 30일 가쓰라 다로 수상, 고무라 외상, 이토 히로부미 등은 러시아와의 개전을 결단하였다.

다른 한편 고종은 일본이 러시아와 교섭을 진행하고 있었던 1903년 8월에 개전을 내다보고 유사시에는 러시아를 지원한다고 명기한 밀서를 러시아 황제인 니콜라이 2세에게 보내고 있다. 또한 고종은 주일 한국 공사와 주러 한국 공사 각각에게 〈한국의 중립을 파괴하지 않고 영토를 유린하지 않는다는 보증〉을 얻도록 명령하는 훈령을 기초하고 있었다.

이때 하야시 곤스케 주한공사는 고무라 외상에게 주일한국 공사로부터 교섭 요청이 있을 경우, 이때를 이용하여 대한제국에서 일본의 지위를 한층 공고히 하는 것도 좋을 것이라고 전하고 있다. 하야시 공사는 한국이 가령 중립 선언을 하더라도 곧바로 대응할 자세는 아니었다.

1903년 8월 20일 고종은 극비리에 현상건을 프랑스에 파견하였다. 현상건의 도불 목적은 주불 공사와 함께 네덜란드에 가서 만국평화회의의 관계자와 회견하는 것이었다. 러일이 개전할 경우 대한제국의 지위와 국외 중립을 유지하기 어렵고, 국경 내에서 양국 병사에게 유린당할 경우 입게 될 손해 등을 검토했을 것으로 보인다. 현상건과 만국 적십자사·만국평화회의 등의 교섭에 대해서는 순차적으로 일본이 파악하고 있었던 것 같다.

그 후 현상건은 1903년 11월 고종의 밀서를 가지고 러시아로 향했다. 러일 간의 정세를 탐색함과 동시에 니콜라이 2세를 알현하고 러일 개전 시 대한제국은 러시아에 협력한다는 것을 전하기 위한 것이었다. 여기에 대해서 니콜라이 2세는 대한제국의 독립과 국외 중립을 지지한다고 하였다. 고종은 이를 받아들여 파블로프 러시아 공사를 불러 일신상의 위험이 있을 경우 불가피하게 러시아 공사관에 피난처를 구하든지 아니면 러시아로 망명하는 문제를 타진했다. 고종은 러일 양국에 대해 외교를 전개하면서도 국외 중립 선언을 결심하여 그 후의 자신의 신변 보호를 도모하고 있었다.

2
한일 의정서:
무시된 중립 선언

개전 직전의 한일 밀약 교섭

대한제국은 일본과도 밀약 교섭을 진행하고 있었다. 이것은 앞서 서술한 외부대신 박제순에게 고무라 외상이 제시한 국방에 관한 4항목의 한일 협약과 대한제국 정부가 일본 정부에 희망한 망명자 처분을 포함한 것이었다.

하야시 곤스케 주한 일본 공사의 보고에 의하면 1904년 1월 2일의 시점에서 고종은 〈시국의 절박함과 관련하여 한일 간에 본 공사 제안과 같은 협약이 필요하고 유익하다는 것을 이해〉하고 있다 하였다. 이것은 고종과 외부를 중심으로 한 움직임이었다.

2일 후, 외부대신 서리 이지용은 일본 공사관원을 초대하여 러시아 공사가 반대하고 있지만 고종이 기쁘게 받아들인다고 밀약 체결에 대한 낙관적인 전망을 시사하고,

고종 주변의 궁중 세력의 회유를 위한 운동비 1만 원을 요구하였다. 일본 망명자에 대해서는 밀약 체결 후에 처분을 결행하는 것으로 결정하였다.

그러나 앞서 서술한 대로 동시에 고종은 국외 중립 선언을 위해 현상건을 프랑스에 파견하고, 러시아에는 러일 개전 시 한국의 협력을 전달하고 있었다. 하야시 공사의 보고에 의하면 1월 10일 외부대신 서리 이지용은 하야시 공사를 방문하여 러시아와 프랑스에 사절 파견은 완전히 풍설로 황제의 뜻은 아니라고 말하고, 현영운이 궁중에서 한일 밀약 건을 선전하였기 때문에 정계가 혼란스럽지만, 황제의 뜻은 거의 확정돼 있으며 시기를 봐서 조약 체결로 이어질 것이라고 말했다. 1월 16일에는 이지용은 한일 밀약 체결을 위해 고종의 조칙을 얻을 필요가 있다라고 말하고, 19일에는 고종에게 받을 전권 위임장을 지참하여, 한일 밀약은 기정 노선이 되어 있는 것처럼 보였다.

1월 18일 이지용 등의 의견을 받아들여 하야시 공사는 밀약안을 기초하였다. 고무라 외상과 외부대신 박제순의 회견 때의 4항목을 골자로 하면서, 망명자 처분 조항을 명기하여 대한제국 측의 요구를 반영하고 있다. 그러나 차관에 대해서는 언급하고 있지 않다. 또한 유사시 일본의 자유 행동을 대한제국이 보장하고, 일본을 원조하여

하야시 곤스케(1860~1939).

편의를 도모하는 내용이 새롭게 들어가 있었다.

또한 새로 〈미비한 세부 조항은 외부대신과 일본 대표자 사이에 그때그때 교섭하여 정한다〉라는 조항이 들어가 있었다. 이것은 지금까지 확인되지 않은 세세한 부분은 한일 간에 때에 따라 결정한다는 내용으로, 운용에 의해 확대할 가능성을 지님으로써 이후 일련의 협약으로 이어지게 되었다. 나아가 협의를 거쳐서 1월 20일 밤에 고무라 외상으로부터 〈외무성 대책안〉이 하야시 공사에게 전달되었다. 한일 밀약은 이때 〈한일 의정서〉라고 이름붙여져 있었다.

지금까지 대한제국 황제와 천황의 전권 위임장에 근거한 교섭 형식을 취했지만 여기에서는 대한제국 외부대신과 하야시 공사의 조인에 의한 정부 간 협정으로 바뀌었다. 또한 대한제국 측이 원하는 망명자 처분은 한 번으로 끝나는 것이기 때문에 조항에는 불필요하다고 하여 삭제되어 있었다.

대신 양국 정부는 상호 간의 승인을 거치지 않고 이후 본 협정의 취지에 위반하는 협정을 제3국과 체결하지 않는다고 하는 조문을 넣어, 사실상 대한제국이 일본의 사전 승인 없이 독자적으로 제3국과 조약을 체결하는 일을 금지하였다. 이 조항은 당시 소문으로 되어 있던 대한제국의 국외 중립 선언을 무효화하는 것을 목적으로 한 것이었다. 이것은 대한제국의 외교권에 대한 일본의 개입 단서가 되는 것이었다.

그렇다면 이러한 의정서 체결에 관여한 외부대신 서리 이지용은 동시에 추진하고 있던 대한제국의 국외 중립 선언과 러시아에 대한 접근에 대해서 전혀 파악하고 있지 않았던 것일까, 혹은 알고 있으면서 하야시 공사를 기만한 것일까? 대한제국의 공문서에서 이와 같은 사실을 충분히 파악하는 일이 불가능하다.

국외 중립 선언의 충격

1904년 1월 21일 대한제국은 프랑스어로 각국에 국외 중립 선언을 타전하였다. 그것은 중국의 즈푸(옌타이)에서 대한제국 외부대신 명의로 이루어졌다. 이를 러시아 공사관 측은 이미 알고 있었고, 선언 발표 3일 전인 18일에는 전문도 파악하고 있었다. 한일 의정서가 고무라 외상으로부터 하야시 공사에게 도착한 다음 날이었다.

러시아와 일본 사이에 발생한 분규에 비추어, 또 평화적 해결에 이르는 교섭 과정에서 직면할 것으로 예상되는 난관에 비추어, 대한제국 정부는 황제 폐하의 명에 의해 러시아와 일본 사이에 이루어지는 절충의 결과에 관계없이 엄정 중립을 준수할 것을 강력한 결의로 선언한다.

(「韓国の中立聲明に關する件」,『日本外交文書』37-1)

고무라 외상은 이 선언이 앞서 현상건의 파견과 관계가 있다고 추측하였다. 하야시 공사는 이번 중립 선언의 출처를 조사했다. 프랑스어 학교의 교사 E. 마르텔과 벨기에 고문 델코안뉴가 1월 22일과 23일에 고종을 알현했기 때문에 그들이 관여한 것이 아닌지 추측하였다.

여기에서 문제가 되는 것이 한일 의정서의 행방이다. 1월 23일 이지용 등이 하야시 공사와 회담하여 국외 중립 선언을 한 전말에 대해서 설명하고, 고종의 의향으로 가까운 시일 가운데 한일 의정서 체결이 어렵다고 전했다. 이 회담에는 이러한 의정서에 반대하는 고종의 측근 이용익이 돌연 난입하였기 때문에 하야시 공사는 이 난입을 고종의 명령이라고 보았다. 처음부터였는지 국외 중립 선언 이후인지 알 수 없지만 고종이 한일 밀약과 거리를 두었던 것은 확실하다.

어느 쪽이든지 하야시 공사는 일관되게 대한제국의 국외 중립 선언이 국제 관계에 미치는 영향은 적고, 대한제국 정부 내의 중립파에 대해서는 일시적인 존재라고 보아서 크게 염려하지 않았다. 그러나 대한제국의 국외 중립 선언과 이용익 등 중립파의 반대에 의해 한일 의정서는 조인에 이르지 못했다. 하야시 공사는 고무라 외상에게 보내는 전보에서 다음과 같이 허탈감을 드러내고 있다.

이용익 등 중립파가 한국 황제 폐하를 설득하여 한일 의정서에 반대하게 하여 밀약 성립이 좌절된 것은 실로 유감으로, 이 사실은 동시에 한국 황제 폐하께서 굳게 결단하지 못하고, 또한 폐하의 언질과 보장이 얼마나 신뢰하기 어려운 것인지를 증명하는 것입니다. 폐하의 마음 씀씀이가 이와 같다면 예를 들어 밀약이 성립하여도 사소한 사정과 사건으로 바로 당국자를 처벌하여 밀약의 성립을 부인할지 모릅니다. 그 때문에 우리들은 실력을 가지고 임하지 않으면 밀약도 바로 이행하지 않게 되므로, 힘이 뒷받침된다면 이번에 성립하지 않은 밀약안도 쉽게 이루어질 전망이 있을 것입니다.

(「韓日密約成立不透明과 善後措置에 관한 件」, 『駐韓日本公使館記錄』18)

이와 같이 하야시 공사는 이번 밀약이 성립하지 않은 것에 대해서 분석하고, 고무라 외상에게 〈밀약의 성립 여부를 돌아볼 것 없이, 대국상 이미 확정된 방침을 결행하는 일이 필요하다〉라고 전보를 치고 있다.

하야시 공사는 고종을 〈결단력이 모자란다〉라고 표현하였다. 〈우유부단한 고종〉 상은 한국사 연구에서도 오랫동안 공유되어 왔다. 나아가 이와 같은 하야시 공사의 판단은 이후 체결되는 일련의 한일 협약 교섭 시기에 일본의 자세로 드러난다. 하야시 공사는 〈실력〉이라는 단어를 사용하여 이후 대한제국 정부에 대해서는 교섭 시에 일본 정부가 무력을 사용하여 요구할 것을 시사하고 있다.

이미 1903년 12월 30일 각의에서 결정한 〈대러시아 교섭이 결렬했을 때 일본이 채택해야 하는 방침〉에서 일본은 대한제국에 대해서 실력을 가지고 권세하에 둘 것을 결정하고 있다. 하야시 공사도 명의를 바르게 하는 것이 득책이라고 하면서, 정부 공작을 우선시하는 생각을 제시하고 있었다. 당시 일본 외교의 특징은 정당성을 중시하고 그를 위해 구실이 없는 행동보다, 구실을 강력하게 만드는 것이었다라고 사사키 유이치는 지적하고 있다.

어느 것이든지 간에 한일 양국 대표에 의한 한일 의정서 교섭이 큰 타결을 바라보는 가운데 발표된 대한제국의 국외 중립 선언은 일본 정부 특히 주한 일본 공사관원들에게 큰 실망을 주었다. 외교 교섭의 실패이지만 그들에게는 대한제국의 배반으로 보였을 것이다.

이후 일본은 도쿄에서든 한성에서든 〈실력〉을 가지고 대한제국을 일본의 세력 밑에 두고자 하였다.

일본군 우세하의 체결

1904년 12월 4일 일본은 러시아에 대한 군사 행동의 개시를 결정하고, 6일에 국교 단절을 통고하였다. 그리고 8일 및 9일에 인천에 상륙하여 여순 함대를 공격하였다. 인천과 여순에 러시아군이 집중되어 있었기 때문이다. 러시아는 9일, 일본은 10일에 선전 포고하였다.

일본군은 대러시아 전쟁의 제1기 계획을 대한제국의 군사 점령에 두고 있었다. 그 때문에 인천 상륙 후 곧바로 한성을 점령했다. 대한제국의 국외 중립 선언은 의미를 가지지 못했다.

전쟁 상황이 일본 우세로 진행되자 국외 중립 선언을 행하고 러시아와는 교전 관계가 없는 대한제국에게 일본은 한성 점령과 군사 행동의 방해를 이유로 러시아 외교관과 재류 러시아인의 철수를 요구하였다. 러시아를 철수시키고 군사력으로 제압한 한성에서 하야시 공사는 한일의정서를 다시 대한제국 정부에 제출하였다.

대한제국 정부는 6월 21일과 22일에 회의한 뒤 약간의 자구의 수정을 요구했고, 1904년 2월 23일 오후 3시 한일 양국의 전권이 한일 의정서에 조인하였다.

한일 의정서의 내용은 다음과 같다.

대한제국 황제 폐하의 외부대신 임시서리 육군참장 이지용과 대일본 제국 황제 폐하의 특명전권공사 하야시 곤스케는 각각 상당한 위임을 받아 아래의 조관을 협정한다.

제1조. 한일 양국 사이의 항구적이고 변함없는 친교

를 유지하고 동양의 평화를 확립하기 위해 대한제국 정부는 대일본 제국 정부를 확신하고 시정 개선에 관한 충고를 받아들인다.

제2조. 대일본 제국 정부는 대한제국 황실을 확실한 친의로써 안전 강녕하게 한다.

제3조. 대일본 제국 정부는 대한제국의 독립과 영토 보전을 확실하게 보증한다.

제4조. 제3국의 침략이나 내란으로 인해 대한제국 황실의 안녕과 영토의 보전에 위험이 있을 경우에는 대일본 제국 정부는 속히 정황에 따라 필요한 조치를 취할 수 있다. 그러나 대한제국 정부는 앞에 말한 대일본 제국의 행동이 용이하도록 충분한 편의를 제공한다. 대일본 제국 정부는 앞 항의 목적을 이루기 위해 군략상 필요한 지점을 정황에 따라 차지하여 이용할 수 있다.

제5조. 대한제국 정부와 대일본 제국 정부는 상호 승인을 거치지 않고는 앞으로 본 협정의 취지를 위반하는 협약을 제3국과 맺을 수 없다.

제6조. 본 협약에 관련되는 미비한 세부 조항은 대일본 제국 대표자와 대한제국 외부대신과의 사이에서 그때그때 협정한다.

메이지37년 2월 23일

특명전권공사 하야시 곤스케
광무8년 2월 23일
외부대신 임시서리 육군참장 이지용

이것은 1월 20일에 〈외무성 대안〉으로 작성하였던 한일 의정서를 기반으로 하고 있지만 조문을 자세히 보면 당초의 내용보다 일본의 의향을 강하게 반영한 군사 동맹 조약으로 되어 있다.

『경성부사』에 당시 〈무엇보다 세인의 이목을 놀라게 하였다〉라고 기록된 한일 의정서는 반대도 강하여 한성에서 상인 일부가 외부교섭국장의 집에 폭탄을 투척하였다. 1904년 2월 26일에는 한일 의정서를 반대하는 상소도 있었다. 정계에서 누구보다 강력하게 반대한 군부대신 이용익은 일본에 납치되어 10개월에 걸쳐 도쿄에서 억류 생활을 보내게 되었다.

반대의 목소리를 받아들여 2월 28일에 외부대신 서리 이지용은 사직원을 냈다. 그 상소에서 〈교린은 무엇보다도 중요한 관계입니다. 바로 오늘과 같이 불안정하고 위험한 때에는 말할 것도 없습니다. 동양의 정세가 일변하여 시기가 급히 전환되고, 외우를 예측하기 어려우며, 아침저녁으로 위험이 다가오고 있습니다〉라고 서술하고 있다(『승정원일기』 고종41년(1904) 1월 13일).

한일 의정서의 체결은 어쩔 수 없는 것이라고 판단한 이지용이 동양의 정세가 일변한 가운데도 일본과의 관계를 〈교린〉, 즉 국제법에 근거한 〈외교〉라는 용어가 아닌 종래 중화 세계에서 대일 관계를 표현하는 용어로 설명하고 있다.

3월 17일은 이토 히로부미 추밀원 의장이 한일 의정서 체결 이후 고종을 위문하기 위해 특파 대신으로 방한하였다. 이토는 고종을 알현하고 천황의 친서를 봉정하였다. 다른 한편 4월 14일에 이지용이 특파 일본 보빙대사로서 방일하여 메이지 천황을 알현하였다. 1904년 3월 27일에 대한제국의 『관보』(호외)에서는 방일은 〈교린우목〉이란 의례로 이때도 중화 세계의 용어로 일본과의 관계를 설명하고 있다. 이지용 일행은 이 도일에서 단발하고 양복을 착용하고 있었다.

3
제1차 한일 협약 체결:
재무, 외교 고문의 도입

러일전쟁하 새로운 조약

일본군이 점령한 한성은 비교적 평온하였지만 지방에서는 한국 민중이 일본인을 살해하고 관리가 일본인에게 토지·가옥을 매각한 경우 벌칙을 가하는 등 증오가 격렬하였다. 일본군은 한일 의정서 제4조에 근거하여 철도의 군용 사용, 인부 모집, 물자 동원, 군용지를 위한 토지 수용을 시행하였다. 1904년 3월 중순 평양을 점령한 이후 평양-원산 이남의 지역에서 일본군 주차군과 헌병대가 민중의 저항을 진압하였다.

5월 18일에는 대한제국 황제는 〈한러 조약 폐기 칙선서〉를 발령하였다. 한일 의정서에 근거하여 일본의 전쟁에 협력하고 편의를 도모하기 위해 러시아와의 조약과 러시아의 특권을 폐기하고 주러시아 한국 공사관의 철수도 결정하였다. 러시아와의 국교 단절 선언이라고도 말할 수 있다.

하야시 공사는 27일 외부대신에게 대한제국에 주재하는 각국 사신에게도 고종의 선언서(한러 조약 폐기 칙선서)를 보내게 하였다. 5월 31일 일본 정부는 대한제국의 국방·외교·재정 등에 대해서 한층 확실한 보호의 실질적인 권한 확립을 명분으로 내건 〈대한시설강령〉을 각의에서 결정하였다. 이에 앞서 하야시 공사는 고종을 알현하여 다음과 같은 새로운 협약을 예고하였다.

8월 4일 고무라 외상은 하야시 공사에게 외교·재정 고문의 도입을 기록한 〈대한경영계획실시방침〉을 보내고, 하야시 공사는 외부대신 이하영에게 그것에 근거한 3개 조의 동의를 요구하였다.

그것은 ① 재정을 담당하는 탁지부에 〈재무 감독〉의 도입, ② 외교를 담당하는 외부에 외국인 고문의 도입, ③ 조약 체결, 외교 안건 처리에 대해서 일본 정부와 사전 협의를 명기할 것 등이었다.

8월 12일 하야시 공사가 고종에게 3개조안을 제시하자 고종은 〈채납〉(받아들인다는 뜻)하였고, 담당 대신 간의 합의만으로 처리하도록 외부대신 이하영에게 명령하였다. 대한제국 정부 측은 〈감독〉은 대신보다도 상위라는 오해를 불러일으킬 염려가 있으므로 〈재무 감독〉을 〈재무 고문〉으로 수정할 것을 요청하였고 하야시 공사는 이것을 받아들였다.

그러나 8월 18일 의정부 회의에서는 ③에 대한 이의가 여러 차례 나왔다. 다음 날 상황 보고를 위해 방문한 외부대신 이하영에게 하야시 공사는 〈위압이 필요하다는 뜻〉을 전달하고, 재정·외교 고문에 관한 ①과 ②는 우선 기명 조인하고 ③은 고종의 의견을 확인하여야 할 것이라고 전했다. 같은 날 하야시 공사는 고종에게 상주문을 제출하고 조인을 압박하였다. 결국 외부대신 이하영과 탁지부대신 박정양이 앞의 ①과 ②를 19일에 기명 조인하고 다음 날에 하야시 공사도 조인하였다.

③에 대해서는 외부대신 이하영이 병을 이유로 대응하지 않았기 때문에 하야시 공사는 공사관 무관을 대동하고 고종을 알현하여 재가를 요구하였다. 8월 23일 이하영을 대신하여 외부협판에서 대신 서리로 취임한 윤치호가 이미 조인을 마친 ①, ②에 덧붙여 약간의 삭제와 수정을 요구한 후에 ③도 동의한다고 하야시 공사에게 전했다. 결국 1904년 8월 22일부로 특명전권공사 하야시 곤스케와 외부대신 서리 윤치호가 기명 조인하였다.

고문을 통한 내정 지배

대한제국 정부에 제안한 3개조에 대해서 일본 정부는 한일 의정서 제6조에 있는 〈미비한 세부 조항〉의 〈그때그때 협정〉이라고 보고, 조약 형식을 거치지 않고 표제·전문·말문을 생략한 정부 간 행정상의 결정 형식으로 제안하였다. 하야시 공사의 보고에 의하면 외부대신 이하영도 여기에 동의하였다고 한다.

제1차 한일 협약의 내용은 다음과 같다.

· 한국 정부는 일본 정부가 추천하는 일본인 1명을 재무 고문으로서 한국 정부에 용빙하고 재무에 관한 사항은 모두 그 의견을 자문하여 시행한다.

· 한국 정부는 일본 정부가 추천하는 외국인 1명을 외교 고문으로 외부에 용빙하고 외교에 관한 요무는 모두 그 의견을 물어서 시행한다.

· 한국 정부는 외국과의 조약 체결, 그 외 중요한 외교 안건, 즉 외국인에 대한 특권 양여 혹은 계약 등의 처리에 관해서는 미리 일본 정부와 협의한다.

이 협약의 교섭 과정이 흥미로운 것은 8월 19일 날짜로 재정·외교 고문에 관한 ①과 ②가 먼저 기명 조인되었다는 것과, ③에 대해서는 하야시 공사가 고종을 알현하고 기명을 압박했던 일이다. 이러한 경과는 대한제국 정부의 국외 중립 선언에 의해 밀약 교섭이 좌절됐던 경험을 가진 하야시 공사의 생각에 의한 것이라고 판단된다.

어느 것이든 제1차 협약에 의해서 일본 정부가 추천하는 인물을 대한제국의 재정·외교 고문으로 두고 조약 체결과 외교 안건 처리에 대해서 일본 정부와의 사전 협의가 확정되었다.

재정 고문에는 대장성 주세국장이었던 메가타 다네타로가 취임하였다. 10월 15일에 대한제국 정부가 메가타 다네타로와 체결한 협정에는 대한제국 정부는 재정에 관한 일체의 사무는 메가타의 동의를 거친 이후 시행한다고 되어 있어 실제적으로는 〈재정 감독〉이라고 말할 수 있다. 후에 메가타는 대한제국의 화폐 제도를 일본 제도에 종속시켜 예산과 세입·세출을 통제하여 간다.

외교 고문에는 미국인으로 오랜동안 일본 외무성에 근무하고 당시는 일본 공사관의 고문이었던 더럼 W. 스티븐스가 취임했다. 그 외에도 일본 정부는 군부 고문, 경무 고문, 학부 참여관 등에 일본인을 배치하여 고문을 통해서 대한제국의 내정 지배를 강화해 갔다.

제6장

제2차 한일 협약 체결:
통감부 설치, 보호국화

러일전쟁에 승리한 일본은 미국·영국에 이어서 러시아로부터도 대한제국에 대한 보호권 승인을 얻어서 대한제국의 보호국화로 한 발 더 나아간다. 러일 강화 조약 체결에서 3개월 후인 1905년 11월 17일에 한일 보호 조약이라고 불리는 제2차 한일 협약(을사 보호 조약)을 체결하였다.

이 조약에 의해서 대한제국은 외교권을 일본에게 장악당하여 통감부가 설치되고 내정 전반이 사실상 일본의 지배하에 놓이게 되었다.

제2차 한일 협약은 대한제국 정부 황제 고종도 저항하였다. 그러나 열강이 승인하는 가운데 체결되었다. 그럼에도 고종은 헤이그 밀사 사건으로 알려진 외교 활동을 통하여 유럽 여러 나라부터의 지지를 구했다. 그렇지만 일본의 공작 앞에 국제 사회로부터 이해를 얻지 못하고 이 사건을 계기로 고종은 양위를 당하게 되었다.

이 장에서는 일본의 보호국이 되어 가는 대한제국의 정치·외교를 그려 보고자 한다.

1
서양 국가의 승인,
황제에 대한 강요

미국과 영국, 러시아의 보호국화 용인

1905년 3월 일본은 봉천회전에서 러시아에 승리하자 4월 8일에 〈한국에 대한 보호권을 확립하고 외국과 대외 관계를 우리 수중에 넣는 건〉이라고 하는 방침을 각의에서 결정하였다.

5월에 들어 동해 해전에서 러시아의 발틱 함대를 일본이 격파하면서 열강이 움직이기 시작하였다. 7월 29일 미일 간에 미국의 필리핀 지배를 승인하는 것과 맞바꾸어 미국이 일본의 대한제국 보호국화를 승인하는 가쓰라-태프트 협정이 체결되었고, 8월 12일에는 일본과 영국 사이에 영국의 인도 영유를 승인하는 것과 맞바꾸어 일본의 대한제국 보호권을 승인하는 제2차 영일 동맹이 조인되었다. 미국과 영국이 대한제국에 대한 일본의 지도와 보호를 승인한 것이다. 제2차 영일 동맹에 대해 대한제국은 외부대신 박제순이 황제의 밀지를 받고, 10월 17일에 주한 영국 공사 조던에게 항의하였다. 곧 조영 수호 통상 조약(1882년에 조인)에 위배되는 것이라고 비난하였으나 조던은 오히려 박제순의 주장을 잘못된 요구로 간주했다. 즉 한일 의정서와 한일 협약은 대한제국 자신이 체결한 것이며 영국과는 아무 상관도 없다고 생각했기 때문이다.

또한 영국 공사에게 박제순이 항의한 내용은 당시 대한제국 외부와 영국 공사관 사이에 주고받은 외교 문서를 모아둔 『구한국외교문서: 영안』과 외부의 집무 일지인 『교섭국일기』에는 기록이 없고, 영국 외교 문서에 조던의 보고서로 남아 있을 뿐이다. 대한제국의 공적인 외교 루트가 이미 일본의 감시하에 있었기 때문일 것이다.

1905년 8월 10일부터 미국의 포츠머스에서 러일 강화 교섭이 시작되었다. 당초 러시아는 대한제국의 독립과 주권에 관한 사항을 러일 간에 협정하는 일은 국제법상 불법이라고 주장하였다. 그러나 9월 5일에 조인된 러일 강화 조약의 제2조에서는 〈일본이 한국에서 정치상, 군사상, 경제상의 탁월한 이익을 가진다〉와 〈일본이 한국에 대해서 필요하다고 인정되는 지도, 보호 및 감리의 조치를 취하는 일〉 등이 명기되었다. 일본은 미국과 영국에 이어서 러시아로부터도 대한제국에 대한 보호권의 승인을 획득하였다. 일본은 다른 나라도 이것을 추종한다고 판단하여, 고종에게 보호 조약 승인을 인정하게 하는 움직임에 나섰다.

이 보호 조약은 이후 〈제2차 한일 협약〉(을사 보호 조약)으로 불리게 된다. 일본은 대한제국의 외교권을 장악하고 나아가 통감부를 설치하여 내정 전반을 사실상 지배하여 보호국으로 만든다. 다만 이 보호국화가 병합을 부정하는 것인가, 아니면 병합의 전 단계인가, 나아가 그 경우 병합까지의 기간을 어떻게 보는가에 대해서는 연구자마다 견해가 갈리고 있다. 또한 현재 한국은 제2차 한일 협약은 성립되지 않았고, 그 때문에 이 조약을 전제로 체결된 이후의 한국 병합 조약도 무효이고, 일본의 식민지 지배는 불법이라고 해석하고 있다. 여기에 대해서는 종장에서 상세하게 서술하겠다.

이토 히로부미의 강요와 고종의 저항

제2차 한일 협약 체결 과정에 대해서 이 장에서는 운노 후쿠주가 편찬한 일본 측의 사료(『外交史料 韓国併合』)을 참고하여 정리하겠다.

1905년 11월 2일 이토 히로부미 추밀원 의장은 〈한국 황실 위문〉의 명목으로 특파대사로 대한제국 파견을 지명받았다. 이토는 9일에 한성에 들어와, 10일 고종을 알현하여 친서를 봉정하고 가까운 시일 안에 알현을 요청하였다. 친서는 〈대한제국은 불행히 국방을 아직도 갖추지 못하고, 자위의 기초도 공고하지 못해서 동아 전국의 평화를 확보할 수 없〉기 때문에 한일 의정서의 취지를 발전시켜 〈양 제국 간의 결합을 한층 강고히〉 하고자 한다는 내용이었다.

이토가 방한한 11월 9일 친일파 단체인 일진회(제7장에서 상술)는 일본이 대한제국에 외교권 위임을 요구하는 것은 시세상 당연하다고 말하는 2천 자에 달하는 선언서를 발표하였다.

그것에 대해 한성에서는 일진회는 국토를 팔고 국민을 파는 악마라고 비난하는 반대 운동이 일어났다. 유생과 학생들은 이것을 계기로 한성의 민중을 선동하여 신협약 반대 시위를 시도하였다.

다른 한편 고종은 병을 이유로 당초 이토의 알현을 받아들이지 않고 11월 15일에 되어서야 결국 알현을 수용하였다. 고종은 알현 처음에 1895년 명성황후 시해 사건에 대해서 〈물론 흉행의 실행은 짐의 신하 및 잡배에 의해서 양성된 것이긴 하지만 그들은 일본 세력을 믿고 행한

이토 히로부미(1841~1909).

것은 사실이다〉라고 말하며 이것을 생각할 때 〈분연〉할 수밖에 없다고 하였다.

　아내가 살해당했던 일이 고종의 일본 혐오의 근원인 것을 확인할 수 있다. 계속해서 고종은 일본에 의한 재정 정리에 대한 불만, 일본에 의한 우편 사무와 통신 기관의 정비는 〈지도〉를 넘은 〈감리〉로 대한제국은 〈수수방관〉할 수밖에 없다고 비난하였다. 나아가 앞의 친서에 대해서도 〈국방 불비 운운〉을 주장하지만 대한제국의 군대 축소를 강요하는 것은 일본이고, 그 때문에 지방 적도의 진압이 가능하지 않다고 불만을 토로했다.

여기에 대해서 이토는 〈대한제국은 어떻게 오늘 생존이 가능합니까〉, 〈대한제국의 독립은 누구의 덕분입니까〉라고 위압적으로 말하고, 나아가 통역의 발언을 차단하고 〈귀국의 대외 관계, 이른바 외교를 귀국 정부의 위임을 받아 우리 정부가 대신하고자 합니다〉라고 보호 조약을 제안하였다.

고종의 낭패

보호 조약을 강요하는 이토의 공갈은 강력했고, 고종은 이토가 가져온 조약안을 검토하기를 원했다. 한번 읽어본 고종은 이른바 외교 위임은 그 형식이 없어진다면 오스트리아와 헝가리의 관계와 같은 것인지, 혹은 최열등국, 예를 들어 열강이 아프리카를 대하는 것과 같은 지위에 서는 것인지를 물었다.

고종은 조약안을 읽고 일본의 목적을 확실히 이해하고 있었다. 여기에 대해서 이토는 〈국체상 어떤 변화도 생기는 것이 아닙니다〉라고 말하였다. 고종은 굳이 이것을 절대로 거절하는 것은 아니라고 말하면서 형식만은 남기고 싶다고 여러 차례 말했다. 고종은 그 형식을 어느 정도 남기는가에 대해서는 이토의 알선과 노력에 달려 있으며, 자신의 이 절실한 희망을 일본 황실과 정부에 전달해 주면 다소의 변화가 있을 것이라고 말하였다. 이에 대해 이토는 무릇 외교에는 형식과 내용의 구별이 없다고 대답했다.

결국 고종은 대한제국의 독립 국가로서의 형식만은 남기고 싶다고 강하게 희망하고 있었다. 여기에는 중화 질서 가운데 중국의 〈속국〉이었으면서도 내정·외교의 자주는 지켜 왔던 경험이 있었다. 고종은 국제 관계를 이해하고, 독립 국가로서의 형식 보존의 중요성을 이해하고 있었다. 고종은 애원하는 듯한 이야기를 여러 차례 반복했는데 결국 조약안을 정부에서 검토하고 싶다는 뜻을 전했다.

고종은 일이 중대하기 때문에 자신이 지금 곧바로 결재하는 일은 불가능하고 정부의 관리에게 의견을 구하고, 일반 인민의 의향도 살펴볼 필요가 있다고 말하였다. 결국 고종은 대신과 관료, 일반 민중의 의향에 의해 이토의 요구를 물리치는 것을 기대하였던 것이다.

여기에 대해서 이토는 〈귀국은 헌법 정치가 아니고 만기 모두를 폐하가 직접 결정하는 이른바 군주 전제국이지 않습니까〉라고 반박했다. 대한국 국제의 제정을 비롯해 지금까지 고종의 전제 국가 만들기가 화근이 되었던 것이다. 낭패한 고종은 중대한 일은 중추원의 의견을 묻는 제도가 있다고 전했다. 그럼에도 태도를 굽히지 않는 이토에 대해 고종은 외부대신이 공사와 교섭을 거듭하여 그 결과를 정부에 제의하고, 정부가 그 의견을 결정한 다음 자신의 재가를 요청하도록 할 수밖에 없다고 대응했다.

고종은 외부대신 박제순과 하야시 공사의 교섭을 수용하고, 그 결과를 대한제국 정부가 검토하고 최종적으로 자신이 재가할 것이라고 전달하였다.

2
조인:
대신들의 저항과 타협

11월 17일의 어전 회의

    1905년 11월 16일 이토 히로부미는 숙소에 대한제국의 대신 8명을 모아 금은 등 선물을 주고 보호 조약 체결의 필요를, 때로는 협박조로 표현을 바꾸어 가면서 설득하였다. 학부대신 이완용과 법부대신 이하영은 동의하였다. 농상공부대신 권중현과 의정부참정 한규설은 대한제국이 독립국이 아니게 되는 것이라고 반대하였다.

    다른 한편 하야시 공사와 외부대신 박제순은 협약안의 공식 교섭을 시작하고 있었다. 이때 한성은 일본군에 의해 계엄 태세에 있었으며 사람들의 왕래도 경계하에 있었다. 11월 17일 이른 아침 각 지방 주둔 일본군이 한성으로 들어왔다. 명목은 연습이었지만 실제는 교섭을 위협하기 위한 것이었다. 오전 11시 하야시 공사는 대한제국의 대신들을 일본 공사관에 초치하여 협약안에 대해서 의견을 교환하였다. 대신들은 협약의 조인은 오늘날의 정세상 어쩔 수 없는 것이라고 알고 있으면서도 누구도 스스로 나서서 조인을 승낙하는 발언을 하는 자는 없는 상태였다.

최종적으로는 고종에게 상주하여 판단을 바란다고 하는 의견이 나와 〈각자 준비를 갖추고〉 대궐로 향했다. 이 준비라는 것은 대신들의 도주와 고종의 도망을 방지하기 위해서 하는 일본 경찰 관리와 헌병에 의한 호위 준비였다. 대신들은 일본 공사관원이 연행하는 것처럼 보이는 가운데 왕궁으로 향했다.

고종이 임석한 어전 회의는 오후 4시경부터 시작하였다. 대신들은 협약안의 거절을 두 번 상주하였으나, 고종은 대신들에게 하야시 공사와의 교섭을 계속하도록 명령하였다. 이토는 오후 8시 한국주차군 사령관 하세가와 요시미치와 헌병 50명을 대동하여 궁궐로 왔다. 고종은 병을 이유로 접견을 거부하였다. 그 후 고종은 궁내부대신을 통하여 이토에게 협의의 연장을 제안하였으나 이토는 수용하지 않았다. 고종은 궁내부대신을 통하여 다시 한번 다음과 같이 이토에게 전했다. 자신이 정부 대신에게 협약안을 협의시키고 타협을 하고자 하니, 이토가 그 사이

하세가와 요시미치(1850~1924).

에 서서 주선을 잘해서 타협이 되도록 만들어 줄 것을 원한다는 내용이었다.

이토는 고종에게 협약 승인을 얻었으므로, 칙명으로 반대하는 대신들을 봉쇄하고자 했다. 그렇지만 그것이 불가능한 것을 알자, 고종의 말을 자기에게 〈주선〉을 의뢰한 것으로 해석하고, 이것을 이용하여 대신들을 설득하기 시작하였다.

찬성 5명, 반대 2명, 별석 1명

찬성은 학부대신 이완용, 법부대신 이하영, 농상공부대

신 권중현, 내부대신 이지용, 군부대신 이근택, 총 5명이고, 반대는 외부대신 박제순과 탁지부대신 민영기, 총 2명이었다. 의정부참정 한규설은 끝까지 반대하고 광란 상태에 빠졌기 때문에 다른 자리로 옮겨졌다.

특히 이토가 〈전적으로 동의하고 인정〉한다고 한 인물이 이완용이었다. 이완용은 양반 출신으로, 보호국을 수용하는 것으로 이전부터 이어 오는 양반 주도의 정치 체제를 유지할 수 있다고 보았다. 이완용의 집은 보호국에 반대하는 폭도 수십 명에 의해서 습격되고 방화되었다.

찬성한 이완용, 이하영, 권중현은 고종에게 상주하기 전에 조문의 자구 수정을 요구하였다. 이완용은 제3조에서 통감의 직무에 〈내정에 간섭하지 않는다〉라는 것을 삽입하도록 요구하였다. 이것을 받아들여 〈통감은 오직 외교에 관한 사항을 관리하기 위해 경성에 주재한다〉는 것을 넣었다. 이하영은 제1조의 〈외국에 대한 관계 및 사무를 전적으로 스스로 감리·지휘한다〉에서 〈전적으로 스스로〉의 삭제를 요구하여 인정받았다. 끝으로 권중현은 새로 제5조로서 한국 황실의 안녕과 존엄의 유지를 보장하는 조문을 요구하여 이것도 승낙받았다. 이상과 같은 조약 수정안을 반영하여 고종에게 보이자, 고종은 1개조의 삽입을 희망하였다.

한국이 부강을 이룩하고 그 독립을 유지하는 데 충분한 실력을 갖추게 되면 이 조약을 철회한다.

(『外交史料 韓国併合』上,「IV. 第二次日韓協約」. 30-⑤『日韓新協約調印始末』)

협약의 효력 기간 설정에 관한 것으로, 외교권 회복을 기대한 조문이었다. 이토는 이것을 〈황제의 재가가 내려졌다〉는 증거로 하였고, 고종이 희망하는 1개조를 전문에 덧붙여서 11월 18일 오전 1시가 지난 시각에 제2차 한일 협약이 조인되었다. 내용은 다음과 같다.

일본 정부와 한국 정부는 두 제국을 결합하는 공동의 이익을 공고히 하기 위해 한국이 실제로 부강해졌다고 인정할 수 있을 때까지 이 목적을 위해 아래에 열거한 조목들을 약속해 정한다.

제1조. 일본국 정부는 도쿄에 있는 외무성을 통해 금후에 한국의 외국과의 관계 및 사무를 감독·지휘하며, 일본국의 외교 대표자와 영사는 외국에 재류하는 한국의 관리와 백성 및 그 이익을 보호한다.

제2조. 일본국 정부는 한국과 다른 나라 사이에 현존하는 조약의 실행을 완전히 책임지며, 한국 정부는 이

후 일본국 정부의 중개를 거치지 않고는 국제적 성격을 띤 어떤 조약이나 약속도 하지 않을 것을 약속한다.

제3조. 일본국 정부는 그 대표자로 하여금 한국 황제 폐하의 아래에 1명의 통감을 두되, 통감은 전적으로 외교에 관한 사항을 관리하기 위해 한성에 주재하며 직접 한국 황제 폐하를 만나 볼 수 있는 권리를 갖는다. 일본국 정부는 또한 한국의 각 개항장 및 기타 일본국 정부가 필요하다고 인정하는 곳에 이사관을 둘 권리를 가지되, 이사관은 통감의 지휘 아래 종래 재한국 일본 영사에게 속하던 일체의 직권을 행사하며 아울러 본 협약의 조항을 완전히 실행하는 데 필요한 일체의 사무를 맡아서 처리할 것이다.

제4조. 일본국과 한국 사이에 현존하는 조약과 약속은 본 협약의 조항에 저촉되는 것을 제외하고는 모두 그 효력이 계속되는 것으로 한다.

제5조. 일본국 정부는 한국 황실의 안녕과 존엄을 유지할 것을 보증한다.

이상의 증거로 아래의 사람들은 각기 본국 정부에서 상당한 위임을 받아 본 협약에 이름을 적고 도장을 찍는다.

메이지38년 11월 17일

특명전권공사 하야시 곤스케

광무9년 11월 17일

외부대신 박제순

　조인의 상주를 받은 황제는 이와 같이 중요한 조약을 이처럼 쉽게 그리고 급히 체결한 것은 실로 천추의 한이 될 것이라고 개탄하였다고 한다.

　12월 21일 이토 히로부미가 통감에 임명되었다. 일본은 일본 공사관을 철수하고, 다음 해 1906년 1월 17일 대한제국 외부의 청사를 빌려, 2월 1일 통감부 업무를 개시하였다. 대한제국 외부가 담당하였던 외교는 일본 외무성이 감리·지휘하게 되었다. 일본을 거치지 않고 어떠한 조약도 체결할 수 없게 되었다.

　각 지역의 일본 영사관(부산, 마산, 군산, 목포, 한성, 인천, 평양, 진남포, 원산, 성진)을 이사청으로 바꾸고, 새로 3개소(대구, 신의주, 청진)를 증설하였다.

　각국 공사관은 철수하였고, 재일본 공사관이 사무를 인계받았다. 대한제국에 주재하고 있던 벨기에, 영국, 청국, 미국, 독일, 프랑스의 각국 공사는 1906년 3월까지 퇴거하고 총영사 또는 영사로 바뀌었다.

3
헤이그 밀사 사건:
황제의 저항

제2차 한일 협약의 반대 상소

대한제국에는 일본 측의 사료와 같은 동시대적·즉시적인 상황을 자세히 기록한 사료는 거의 남아 있지 않다. 예를 들면 황제의 집무 기록인 『승정원일기』는 앞의 어전 회의가 열렸던 1905년 11월 17일(고종 42년 10월 21일)의 기록에 〈일본〉도 〈이토 히로부미〉도 일절 기록되어 있지 않다. 어전 회의에서 조약에 반대하고 광란 상태에 빠졌던 의정부참정 한규설에 대해서는 〈궁전에서 막기 어려운 행동을 하였기 때문에 면직하는 명이 내려졌다〉라고 기록되어 있을 뿐, 그 배경에 무엇이 있었는지에 대해서는 기술이 없다.

그렇지만 제2차 한일 협약 조인 이틀 후 처음으로 협약 반대 상소가 나타났다. 궁내부특진관 이근명이었다.

신은 어제 정부가 협약을 체결했다는 일에 대해서 놀랍고 당황하지 않을 수가 없고, 우려하고 탄식하고 있습니다. 이것은 대단히 중대한 일입니다. 그렇다면 조정에 자문을 구하고 협의한 후에 처리하는 것이 당연한 일인데 사람들에게 알려지는 것을 무서워하여 하룻저녁에 궁전에서 급히 회의를 열고 이와 같은 크게 잘못된 결정을 하였습니다. 현재 여론은 비등하고 울분을 터뜨리고 있을 뿐만 아니라 실제로 천하 만세의 죄인이 될 것이므로 국법으로 볼 때 용서할 수 없습니다. 부디 황제께서는 신속하게 그날 회의를 했던 대신들을 모두 법률에 근거하여 처벌하여, 나라 안의 분을 풀어 주십시오.

(『승정원일기』 고종42년(1905) 10월 23일)

이근명이 말하는 중대한 일, 조정(중추원, 의정부)에 자문해야 한다고 한 것은, 바로 고종이 1905년 11월 15일 이토 히로부미와의 만남에서 말했던 것이었다.

체결 직후부터 대한제국 내에서 제2차 한일 협약은 환영받지 못했다. 다음 날에도 비서감경 이우면의 대신 처벌을 호소하는 상소가 이어졌다. 11월 21일에는 박기양이 다음과 같은 상소를 올렸다.

일본 공사가 조약을 새로 체결하는 데 있어 정부에 대해서 위세를 가지고 집요하게 강요하였지만 황제께서는 종묘사직의 일을 생각하여 허가하지 않았고, 한규설은 싸움을 마다하지 않았습니다. 대신 가운데는 〈부(否)〉라고 쓴 자도 있다고 합니다. (중략) 조약의 체결은 정부에서는 위로는 임금의 뜻을 묻고, 밑으로는 정부 관리에게 자문하여 동의를 구한 후에 외부가 날인하여 증거로 삼는다고 말합니다. 이번에는 임금의 뜻은 아직 내려오지 않았고, 한규설은 따르지 않았으며, 오직 적의 신하가 관리하는 도장을 강제적으로 찍은 것뿐으로 그 조약의 신빙성은 없습니다. 그렇기 때문에 이 조약은 즉각 파기하여 백지화하는 것이 도리입니다.

(『승정원일기』고종42년(1905) 10월 25일)

일본 측의 강제와 강박, 고종의 불허가의 태도에 대해서 공개한 위에, 본래의 체결 절차를 따른 것이 아니었다고 백지화를 호소하고 있다. 여기에서도 〈재가는 내리지 않았다〉라고 이해되고 있다.

11월 24일 의정부참찬 이상설도 상소하여 〈이번 조약은 힘으로써 강제로 체결된 것이므로 당연히 무효입니다〉(『승정원일기』고종42년 10월 28일)라고 서술하고 있다. 다음 날인 11월 25일에는 전 시독 강원형도 같은 상소를 올렸다. 강원형은 이토 히로부미의 이름을 지적하며 비난하고 제2차 한일 협약은 〈공갈〉, 〈협박〉에 의해 조인된 것으로 정부의 공적인 결정과는 관계 없는 〈빈 종잇장〉이라고 하였다(『승정원일기』 고종42년 10월 29일). 제2차 한일 협약이 일본 측에 의한 강요·강박으로 체결되었기 때문에 무효라는 해석은 이와 같이 체결 직후부터 보인다. 보다 구체적으로는 첫째 통상의 결재 과정, 즉 의정부 회의를 거치지 않았다, 둘째 황제는 인정하지 않았다, 셋째 일본 측이 강제하여 무리하게 체결되었다, 이 세 가지가 공유되고 있다.

고종이 보낸 친서: 불법 무효의 호소

이와 같은 상소가 고종의 지시인지 신하들의 의사에 의한 것인지는 확실치 않다. 고종의 황제 즉위 시의 상소가 의도적이었던 것처럼 상소의 성격상 전자일 가능성이 높지만 어느 것이든지 고종이 분노하고 있었다는 것은 틀림없다. 고종은 일본의 폭거와 제2차 한일 협약의 부당성을 세계에 알린다면 대한제국의 독립을 도와줄 것이라고 생각하고 있었다.

그러나 앞에서 서술한 바와 같이 제2차 영일 동맹 협약의 시기 영국 공사에게 대한제국 외부가 보냈다고 생각되는 항의의 기록은 대한제국 외부의 공식 문서 가운데는 남아 있지 않다. 외교를 담당하는 외부는 이미 공식 루트로 여러 나라에 제2차 한일 협약의 무효를 호소할 수 있는 상황이 아니었다.

덧붙여 이미 1904년 6월부터는 일본·영국·이탈리아·청국 등 각국에 주재하는 공사관원의 귀국 여비가 대한제국 정부의 예산 이외의 지출로 청구되고 있었다. 재외 공관의 기능은 축소되기 시작하였다. 1905년 4월에는 〈한일 통신 기관 협정〉이 체결되어 대한제국과 외국의 통신을 일본이 장악하고 있었다. 대한제국이 자국의 재외 공관을 이용하여 외국 정부에 호소하는 루트는 차단되어 있었던 것이다. 11월의 제2차 한일 협약 이전에 일본은 대한제국의 외교를 감시하고 있었다.

고종이 국제 사회에 호소하는 것은 친서를 가진 밀사를 통하여 각국을 움직이는 방법밖에 없었다. 여기에 1902년부터 움직이고 있었던 만국평화회의에 대한 가입 요청이 의미를 가진다. 현상건을 통하여 러시아 황제와 통하는 한국과 러시아의 비밀 루트에 의해서 1906년 4월경 고종에게 제2차 만국평화회의(1907년 6월 15일에 네덜란드 헤이그에서 개최)의 예비 초청장이 도착하였다.

1906년 6월에 들어 고종은 영어 교사였던 미국인 H. B. 헐버트를 특별 위원에 임명하고 위임장을 주어 미국, 프랑스, 독일, 러시아, 이탈리아, 청국, 오스트리아·헝가리, 벨기에 등의 국가 원수 앞으로 친서를 보냈다.

한국의 연구자인 김기석에 의하면 친서의 내용은 제2차 한일 협약에 대해서 ① 협박을 받아서 강제적으로 체결함, ② 고종은 정부의 조인을 허가하지 않음, ③ 의정부 회의를 거치지 않은 과정임을 밝히며 불법·무효를 호소하고 있었다. 이러한 세 가지 점은 제2차 한일 협약 조인 직후의 상소에서 언급되었던 내용과 같다. 나아가 장래 이 건을 네덜란드 헤이그에 있는 상설 중재 재판소에 붙이고자 하는 예정이었으며, 그를 위해 원조를 구하고 있었다. 다만 이 친서의 진위는 확실하게 판명되지 않았다.

헤이그의 밀사 3인

제2차 만국평화회의에 대한제국이 참가하는 일을 위험시한 일본 정부는 러시아 정부에 〈대한제국은 일본의 보호국이 된 이상 참가를 인정할 수 없다〉라고 전하고, 관계 각국에도 같은 내용을 전했다. 이 때문에 대한제국은 정식으로 초청장을 받는 것이 불가능하였다.

그렇지만 고종은 1907년 4월 2일 자로 전 의정부참찬 이상설과 전 평리원 검사 이준에게 전권 위임장을 주고 대한제국의 대표로 제2차 만국평화회의에 보냈다. 5월 8일에는 헐버트도 유럽으로 향하였다. 6월 4일 이상설과 이준은 페테르부르크에서 전 주러 한국 공사관 서기관 이위종과 합류하고 러시아 황제에게 고종의 친서를 봉정한 후 베를린을 거쳐서 25일 헤이그에 도착하였다.

한편 5월 단계에서 이토 히로부미 통감은 고종이 헐버트를 밀사로 만국평화회의에 파견한 사실을 주한 프랑스 총영사의 보고로 알고 있었다. 이토는 5월 22일에 고종을 알현하면서 〈폐하는 미국인 헐버트에게 부탁하여 만국평화회의에서 한국 국권 회복의 일을 운동하기 위해 운동비로 거액의 돈을 증여하자고 했고, 금액의 지출이 궁하여 다른 자금책을 상담하신 사실이 있습니다〉라고 질책하고 있다. 나아가 이토는 〈폐하는 지금부터 이와 같은 사기적인 행위를 단호히 개선시키지 않는다면 (중략) 귀국의 앞길에 극히 불이익의 결과가 초래될 것입니다〉라고 고종에게 못을 박고 있다.

그런데 밀사 3인은 6월 26일 러시아 대표 넬리도프 의장에게 고종의 인장이 찍힌 전권 위임장을 제시하고 제2차 만국평화회의 참가를 신청하였다. 그렇지만 면회를 사절당했다. 대표의 초대는 주최국인 네덜란드의 권한이

헤이그에 도착한 밀사 3인. 왼쪽부터 이준, 이상설, 이위종.

라고 들은 3인은 네덜란드 외무성을 방문하여 외상과의 회견을 요청하였지만 일본 정부의 소개가 없으면 회견을 할 수 없다라고 거부당했다. 각국은 이미 대한제국의 외교권이 일본에 이양되었다는 사실을 인정하고 있었다. 결국 대한제국은 2년간에 걸쳐 외교 관계가 없다라는 이유로 만국평화회의에 참가를 인정받지 못했다. 이 회의에 일본 수석 대표였던 쓰즈키 게이로쿠 대사는 사전에 각국 대표에게 대한제국 사절을 만나지 않도록 주의를 환기하였고 각국 대표는 3인에게 냉담하였다. 대한제국의 외교를 일본 정부(외무성)가 감리하는 일에 대해서는 이미 1906년 2월 단계에서 대한제국에 주재하는 외국 영사에 대한 인가장 교부 의무에서 영국·독일·러시아가, 적십자 조약 개정 회의 초청 시에 스위스가 각기 인정했던 사례가 있다.

기대를 배반당했던 이위종은 『뉴욕 타임스』의 기자에게 심정을 토로하였다. 나아가 3인은 회의 주변에 배포된 비공식 회의보(6월 27일)에 각국 대표에게 호소하는 다음과 같은 문서를 게재하였다.

특별히 첫째 일본이 우리 황제의 동의 없이 행한 일, 둘째 일본이 무력에 의해서 그 목적을 달성한 일, 셋째 일본은 우리 나라의 법규, 관례에 위반한 일을 지적해 두고 싶다.

(「一九〇七年ハーグ平和會議再訪」上)

여기에서도 역시 황실의 재가 결여와 일본에 의한 강제 체결, 통상의 결재 과정의 결여가 협약의 무효를 호소하는 논리로 되어 있다.

이토 히로부미의 한국 병합 구상

이와 같이 1907년 6월 이른바 헤이그 밀사 사건이 일어나자 이토 히로부미 통감의 요청으로 7월 12일 원로·

각료 회의가 열려 다음과 같은 내용이 천황의 재가를 얻었다.

제국 정부는 현재의 기회를 놓치지 않고 한국 내정에 관한 전권을 장악하는 것을 희망한다.

(「韓帝ノ密使派遣ニ關聯シ廟議決定ノ對韓處理方針通報ノ件」, 『日本外交文書』40-1)

일본은 헤이그 밀사 사건을 계기로 한국 내정의 장악을 시작하였다. 절차는 이토 히로부미에게 일임하였다. 이것이 이후의 제3차 한일 협약으로 이어진다.

그러나 이토 통감이 이 시점에서 장래 한국 병합을 결단하고 있는지에 대해서는 현재도 연구자 사이에서는 의견이 나누어지고 있다. 특히 1907년 4월 13일 이토 히로부미가 하야시 다다스 외무대신에게 러일 협상에 관해 보낸 문서 중에서 모토노 에이치 주러시아 공사의 품의에 찬성하여 〈한국에 관해《장래의 발전》이라는 용어는《어넥세이션annexation》까지도 포함하는 뜻을 밝히는 것이 가장 득책이다〉라고 말한 일이 논쟁의 초점이 되어 왔다.

예를 들면, 이토 유키오는 이토가 이 문서 이외의 어떤 문서에서도 〈어넥세이션〉이라는 표현을 사용하지 않았기 때문에 이토는 한국 국내의 반일 상황에 동요해서 병합의 가능성까지 고려하기 시작했을 뿐이지 병합을 목표로는 생각하지 않았다고 한다. 반면 한상일은 1873년의 정한론부터 한국을 일본의 판도로 하려는 생각이 있었고 위의 문서를 〈이토의 심중에 병탄이 자리 잡고 있음을 보여 주는 확실한 대목〉이라고 정반대의 견해를 제시한다.

그러나 어떤 발언도 그 발언이 나온 상황을 고려해야 한다. 이토가 한국 병합에 대한 생각을 자주 언급하거나 문서에서 흔히 볼 수 있는 발언이 아니었다면 더 그렇다. 위의 문서는 일본 정부가 러일 협상을 진행하는 과정에서 주러시아 공사 모토노의 품의에 이토가 찬성하는 취지에서 나온 것이다. 이는 모리야마 시게노리가 지적한 바와 같이 러시아의 대일 정책이 애매한 상태에서 한국 국내의 반일 운동이 심해지자 나온 〈즉시 병합론〉이라고도 볼 수 있다. 단, 운노 후쿠주와 오가와라 히로유키가 지적한 바와 같이 일본 정부는 이토의 위의 발언을 채용하지 않고 러일 협상을 진행하였는데 이에 대해 이토는 반대는커녕 같은 해 7월 31일에 경성 일본 구락부에서 〈일본은 한국을 합방할 필요는 없다〉고 강연하였다. 이에 사사키 유이치가 정리한 바와 같이 이토는 러시아와의 관계에서는 분쟁 회피를 목표로 하여 그에 따른 한국 문제는 일본 정부

에 일임하였다고 볼 수 있다. 이러한 시각은 〈한국 병합〉
에 이르는 과정의 일본인 실무 관료를 연구한 한성민이
〈한국 병합〉은 결코 이토 같은 소수의 수뇌부가 추진할
수 있는 일이 아니었다고 한 지적이 중요하다.

후술하는 것과 같이 일본은 1907년 7월에 고종의 양위
와 제3차 한일 협약을 즉시 단행하였다. 이와 같은 일을
비춰 본다면 1898년의 독차 사건에 의해서 장애가 남아
있었다는 황태자(고종과 명성황후 사이의 아들, 이름은
척, 훗날 순종)를 신황제로 앉히기까지 한국 황실은 남아
있었고, 즉시 병합하지 않았다는 의미를 생각해 보아야
할 것이다. 이 시기에 앞서 1906년 12월에 이완용이 고
종 폐위까지 언급한 일과 비교하면 이토는 곧바로 대한제
국을 병합함으로써 발생할 수 있는 손해를 더 크게 보고
있었다고 추측된다.

4

제3차 한일 협약의 체결: 황제의 강제 양위 후

고종 강제 양위에 대한 책동

대한제국 국내에서는 헤이그 밀사 사건을 기도한 고종에 대해서 5월에 총리대신에 취임한 이완용을 중심으로 양위시키고자 하는 움직임이 나타났다.『일본외교문서』에 의하면 1907년 7월 6일 이완용은 이토 통감을 방문하여 헤이그 밀사 사건의 중요함을 이유로 〈국가와 국민을 유지할 수 있으면 족합니다. 황제의 신상에 대해서는 돌아볼 필요가 없습니다〉라고 고종의 양위를 암시하고 있다. 이에 대해서 이토는 〈아직 깊이 생각하여야 할 것〉이라고 말하고 있다.

이 건에 대해서 앞에서 언급했던 7월 10일 원로·각료 회의에서도 의논하고 있었다. 양위에 대해 데라우치 마사타케 육군대신은 〈금일 실행〉이었으나 이외에 야마가타 아리토모 원로는 〈금일은 아니다〉였고, 다수도 〈아니다〉로 일본 정부의 방침은 아니었다.

다른 한편 7월 16일부터 연일 이완용은 고종에게 양위를 하도록 상주, 결과적으로 충고하고 있다. 일본 측의 기록(『일본외교문서』)에 의하면 대한제국 정부는 고종의 헤이그 밀사 파견을 중대하게 보고 고종이 스스로 나아가 어떤 조치를 취해야 한다고 인정하고, 고종 양위를 결단하였다고 되어 있다. 다른 한편 대한제국 정부의 기록에서 양위의 경과를 확인하는 일은 불가능하다. 다만 독립협회 회원이었던 정교의 기록(『대한계년사』)에서는 〈폐립〉의 단행은 불가피하였다고 보고 있다.

대한제국 내의 움직임을 보고 이토 통감도 황제 양위로 움직였다. 때맞춰서 이완용에 의한 고종에 대한 양위 간언 3일 전인 7월 13일, 메이지 천황은 자신의 생각을 한국을 방문하는 하야시 다다스 외상을 통해 이토 통감에게 전하고 있었다. 그 내용은 대한제국 황제의 마음은 실로 정해지지 않았고 한일 협약도 표면상으로 볼 때 어떻게 바뀔지 알 수 없으니 이번 기회에 대한제국 황제의 두뇌를 개량하여 장래 강력하고 변하지 않는 방법을 세워야 한다는 것이었다.

메이지 천황은 헤이그 밀사 사건을 계기로 대한제국의

내정을 개선하고자 하는 의사를 전달하였다. 흥미로운 것은 메이지 천황이 고종에 대해서 〈마음이 실로 정해지지 않았다〉라고 〈우유부단한 고종〉 상을 가지고 있는 일이다. 앞에서 말한 바와 같이 하야시 곤스케 공사도 〈우유부단한 고종〉 상을 가지고 있었다. 덧붙여 고종을 알현한 서양인도 같은 평가를 하고 있다. 그러나 아관파천 이후의 황제 즉위, 독립협회 해산과 대한국 국제 제정 등에서 떠오르는 고종의 이미지는 우유부단만으로 볼 수 없다. 정식 외교 루트가 없는 가운데 밀사를 보내 국권 회복에 나서는 자세는 다르다고 생각한다. 일본이 우유부단하다고 본 것은 고종 개인의 성격보다도 대한제국 정치의 존재 방법에 영향이 있었던 것은 아니었을까.

대한제국의 전통적인 정치는 정부 대신 이외에 지방 유생의 상소도 받아들이고 상소를 통하여 국왕(황제)과 민이 연결되는 형식이었다. 서양의 군주상과는 거리가 있었다. 실제로 고종 황제 즉위 과정에서도 정부 관리와 백성들이 올린 여러 번의 상소를 물리친 뒤 최종적으로 상소를 받아들이는 형식을 취하고 있다. 또한 대신들도 임명되면 여러 차례 사퇴하고 받아들이는 것이 관례였다. 덧붙여 대한제국 특유의 유교를 전제로 한 완곡한 표현 등이 있었고 유교 엘리트들의 언동은 중화 세계의 정치 문화를 공유하고 있지 않는 사람은 이해가 어렵다. 이하에서 전개되는 고종의 양위 경과에 대해서도 그 때문에 애매하게 보이지만 고종은 양위를 희망하고 있지는 않았다.

양위로

앞에서 본 것처럼 7월 16일 밤 이완용은 대궐에 들어가 고종에게 양위를 권유하였다. 다음 날 밤에는 각료 일동이 대궐에 들어가 양위를 권유하였지만 고종은 응하지 않았다. 7월 18일 밤 다시 각료 일동이 참여하여 하야시 다다스 외상의 한성 도착에 의한 시국의 절박함을 전달하자 고종은 〈짐은 이제 군국의 대사를 황태자에게 대리시킨다〉(『승정원일기』 고종44년(1907) 6월 9일)라는 조칙을 냈다. 다음 날인 19일 대한제국 정부는 통감부에 전날 고종이 양위하였다라고 통첩하고 각국에 성명하도록 전했다.

일본은 고종이 양위를 받아들였다고 간주하고 이토 통감은 황태자를 황제로 즉위시켜 기정사실화하는 작업을 시작하였다. 황제의 동정을 알 수 있는 정부 기록 『승정원일기』에 의하면 다음과 같은 경과를 거친다.

7월 19일에 고종의 명으로 황태자가 환구단과 종묘 등에 고유제를 당일에 실행하고, 대리하는 길일도 결정하였다. 이날 황태자는 대리를 하는 조칙에 두려워하며 놀라 거절하는 상소를 두 번 올리고 있다. 이것은 일본이 대한제국 정치 문화의 관례에 따라 조칙을 거절하는 상소를 두 번 올리게 하고, 그것을 같은 날 하도록 한 것으로, 양위 확정을 급히 추진하였기 때문일 것이다.

7월 22일에는 헤이그에 파견되었던 밀사 3인에 대해서 엄벌이 내려졌다. 21일에 황태자는 고종의 명령을 받아들여 정무를 대리한다고 신민에게 전하였다. 29일에는 고종이 〈태황제〉로 결정되었고, 8월 2일 〈융희〉로 연호를 바꾸었다.

다른 한편 『일본외교문서』에 의하면 7월 20일 오전 8시부터 양위식을 거행하고 같은 날 저녁에 영·불·독·청·벨기에의 각국 총영사가 신황제를 알현하였다. 『경성부사』에 의하면 양위식 후에 고종이 〈짐의 양위식이 끝났음을 기뻐한다〉라는 칙어를 내리고 각 대신이 감격하였다. 그러나 7월 19일부터 20일에 걸쳐서 민중과 근위병은 대한제국의 대신들을 살해하자고 격앙하였고, 이완용의 집에 방화하였다는 보고도 있다.

고종의 황제 즉위에 대해서는 반년 이상의 시간을 들여 내외의 의향을 받아들였다. 그렇지만 양위는 헤이그 밀사 사건(6월 26일)에서 1개월도 지나지 않고 이루어졌다.

다만 한국사 연구자 이태진은 고종은 황태자에게 〈대리〉 조칙을 냈을 뿐으로 양위가 아니고 일시적으로 섭정을 시킨 것에 불과하다며, 최후까지 양위에 저항하였다고 지적하였다.

순종 황제의 즉위

황태자의 황제 즉위는 1907년 8월 27일 오전 9시부터 왕궁에서 내외국인 300여 명 정도가 모여서 행하였다. 황태자는 9시 반에 시종원경·시종무관을 따라서 입장하였다. 총리대신 이완용의 축하 낭독 이후 하세가와 요시미치 대장이 통감을 대리하여 축사를 낭독하였고 다음으로 벨기에 총영사 벙커가 각국 영사를 대표하여 축사를 낭독하였다. 10시 50분에 식은 끝났다. 이에 순종 황제가 즉위하였다.

즉위식은 전통적인 의례와 근대적인 예식을 병행하였다. 식장에 나타난 순종의 복장은 중화 황제의 복장인 황색의 곤룡포였는데, 휴식 시간을 두고 등장한 순종은 단발, 군복 차림으로 남자다운 모습을 보였다고 한다. 고종의 황제 즉위식은 명조 중화를 따른 의례가 중심이었지만 순종의 즉위식에는 중화 황제의 정복에서 서양식 군복으로의 의상 교체가 있었다. 음악은 궁중 악대에 의한 전통

순종(1874~1926, 재위 1907~1910).

음악과 군악대에 의한 애국가, 두 가지가 연주되었다.

즉위식에 참여하는 대한제국의 관원은 대례복과 프록
코트의 착용이 권장되었다. 그러나 대례복이 준비돼 있지
않았던 관원들은 사직원을 내면 소예복과 사모(관원이
관복을 입을 때 착용하는 모자) 착용도 인정되었다. 단발
은 필수로 그것을 확실하게 알 수 있도록 해야만 했다. 이
것도 백관이 전통적인 조복으로 참여하였던 고종의 황제
즉위식과는 대조적이다.

내정 장악으로: 제3차 한일 협약

고종의 강제 양위로부터 5일 후 1907년 7월 23일 일본과 신협약 교섭이 시작되었다. 이토 히로부미 통감은 총리대신 이완용, 농상공부대신 송병준과 2시간 정도의 밀담 후, 7월 24일 정오경에 협약안을 대한제국 측에 넘겼다. 송병준은 다음 장에서 상술하는 바와 같이 친일 단체 일진회의 중심 인물이었다.

이후 제3차 한일 협약이라고 불리는 신협약은 대한제국 정부가 바로 승인하였다. 이하 내용은 다음과 같다.

일본국 정부와 한국 정부는 속히 한국의 부강을 도모하고 한국민의 행복을 증진하고자 하는 목적으로 다음의 조항을 약속해 정한다.

제1조. 한국 정부는 시정 개선에 관해 통감의 지도를 받을 것.

제2조. 한국 정부의 법령 제정 및 중요한 행정상의 처분은 미리 통감의 승인을 거칠 것.

제3조. 한국의 사법 사무는 보통 행정 사무와 이를 구분할 것.

제4조. 한국 고등 관리의 임면은 통감의 동의에 의해 이를 집행할 것.

제5조. 한국 정부는 통감이 추천하는 일본인을 한국 관리에 임명할 것.

제6조. 한국 정부는 통감의 동의 없이 외국인을 용빙하지 말 것.

제7조. 메이지37년(1904) 8월 22일 조인한 한일 협약 제1항을 폐지할 것.

이상의 증거로 아래 이름의 사람들은 각기 본국 정부에서 상당한 위임을 받아 본 협약에 이름을 적고 도장을 찍는다.

메이지40년 7월 24일

통감 후작 이토 히로부미

광무11년 7월 24일

내각총리대신 훈2등 이완용

이 제3차 한일 협약은 앞서 일본 정부의 의향을 근거로 대한제국의 내정을 장악하는 것이었다. 대한제국 정부의 대신 이하 중요한 관리의 임명은 통감의 동의가 필요하고, 통감이 추천하는 일본인을 감리로 임명하는 것이 요구되었다. 그리고 통감의 동의 없이 외국인 고문의 고용도 할 수 없게 되었다. 다만 이 제3차 한일 협약은 일본 정부의 승인과 천황의 재가가 없었다. 앞서 7월 12일의 원로·각료 회의에서 대한제국 내정 장악의 과정은 이토 통감에게 일임한다고 결정함에 따라 조인 후에 천황의 재가와 정부 승인이 이루어졌다.

고종의 황제 양위에 대해 한성의 민중은 격렬하게 저항하고 있었다. 이토 통감은 군대와 민중이 연대하여 봉기하는 것을 사전에 방지하기 위해서 제3차 한일 협약 체결 후 곧바로 대한제국의 군대를 해산시켰다.

제7장
대한제국의 저항과 종언: 1910년 8월 병합으로

앞의 장으로 조금 시간을 되돌려, 1905년 11월의 제2차 한일 협약에 의한 보호국화에서 1910년 8월 22일의 한국 병합 조약까지 시기에 대해, 특히 대한제국의 사회 분야를 검토하고자 한다.

대한제국은 아직 식민지가 아니고 보호국이었지만 일본 통감에 의한 통치가 한국인에게 직접 영향을 미치게 될수록 통감의 통치도 한국인의 반응을 받아서 변용되었다.

학계에서는 1907년 7월 제3차 한일 협약 체결 무렵을 경계로 보호국기의 통치에 대해서 문화 정책과 자치 육성 정책으로 나누어서 이해하고 있다. 이것은 이토 통감의 보호국화 구상이 일본의 재정 부담을 경감하면서 대한제국의 자치를 육성하는 것으로 한국인에게 일본 통치에 대한 합의를 얻으려고 하는 것이었기 때문이다.

이 장에서는 이와 같은 구분과 겹치지만 더 대한제국 내부를 그리려고 하는 시도에서, 황제의 재위 기간에 따라 고종의 시대인 1907년 7월 20일까지와 순종의 시대로 나누어서 보기로 한다.

1
일진회와 의병 운동:
고종 황제의 시대

이토 히로부미 통감의 문화 정책

1905년 11월 17일에 체결한 제2차 한일 협약에 의해 일본은 대한제국의 외교권을 접수하고 수도 한성에 통감부를 설치하였다. 통감에는 이토 히로부미가 취임하였다. 일본에 의한 대한제국의 보호국화이다. 외교권의 접수 전에 일본은 제1차 한일 협약(1904년 8월)에 의해서 궁내부 고문, 군부 고문 등에 일본인을 임명하고 이른바 고문 정치를 시작하고 있었다.

이토 히로부미는 통감 취임 후인 1906년 3월 13일 천만 원의 기업 자금을 일본에서 한국에 대여하고 보통 교육 진흥, 도로 개수, 수도 신설, 식산흥업, 위생 시설의 충실 등을 추진하였다. 일본의 대한 정책의 혜택을 받는 한국인을 확대하는 것이 목적이었다.

한국 통감부 청사.

다른 한편 이토 통감은 궁중과 부중의 구별을 내걸고, 황제권의 축소와 제한, 황제를 비롯하여 궁중이 행정과 사법에 관여하는 것을 제한하고자 했다. 친일 단체인 일진회와의 제휴를 싫어하는 총리대신 박제순이 이토에게 사의를 전하자 이토는 궁중에 대항하는 것이 가능한 용기 있는 인물을 다음 총리대신으로 지명하고 싶다고 메이지 천황에게 상주하였다. 그것이 학부대신 이완용이었다.

이완용은 내각 구성에 앞서 일진회 회장 송병준의 입각을 이토에게 요구하였다. 일진회와 정부의 제휴는 이토도 구상하고 있었지만 시기상조라고 생각했다. 그러나 이미 송병준이 농상공부대신에 임명될 것이라는 소문이 있었던 일도 있어서 송병준과 일진회의 체면을 위해 입각을 인정하였다. 1907년 5월 22일 이완용 내각이 발족하였다.

일진회의 결성: 독립협회 계보

친일 단체 일진회는 일본에 의한 한국 병합에 즈음하여 일종의 협력 역할을 한 정치 결사이다.

일진회는 1904년 8월 18일에 〈유신회〉라는 이름으로, 20일에는 일진회로 개칭하여 발족하였다. 발족의 계기는 1903년 겨울 윤시병을 비롯한 구 독립협회계 사람들이 러일전쟁이 임박한 가운데 대한제국 정부의 무능을 감지하고 일본의 원조에 근거하여 국가를 다시 바로 세우고자 한 것이다. 다음 해 1904년 송병준을 중심으로 단체가 조직되었다.

송병준은 기지와 재주가 뛰어났고, 명문가 출신은 아니지만 민영환의 식객이었다. 1871년 과거 무과에 합격하고 갑신정변 후에는 김옥균 암살의 밀명을 받고 도일하였지만 오히려 김옥균과 동지가 되었다. 귀국 후 김옥균과 공모하였다가 투옥되었지만 민영환의 주선으로 출옥하였고, 지방 관리에 임명되었으나 조정과 맞지 않아 일본으로 건너갔다. 일본에서는 〈노다 헤이지로〉라는 이름을

송병준(1858~1925).

얻었던 송병준은 일본에 협력하는 일이 한국을 구하는 길
이라고 믿게 되었다.

　송병준은 1904년에 일본군을 따라 대한제국에 들어와
육군 사령부의 통역이 되었다. 직후에 윤시병과 만났던
일을 계기로 구 독립협회 회원들이 모였고 일진회의 발족
으로 이어졌다. 송병준 등은 ① 대한 황실의 안녕, ② 정
부 개선, ③ 인민의 생명과 재산의 보호, ④ 군정과 재정
의 정리를 내건 강령을 작성하였다.

　일진회 회원에게는 대한제국의 정부와 지배층에 대한
불신감이 있었다. 그들 한국인의 불만은 〈개항〉 이래 임
오군란, 갑신정변, 동학농민운동, 갑오개혁, 의병 운동, 그

리고 독립협회 등으로 드러났지만 정부는 이와 같은 일련의 움직임을 억눌러 왔다. 특히 독립협회 해산 후 대한제국은 황제 전제가 되어 지식인과 민중을 압박하고 있었다. 일진회는 민권을 신장하고 국력을 유지하는 정부가 필요하다고 생각하고, 이를 위해 일본의 원조를 기대하고 있었다.

러일전쟁 중에 송병준은 일본군의 통역뿐만 아니라 일본군이 구하고 있었던 인부와 군수품 징수의 역할을 일진회가 담당하도록 했다. 병력 수송, 물자 운반, 적의 동향 정찰, 식량 공급 등에 종사하고 일본군을 도왔다. 특히 한성과 신의주를 연결하는 경의 철도 건설 공사에서는 동원되었던 다수의 한국인이 공사에 반발하였으나 일진회는 적극적으로 협력하였다.

동학교도에 의한 진보회의 합류

다른 한편 1904년 9월 무렵부터 동학을 모체로 한 〈진보회〉가 발족하였다. 진보회는 제3대 동학교주 손병희가 이용구에게 지시하여 그의 주도로 만든, 문명 개화를 표방한 동학교도 조직이었다.

진보회는 창립 이전부터 일본과 깊은 관계가 있었다. 〈이상헌〉으로 개명하였던 손병희는 일본에 체재하면서 러일전쟁 개전 전야에 일본을 전승국으로 상정하고, 일본 육군 참모본부의 다무라 이요조에게 운동비를 지급하였다. 일본군의 대한제국 상륙 때에도 동행하였고 대한제국의 정치를 개혁하는 계획을 세웠다. 다무라의 사후에도 일본 육군성에 군자금 1만 원을 원조하고 접근하였다. 또 동학이 반일이 아니라는 것을 보여 주기 위해 진보회는 각지에서 일제히 단발을 행하고 단발을 〈회원 증표〉로 하였다.

진보회의 목적 및 규칙은 ① 독립 보존, ② 정치 개혁의 건의, ③ 인민의 생명과 재산의 보전, ④ 재정 정리, ⑤ 동맹국에 대한 군사적 보조, ⑥ 단발이었다. 이와 같은 생각은 일진회의 목적과도 통했다. 송병준과 이용구의 간절한 뜻으로 1904년 12월 2일 진보회와 일진회는 합병하고 새로 일진회로 발족하였다. 새로운 일진회는 구 독립협회 계 사람들과 지방의 동학교도가 합류하여 성립하였다. 일진회는 일본과 친하게 지내는 것이 대한제국 독립과 자주에 도움이 된다고 생각하고, 동양 평화를 위해 일본의 문명화론을 수용했다.

일진회의 활동

진보회와 합병 후 일진회는 회장에 이용구, 부회장에

이용구(1868~1912).

윤시병, 지방총장에 송병준을 두고 모치즈키 류타로 등 몇 명의 일본인 고문을 두었다.

1905년 초반까지 일진회는 거의 전국에 지방 조직을 설립하였다. 특히 황해도, 평안남북도, 함경남도 등 한반도 북부에서 참가자가 많았다. 당초 한성의 일부 지식인들의 정치 결사였던 일진회는 동학이라는 종교적 결사가 참가하여 전국적으로 확대되었다. 회원수는 약 10만 명으로 전 관리, 유학자, 지방 사족, 농민, 상인 등 폭넓은 계층으로 구성되어 다른 정치 결사와 비교하여 규모가 컸다.

일진회는 조세 저항 운동을 통하여 지방 조직을 강고히

하였다. 갑오개혁과 대한제국의 토지 조사 사업을 거쳐 변질된 조세 제도에 대하여 일진회는 소작료의 감액 등을 요구하여 폭넓은 지지를 획득하였다. 지방의 민중은 일진회를 지지하고 〈자신의 머리칼을 잘라 달라〉고 말하는 농민도 있었다고 한다. 단발이 문명 개화의 증거일 뿐만 아니라 정치 경제적인 이해와도 관계되어 있는 것처럼 되었다.

다른 한편 1905년 5월에는 민중 계몽 수단으로 한성 시내에 광무학교를 설립하였다. 교장에는 회장 이용구가 취임하였다. 광무학교는 3년제의 보통 학교로 수업 과목에 일본어도 포함하고 있었다. 1905년 11월 제2차 한일 협약 체결에 의해서 대한제국이 보호국이 되자 일진회는 제2차 한일 협약에 찬성하는 선언서를 내고 정치적 입장을 보다 명확히 하였다. 선언서는 일본이 대한제국에 외교권의 위임을 요구하는 것은 시세에 응한 것으로 지금 여기에 반대해도 막을 수가 없으며, 반대한다면 자멸하는 외에 없다고 하였다. 그러나 아무래도 노골적인 일본 지지 때문에 민중이 반발했고, 나라의 독립 유지와 민족의식의 향상을 호소하고 있었던 『황성신문』(1898년에 창간)은 연일 일진회를 국토를 팔고 국민을 함정에 빠뜨리는 악마와 같다고 비난하였다.

애국계몽운동: 대한 자강회

일진회 이외에도 대한제국의 현상을 우려하는 단체가 조직되고 있었다. 그 가운데 대한 자강회는 당시 대한제국의 지식인을 평가할 때 중요한 존재이다.

1906년 4월 4일 대한 자강회는 발기인 20여 명에 의해서 설립되었다. 목적은 〈교육의 확장과 산업의 발달을 연구·실시하여 자국의 부강을 계획하고 장래 독립의 기초를 만드는 일〉이라고 하여 교육과 산업을 통한 국가의 자강과 미래의 독립을 내걸고 있었다.

대한 자강회의 전신은 1905년 5월 일반 국민의 정치적인 의식과 민족의 독립 정신을 불러 일으키고자 한다는 헌정 연구회이다. 그러나 반년 뒤 제2차 한일 협약이 체결되어 〈민족의 독립 정신을 고취한다〉는 일이 어렵게 되어 대한 자강회로 개칭하고 〈국권 회복, 교육, 식산〉의 3대 강목을 내걸었다. 대한 자강회 회장은 윤치호였고, 평의원과 간사원이 각기 10명, 일본인 고문으로 신문 기자였던 오가키 다케오가 있었다.

1905년경부터 대한제국이 병합되는 1910년에 걸쳐서 주로 근대 사상을 수용한 지식인들은 교육과 산업의 진흥을 통하여 민력을 양성하고 국가의 자강과 독립을 이루고자 하였다. 그것은 애국계몽운동이라고 불린다. 같은 지식인들이 조직하였던 독립협회는 청국으로부터의 독립과 근대 독립 국가 형성을 내걸었지만 대한 자강회는 통감부의 통치를 전제로 〈국권 회복〉을 주장하고 있었다.

애국계몽운동은 보호국화의 원인을 한국 정치와 사회의 구습에 있다고 보고 있었다. 그 때문에 이를 주도하는 근대적 엘리트 지식인들은 사회 진화론, 천부 인권론, 사회 계약론에 강한 관심을 보이고 근대 문명을 평가하며, 〈문명화의 사명〉을 받아들인 존재로서 일본을 부정하지 않았다. 그 때문에 현재의 한국에서는 이와 같은 운동에 〈애국〉이란 표현을 사용하지 않는 경우도 있다.

대한 자강회도 통감부의 통치에 일정한 기대를 하고 대한제국의 국력이 양성된다면 일본이 떠나고 독립을 지킬 수 있을 것이라고 생각하였다. 다만 후술하는 의병 운동에 대한 일본의 만행이 전해지자 회원의 일부는 〈항일 운동〉을 전개하였다. 고종에 대한 황제 양위 강요에 대해서는 대한 자강회 회원은 반대하고 총리대신 이완용의 저택에 방화하였다. 통감부가 반일 운동을 단속하기 시작하자 1907년 8월 겨우 1년 만에 해산하였다.

조직화된 의병 운동

대한제국기부터 식민지 시기까지 한국인의 반일 활동

을 상징적으로 보여 주는 것이 의병이다. 의병이란 나라가 위급할 때 민중이 정부의 명령과 징발을 기다리지 않고 의를 근거로 자발적으로 조직하는 민군이다. 의병은 대한제국기에만 일어난 것은 아니다. 16세기 말에 임진왜란과, 대원군 정권기 양요 시기에도 나타났다.

고종 친정 이후 무엇보다도 격렬했던 의병은 1895년 말부터 1896년에 갑오개혁에서 행한 복제 개혁과 단발령, 그리고 같은 시기에 일어났던 명성황후 시해 사건에 항의했던 봉기였다. 의병 활동, 이른바 의병 운동은 모병부터 군수 조달을 포함한 작전 계획, 항전에 이르기까지 지도자인 〈의병장〉을 정점으로 부대 단위로 조직되어 있었다. 지도자의 중심은 전 관리와 유생으로 보호국기에는 의병장이 수백 명이 있었다. 의병 운동은 지방에서 유학을 강의하는 학교인 향교, 지방 지배층으로 구성된 향회를 통하여 조직되었다. 중심 병사는 농민이었다.

이 시기에 의병 운동을 견인하고 큰 역할을 한 사람이 유인석이다. 유인석은 소중화사상과 위정척사론을 가진 사람이었다. 명조 중화를 조선이 계속 이어받는다고 하는 소중화사상에서는 이적은 청국이라고 지칭되었지만, 위정척사론이 외쳐진 근대 이후에는 일본과 구미 열강이었다. 이적은 중화를 공격하고 파괴하려고 하는 존재라고 이해되었다.

유인석은 일본과 서양 열강이 한국을 침략하고 정치 제도와 복제의 문화를 서양화시켜 지금까지 중화 세계의 문명에 심대한 타격을 주었다고 생각하였다. 그는 일본이 지도하는 근대화 정책을 추종하는 개화파를 증오하였다.

의병의 대표적인 인물로서 이외에 최익현도 알려져 있다. 1906년 최익현이 기록한 일본 비판에는 인간과 국가의 보편 원리로서의 충애와 신의를 제시하면서 제국주의 열강도 그것을 가져야만 한다고 하고, 일본은 신의를 포기하였다고 비판하였다. 최익현은 국제법의 사고도 이해하고 있었다. 누구도 준수하지 않는 국제법=신의를, 약자인 대한제국이 준수하는 도덕적 우위성을 가지고 열강에 대항하고자 생각하고 있었다.

보호국기의 의병들

보호국기 의병장의 신분으로 무엇보다도 많았던 것은 유생과 양반으로 약 25퍼센트, 다음에 농민이 19퍼센트, 군인이 14퍼센트로 이어지고 있다. 신창우의 연구에 의하면 갑오개혁기 의병이 유생 중심으로 국민적 항쟁으로 발전되지 못한 데 대한 반성으로, 이 시기의 의병 운동은 여러 계층이 참가하고 있었다. 그 때문에 병사들의 직업

별 구성은 농업이 69.8퍼센트, 상업 13.6퍼센트, 무직 4.4퍼센트, 공업 3.1퍼센트 등 다양하였다.

여러 구성원들은 특징이 있었다. 농민과 상인이었던 평민층은 유교적 신념으로 무장한 유생 지도자를 원했다. 그들은 전통적 가치 체계에 공명하고 다양한 근대적 가치를 유교적 사고로 해석하고 있었다. 빈민층은 의병 운동에서 반일 활동의 주체라기보다 주위의 자산가로부터 재물을 약탈하여 나누고 이와 같은 활동을 적극적으로 선동하고 있었다. 군인은 그 신분적 특성상 대한제국이라는 국가에 대한 충성심이 강했다.

유생 의병장은 중화의 가치 회복을 바라면서도 근대적 세계 질서에 대해서 결코 무지하지 않았다. 그들의 이념은 구본신참의 이념으로 전제 국가를 만들고자 했던 고종의 사고와 겹치는 부분이 있다.

상비군이 부족했던 대한제국에서 국권을 회복하기 위해서는 의병과의 제휴가 필요하였다. 의병장 가운데는 고종의 밀지와 특별한 명령·권고를 받아 근왕 세력과 통하던 자도 있었다. 고종은 일본에 항쟁하는 수단으로 의병도 주목하고 있었다.

이완용 내각의 발족: 1907년 5월

이완용은 통감부 설치와 함께 대한제국에 부임하였던 외교관 고마쓰 미도리가 〈우리가 무엇보다도 추천하며 따르고 있는 위인의 한 사람〉이라고 말할 정도로 시세를 읽고 대세 행방을 관찰하는 능력이 뛰어났다고 한다. 제6장에서 서술한 것처럼 이완용은 일본에 의한 보호국화를 수용하고자 했다.

다른 한편, 이토 히로부미 통감은 이완용을 중심으로 한 대한제국 정부뿐만 아니라 일진회의 이용도 생각하고 있었다. 일진회 발족 당초인 1905년에는 일진회 회원 중 정부 관리로 등용된 자는 1명이었지만, 1906년에는 5명, 1907년에는 20명에 달하고 있었다. 이토의 후원을 받았던 일진회는 많은 회원이 관리에 임명되어 이완용 내각기에 전성기를 맞이하였다.

이완용 내각이 발족하자 〈의정부 관제〉를 폐지하고 〈내각 관제〉(1907년 6월)를 제정하였다. 이로부터 내각 수반인 총리대신의 권한이 확대되었다. 또 각 대신의 권한도 강해지고 고종의 권한은 제한되었다.

앞에서 서술한 것처럼 헤이그 밀사 사건이 일어나자 대한제국의 내정도 일본이 장악하려고 하는 움직임이 나타났다. 동시에 통감부와 협력 관계에 있는 이완용 내각을

이완용(1858~1926).

바탕으로 이완용과 송병준이 헤이그 밀사 사건을 일으킨 고종을 비난하고 양위를 재촉하는 것도 자연스러운 흐름이 되었다.

고종의 황제 양위는 어디까지나 대한제국 정부가 자주적으로 행하는 것이지 일본의 의향에 의한 것은 아니라는 이토의 구상을 따르는 것이 가능하였던 것이다.

2
남북 순행과 이토 히로부미의 의도: 순종 황제의 시대

일본인 고문의 증가

1907년 7월에 고종이 양위하고 내정 장악을 목적으로 제3차 한일 협약이 체결되자 일본의 지배는 한층 강화되어 갔다.

우선 7월 31일에 군대 해산 조칙이 내려졌다. 이토는 민심이 동요하고 폭도화하는 사태를 두려워하여 폭동 진압에 무력을 사용할 것을 하세가와 요시미치 한국주차군 사령관에게 명령하였다. 『경성부사』에 의하면 9월 3일까지 대한제국의 군대 중 지방 진위대 전부(2,250명)를 해산시키고 있다.

또 많은 일본인 고문이 대한제국 정부 내에 임용되었다. 나가시마 히로키에 의하면 1908년 말까지 일본인 관리는 총 약 2천 명으로, 재무를 담당하는 탁지부에서는

1,685명 가운데 절반인 825명이 일본인이었다. 그 외에 법부와 농상공부에서 일본인 관리의 비율이 높고 한편으로 황실 관계 의전을 관장하는 궁내부와 한국인 자제의 교육을 담당한 학부는 일본인 관리의 비율이 낮았다.

한편 고종의 아들이자 순종의 동생 이은은 1907년 8월 7일에 만 10살로 황제자에 책봉되었지만, 11월 이토 통감의 진언에 의해 순종 황제로부터 도쿄 〈유학〉을 명령받았다.

이은은 일본 학습원 중등과, 육군사관학교, 육군대학교 등을 거치고, 후에 일본의 황족인 나시모토노미야 마사코와 결혼한다. 한국 병합 후 이은은 조선왕공족의 왕족으로 일본에서 준황족 대접을 받게 되었다.

이토 히로부미의 자치 육성 정책

이토 히로부미 통감은 대한제국의 치외 법권의 폐기를 비롯한 사법 개혁, 법전 편찬, 지방 행정 개혁, 재정 통일 (지세와 해관세 수입의 통일), 철도·우편·전신 사업의 일본 체신성으로의 이관, 교육의 보급 등을 내걸고 보호 정치를 본격화하여 갔다.

1907년 말부터는 일본을 모델로 대한제국의 사법 제도 개혁에 착수하였다. 12월에 법전 조사국을 신설하고 법학박사 우메 겐지로를 초빙하여 법규를 개정했으며, 새로 법률을 발포하고 대심원, 공소원, 지방 재판소 등을 설치하였다. 이토는 특히 사법 제도 개혁에 주력하고 있었다. 이토 통감 퇴임 후가 되지만 1909년 7월에는 소네 아라스케 통감과 총리대신 이완용 사이에 대한제국의 사법권을 일본에 위탁하는 각서가 체결되었다.

학교 교육에 대해서는 1908년 8월에 〈사립학교령〉이 공포되었다. 배경에는 애국계몽운동이 있었다. 대한제국 내에는 5천 개가 넘는 크고 작은 민족계·종교계의 사립학교가 있었지만 적어도 400개 이상에서 일본어 수업이 행해지고 있었다. 많은 한국인은 일본식의 학교 교육에 의심을 품고 보통 학교에 자제를 보내는 일을 주저하였다. 그 때문에 통감부는 기존의 사립 학교에도 서류 제출을 의무화하면서 교육 내용을 통제하고, 다른 한편 유학에 의한 교육 조직을 유지하여, 유생들에 의한 향교와 서당을 그대로 두었다.

일진회는 광무학교 졸업 수준의 진학 코스로 〈한성중학교〉를 설립하였다. 또 평양, 해주, 함흥, 의주에 100명이 넘는 규모의 학교를 설립하고 다른 지방에도 도시 규모에 맞춰 학교를 설립하였다.

보호국기에는 전국적으로 획일적인 교육은 보급되지

않았다. 유생과 일반 한국인, 또 일진회 등 일본의 통치에 기대하는 도시 사람들은 각자의 생각에 따라 자제의 교육 기관을 선택하였기 때문이다.

1908년 이토 히로부미는 가쓰라 다로 수상과 제휴하여 동양 척식 회사를 설립하였다. 동양 척식 회사는 한국의 토지 개발을 목적으로 하여 중앙은행과 권업 은행을 세트로 한 것으로 이토가 구상하였다. 이토 유키오에 의하면 이토는 대한제국 정부의 존립을 전제로 출자자와 임원에 한일 양국의 사람을 넣어, 한국인의 자발적인 협력을 끌어들여 한국인의 이익을 증진하고 통치 비용을 낮추고자 하였다고 한다. 그러나 일본 정부안은 대한제국 정부와 한국인까지 시야에 넣지 않았고, 이토도 가쓰라와의 제휴를 중시하여 반대하지 않았다.

또 이토는 제3차 한일 협약 체결 직후부터 대한제국의 중앙은행 창설을 생각하고 있었다. 여기에 대해서 〈통치상에 지장을 줄 우려가 있다〉라고 반대한 가쓰라 수상이 포기하는 형태로 이토가 추진하는 설립안에 찬동하였다.

1909년 10월 29일 대한제국의 중앙은행으로 한국은행이 설립되었다. 여기에 앞서 7월 2일 이토는 통감 사임의 인사를 위해 방한하였을 때 자필로 〈정초〉라고 새긴 동판을 부착하였다. 이후 조선은행으로 개칭된 이 건물은 일본은행 본점과 도쿄역의 마루노우치역 건물과 마찬가지로 다쓰노 긴고가 설계하였고 1912년 1월에 완성되었다. 현재도 서울의 명동 가까운 곳에 한국은행 화폐박물관으로 남아 있다.

통감부에 의한 이와 같은 대한제국에 대한 시책이 큰 문제없이 추진되었기 때문에 일진회와의 제휴는 의미가 약해졌다. 또한 처음에는 일진회와 제휴를 추진하여 송병준의 입각도 실현시킨 이완용이었지만 명문 양반 출신의 이완용이 지향하는 양반 주도의 정치와 출신이 낮아 오래된 양반 질서의 해체를 목적으로 한 송병준과의 밀월은 긴 시간 이어질 수 없었다. 1908년 6월에 일진회 회원인 지방 관리(관찰사)의 많은 수가 경질되고 있었다.

순종의 순행

이토 히로부미 통감은 한국인의 민심을 회유하고 한국 통치의 정당화를 목적으로 대한제국 황실을 이용하고자 하였다. 1907년 8월 27일에 황제에 즉위한 순종은 10월 3일 종묘에 처음으로 행차하였다. 군복을 착용하고 마차를 탄 순종에게 각 학교 학도들이 국기와 교기를 가지고 경례하고 민중은 국기를 게양하여 경의를 표하였다. 이 행차는 황제가 단발 군복에 마차에 승차한 모습으로 민중의 앞에 나타난 최초의 사례였다.

11월 13일에는 황제와 황후, 그리고 황태자가 덕수궁 (경운궁으로 개칭)에서 창덕궁으로 행행하였는데 이때 처음으로 황제와 황후가 같이 마차에 탔다. 마차에는 발이 쳐져 있지 않아 군복을 입은 황제와 옆에 앉은 황후의 모습을 엿보는 일이 가능하였다. 순종의 행행은 고종 시대와 비교할 수 없을 정도로 여러 차례 행해지게 되었다.

1909년 1월 이토 통감은 순종 황제의 남북 순행을 단행하였다. 조선 왕조 성립 이래 처음 있는 일이었다. 순행은 한국 병합을 시기상조라고 생각했던 이토가 한국인으로 하여금 일본 통치를 신뢰하게 하고 통감부가 추진하는 자치 육성 정책에 협력하게 하기 위해 실행하였다. 또 한국 병합 여론이 크게 일어나는 것을 누르기 위해 이토가 갑작스럽게 생각해 낸 것이었다고 한다.

1월 2일에 이토가 총리대신 이완용을 초청하여 메이지 천황이 일본 각지를 순행하던 예를 들면서 순종의 순행을 제안하고 자신이 배종하겠다고 말하였다. 남북 순행은 한반도에서는 여행에 적합하지 않은 매우 추운 1월, 2월에 이루어졌지만 결정과 실행에 일주일간의 여유밖에 없었다. 그 때문에 고마쓰 미도리의 회고에 의하면 통감의 수행원 중에는 〈마침 정월 3일이 휴가여서 기녀를 품고 사

순종의 남북 순행. 1909년 1~2월에 대한제국 각지를 돌았다.
이토 히로부미(앞줄 오른쪽)가 순종(앞줄 중앙)을 수행했다.

자가 찾을 수 없는 방면으로 숨어 있었기 때문에 수행에
서 빠진 자가 2명 정도 있었다)고 말하는 상태였다.

　순종의 남북 순행은 1월 7일부터 13일에 우선 대구, 부
산, 마산 등으로의 남 순행이 이루어졌다. 많은 민중이 단
발한 순종의 모습을 보았고, 또 순종의 칙유와 이토 통감
의 훈계에 따라 단발하는 자도 많았다고 한다. 이 남 순행
에서 순종뿐만 아니라 한국 민중이 일본을 신뢰하고 있다
고 느낀 이토는 만족하였다. 다만 실제로는 순행에 대한
민중의 심리는 복잡하였다. 이완용이 내각 경질을 회피하
기 위해서 실행했다고 하는 풍설과 순종을 일본에 끌고

가기 위한 것이었다는 유언비어도 있었다.

1월 27일부터 2월 3일은 평양, 신의주, 의주, 개성 등으로의 북 순행을 행하였다. 이 북 순행에서는 한성에서 평양, 의주에 갈 때 태극기와 일장기를 교차하여 게양하라고 지방관에 대한 훈령이 있었다. 그렇지만 일부의 사립학교에서는 일장기의 게양을 거부하고 태극기만을 내걸었다.

평양을 비롯한 황해도는 대한제국 초기부터 기독교 계통의 학교와 교회에서 충군애국의 정신을 키워 왔기 때문에 이 시점에서는 통감부의 통치에 대치하고자 하였다. 순종의 남북 순행은 일본 손에 의한 〈문명화〉된 황제의 모습을 사람들에게 보여 주는 일이었다. 그 때문에 〈충군애국〉의 입장에서는 통감부의 통치를 부정하지 못하고 〈충군〉과 〈애국〉이 분리되는 계기도 되었다.

북 순행에서 이와 같은 민중의 항일 운동을 눈으로 본 이토는 통감 사임을 생각하게 된다.

의병 운동의 확산과 탄압

고종이 퇴위하고 순종이 황제에 즉위하면서 일본의 통제가 강해지는 가운데 의병 운동은 확대되고 있었다.

제3차 한일 협약 체결 후인 1907년 7월 군대 해산의 조칙이 나오자 한성의 시위대를 비롯하여 9월 초까지 각 지역에서 수천 명의 병사가 활동하면서 일본군과 전투를 거듭하였고, 12월 초 경기도 북부 양주에 1만 명 정도의 의병 부대가 집결하였다. 그들은 13도 창의군이라고 불렸고, 1908년 초에는 한성에 침공하여 통감부를 격파하는 작전을 실행하였다. 그렇지만 일본군의 반격으로 실패하고 해산한 뒤 각지로 흩어져 활동을 계속하였다.

다른 한편 한반도 북부의 관북 지방(함경남북도)의 의병은 1907년 후반부터 1908년 말까지 계속하였다. 특히 1907년 11월에 봉기한 산포수 의병은 1908년 9월까지 함경남북도 거의 전역에서 활동하고 일본군과 전투를 전개하였다.

산포수란 수렵을 생업으로 하는 사람을 말한다. 이 지역에 특히 많았다. 1907년 9월에 통감부의 〈총포 및 화약류 단속법〉에 근거한 무기류 압수에 그들은 반발하였고, 총기를 압수당하자 의병으로 변신하였다.

그들에 대해서는 일진회 회원이 대항하였다. 일진회 회원이었던 함경남도 연풍면의 면장은 주민들에게 단발을 강요하고 시장세·축전 비용 등을 강제로 징수했으며, 총기 회수의 역할을 맡았다. 그 결과 산포수 의병은 일본군뿐만 아니라 일진회 회원과도 싸웠다. 한반도 남서부의

의병들의 모습, 1907년.

전라남도 나주에서는 일진회가 촌락 정찰의 첩보를 위해 자위단 조직을 주도하고 반발한 의병이 자위단장을 총살하는 사건도 일어났다.

관북 지방의 의병 운동에는 다수의 유생이 찬동하였기 때문에 같은 유생이 많았던 대한협회의 경성(鏡城)지부와 협력 관계를 맺었다. 대한협회는 애국계몽운동을 담당한 단체로서 국가의 부강을 위해 교육과 산업의 육성을 목표로 하고 일본에 의한 문명화의 사명을 일정 정도 받아들이고 있었기 때문에 항일 의병 운동에는 비판적이었다. 대한협회는 의병을 오히려 국가의 자강 독립을 방해하는 운동이라고 해석하고 있었다.

그러나 관북 지방의 대한협회 경성지부에서는 의병들과 통하는 주민들도 항일 민족 의식을 가지고 지역 전체

에서 항일 노선을 표방하였다. 대한협회 경성지부의 간부
는 의병 운동을 지지하여 군자금과 군량미 등을 모으고
탄약 구입 등을 담당하였다. 같은 단체지만 지역에 따라
서 그 실체가 다른 사례이다.

한반도 남부에서도 의병 활동이 일어났다. 구 시위대와
구 진위대의 병사들이 참가한 의병에 의해 일본인의 사업
이 크게 타격을 받았다. 전라도에서는 1909년에 일본군
한국 임시 파견대인 보병 2개 연대가 배치되어 일본의 위
신 회복과 일본인 사업의 발흥·촉진을 위해 2개월에 걸
쳐 의병에 대한 〈남한 대토벌 작전〉이 수행되었다. 그 결
과 404명이 살해되고 1,489명이 체포되었으며, 1,519명
이 자수했다. 한국인의 기록(『매천야록』)에서는 이때 죽
은 자가 수천 명이라고 한다.

다양한 저항과 한계

대한제국 국내에서는 일본에 의한 보호국화와 통제가
서서히 강해지고 있었지만 지식인에서 민중까지 한국인
들 사이에서는 여러 가지 이해와 그것에 근거한 행동들이
있었다. 대한제국의 국가적 존립이 위험해지는 한편 한국
인들의 이념과 활동은 일진회, 다양한 애국계몽운동, 그
리고 의병 등 다방면으로 진행되었고 하나가 되어 황제를

지지하는 일이 어렵게 되었다.

황제, 정부, 일진회, 애국계몽운동, 의병 등, 대한제국 내에서는 국가 형성에 대해서 여러 가지 논의가 있었으며 각각이 그리는 국가관에는 차이가 있었다. 일본의 식민 지배에 의해서 이와 같은 차이에 대한 의논이 보류되었고 1945년 8월까지 넘어가게 되었다.

해방 후 한국인은 주체적인 건국을 목표로 하였지만, 내부에서 지향하는 국가의 방향성을 정하지 못하고 미국 과 소련 등 외국 세력의 강한 영향을 받게 되었다.

3
한국 병합 조약 체결: 황제에서 〈이왕〉으로

이토 히로부미 통감의 사직

1905년 12월 21일 통감에 임명된 이토 히로부미는 1908년 말부터 통감 사임을 시사하고 있었다.

순종의 남북 순행에 동행했던 이토는 일장기 게양 거부, 이토 암살 계획의 소문, 민중의 저항을 눈으로 보았다. 이토의 입장에서 보면 문명화 사명을 가지고 한국 민중을 위해 열심히 하였던 통감부의 통치가 그들에게 받아들여지지 않았다는 것을 알게 되었다.

남북 순행을 끝낸 이토는 1909년 2월 10일에 한성을 출발하여 17일 일본 오이소에 있는 자택에 돌아왔고, 3월 경에는 통감 사임의 의향을 굳혔다. 4월 10일 가쓰라 다로 수상과 고무라 주타로 외상은, 휴양했던 도고 온천에서 귀경한 이토를 방문하여 한국 병합안을 제시하였다.

이때 이토가 동의하였다. 가쓰라 수상과 고무라 외상은 이토가 한국 병합에 반론을 제기할 것이라고 예상하고 있었기 때문에 이토가 동의했던 일을 의외라고 느낄 정도였다.

이토는 자신이 목표로 한 통감부에 의한 대한제국의 보호국화는 한국인을 위한 정책으로 한국인에게 감사를 받을 것이라고 생각하고 있었다. 그러나 수습되지 않는 각지의 의병 운동과 민중의 항일 행동에서 병합은 피할 수 없는 것이라고 생각을 바꾼 것으로 보인다. 그와 같은 보호국 통치의 좌절에서 이토는 한국 병합안을 용인하였고, 일본 정부는 그것을 받아서 한국 병합 방침을 결정하고 본격적인 절차를 추진하였다.

5월 25일 이토는 가쓰라 수상을 통하여 천황에게 통감직 사표를 제출하였다. 천황은 한 차례 이것을 각하하였지만, 6월 11일에 이토가 다시 한번 사표를 제출하자 14일 이것을 수용하고 추밀원 원장에 임명했다.

한국 병합 방침의 각의 결정

1909년 6월 14일 이토 히로부미의 후임 통감에 부통감이었던 소네 아라스케가 승격하였다. 이것은 이토의 희망이었다.

7월 6일에 〈한국 병합에 관한 건〉이 일본 각의에서 결정되고 같은 날 재가되었다. 그 결과 일본의 대한제국 병합이 정식으로 정부 방침이 되었다. 그 전문에는 다음과 같은 것이 있었다.

대한제국에서 일본 세력은 지금까지 충분히 충실하였음에도 불구하고 이 나라 관민의 일본에 대한 관계는 아직까지 만족할 수 없기 때문에 일본 제국은 이후 한층 더 대한제국에서 실력을 증진하고 그 뿌리를 깊게 하여 내외에 대해서 명백한 세력을 수립하는 일에 노력할 필요가 있다.

(「對韓政策確定ノ件」, 『日本外交文書』 42-1)

당시 일본 정부의 한국 병합에 대한 생각을 이해하는 게 중요하다. 일본 정부는 통감부의 통치가 불충분하였다는 점, 한국 민중의 일본 통치에 대한 불만을 파악하고 있었다. 그 위에 대한제국의 국력을 증진시키기 위해 병합한다는 것이다. 통감부의 정치 실패에 의해 대한제국에서 물러나는 것이 아니라, 통감 정치의 실패에 근거하여 병합을 실행한다는 것이다. 대한제국 입장, 통치받는 한국인의 입장에서는 도저히 받아들일 수 없는 것이었다. 다만 일본 정부는 이 각의 결정에서 곧바로 병합에 나섰던 것은 아니었다.

이토 히로부미 암살

일본 각의 결정으로부터 3개월 후 이토 히로부미가 암살되었다.

통감을 떠난 이토였지만 만주와 한국의 국경 지대에 있는 간도 영토 문제에 대해서 이전부터 강한 관심을 가지고 해결을 도모하고 있었다. 간도에서는 오래전부터 한국인이 상행위 등으로 왕래하고 거주하고 있었다. 1907년 7월에 일본의 간도 진출이 시작되자 일진회 회원들도 그것에 참가하였다. 일진회는 거듭하여 간도로의 진출을 열망하고 있었다.

청국은 이 땅이 청국의 영토이고 간도에서 한국인 보호는 청국 지방관의 임무라고 항의했다. 그것은 미·독·러시아 등으로부터 지지를 받고 있었다. 1909년 9월에 서양 열강의 간섭을 받지 않고, 일본과 청국 사이에 간도에 관한 협약이 체결되었지만, 러시아는 이와 같은 일본의 움직임을 규제하고자 움직였다. 그 때문에 이토는 러시아와 협의하기 위해 만주의 하얼빈에 갔던 것이다.

10월 26일 아침 9시 러시아 재무상 코콥초프와 열차

내에서 회담을 하고 난 직후, 이토는 하얼빈 역에서 권총에서 발사된 탄환 두 발을 복부에 맞고 15분 후에 사망하였다. 사살한 것은 한국인 독립운동가 안중근이었다.

일진회의 한일 합방 성명서

한국 병합이 일본 정부의 방침이 되었지만 대한제국 내에서는 의병을 비롯한 저항이 강했고 병합의 조짐은 높지 않았다. 이와 같은 상황 가운데 우치다 료헤이 등은 일본 정부와도 연락하면서 친일적인 언론 활동을 하고 있던 일진회에게 병합을 청원하게 하는 방침을 내놓는다. 우치다 료헤이는 아시아주의 단체인 흑룡회의 주간으로 통감부 촉탁이었으며 또 일진회의 고문이기도 하였다. 일진회는 친일적이긴 했지만 일본과 거리에 대해서 내부에서 의견의 차이가 있었으며, 특히 이용구와 송병준의 의견 대립이 있었다.

이용구는 당시 오스트리아·헝가리의 이중제국의 예를 염두에 두고 〈정치적 합방 국가〉(정합방)를 구상하였고, 대한제국 황제를 왕으로서 존속시키고 자율적인 내정을 희망하고 있었다. 일본의 천황과 한국의 왕이라는 다른 군주가 〈합방 국가〉에서 함께 통치를 행하는 것을 의미한다. 이용구의 구상은 책봉 체제에서 중국 황제와 조선 국왕의 관계로 이해하는 것도 가능할 것이다.

한편 송병준은 한국 황제의 통치권을 천황에게 양도하는 것을 생각하고 있었다. 송병준은 한일 합방 자체가 대한제국을 구하는 것이라고 생각하고 있었다. 1909년 1월부터 2월까지 순종의 남북 순행을 수행했던 그는, 한국 민중의 배일(排日) 행동을 접하며 병합을 향해 나아가지 않는 이토 통감의 정책에 불만을 가지고 술에 취하여 행패를 부리는 사건도 일으켰다. 북 순행에서 돌아와 바로 사표를 제출하고 이토의 위로도 받아들이지 않고 도쿄로 갔다. 도쿄에서는 가쓰라 수상을 만나 1억 엔이 있으면 충분히 합병을 실행할 수 있고 자기가 그것을 맡겠다고 말했다고 한다.

결국 우치다 료헤이가 일본 정부안에 의거한 한국 병합에 대해서 이용구를 설득하였다. 이용구가 받아들인 후, 합방 형태를 명기하지 않은 채로 흑룡회계 인사가 〈한일 합방 성명서〉 문안을 만들고 가쓰라 수상의 승낙을 얻어 최종적으로 흑룡회의 다케다 한시가 11월 중순에 합방 성명서를 완성하였다.

1909년 12월 4일 〈일진회 회장 이용구와 일진회 1백만 명〉의 이름으로 〈상소문〉을 순종에게, 〈장서(長書)〉를 내각과 통감부에 제출하고 일진회의 기관 신문 『국민신보』가 호외를 발행했다. 그 내용은 다음 날 기사로 게재되었다. 다음과 같은 것이었다.

우리 황실의 만세 존숭의 기초를 공고히 하고 우리 인민으로 하여금 1등 대우의 복리를 향유시키며 정부와 사회 등을 더욱더 발전시키는 일을 주창하고 일대 정치 기관을 성립시킨다. 이것이 우리가 한국이 보호 열등에 있는 수치를 벗어나고, 동등 정치가 되는 권리를 획득하는 법률상의 〈정합방〉이라고 하는 하나의 문제이다. (『국민신보』1909년 12월 5일)

일본 정부는 망설임 끝에 일진회의 성명서를 수리하였다. 그러나 일진회의 성명서를 이용하여 곧바로 병합으로 움직일 생각은 없었다. 이 지점에서 일본 정부 측의 심정은 잘 알 수가 없다. 일진회의 합방 성명서는 한국 병합의 촉진에 기여하였다는 적극적인 의미는 가지지 못했다.

마쓰이 시게루 통감부 내무 경부국장의 소네 통감에 대한 보고에는 한일 합방 성명서에 대해서 한국 각지에서 일진회를 증오하고 그것에 동반하여 배일 사상은 보였지만, 각지에서 어떤 불온한 상황은 아니고 일반적으로 냉담하게 보고 있다는 것이었다. 순종의 남북 순행에 대해서도 〈중류 이상〉의 계층은 반응이 좋았지만, 그 이하의 한국인에게는 반응이 없었다는 것을 통감부는 인식하고 있었다. 일진회의 합방 성명서에 대해서 그 외 단체와 의병, 유생 집단의 항의가 있었지만 무관심한 한국인이 많았던 것 같다.

여기에서 일진회는 한국인 근대 엘리트층과 일본의 아시아주의자를 연결하는 것이었다. 하지만 그것은 일본 정부와 통감부의 생각과 반드시 일치하고 있던 것은 아니었다. 그 결과 일본 정부는 일진회를 어떻게 다룰 것인지를 고민하게 되었고, 한국 병합 후에는 다른 단체와 마찬가지로 해산시켰다.

한국 병합으로

제2대 통감 소네 아라스케는 1910년 1월에 위암으로 귀국한 뒤 해임되어, 4월 5일에 데라우치 마사타케 육군 대신이 일본 내부의 결정을 전달받아 5월 30일에 통감으로 임명되었다. 6월 3일에는 〈병합 후 한국에 대한 시정 방침 결정의 건〉이 각의에서 결정되어 병합 후 한국에서는 당분간 일본 헌법을 시행하지 않고 천황 대권에 의해서 통치하는 것 등이 결정되었다.

7월 23일 데라우치 통감이 인천으로 입항하고, 25일

순종 황제와 고종 태황제를 알현하였다. 데라우치 통감의
부임에 의해 한국 병합 조약의 조인이 추진되었다. 8월
16일 데라우치 통감은 총리대신 이완용을 초청하여 한국
병합 방침의 각서를 제시하고, 한일 쌍방에 의한 합의의
의사를 명기하는 조약 형식을 제안하였다. 내용은 일본
정부가 대한제국 황실을 영구히 유지하고 민중의 복리를
보호하기 위해 양국이 하나가 되어 한국의 통치 기관을
통일한다. 그것을 위해 대한제국 황제가 시대의 추세에
따라 스스로 나아가 통치권을 천황에게 양여하고 그 지위
를 버린다는 것이었다. 여기에 대해서 이완용은 〈이 기회
에 희망하는 바〉로써 국호에는 〈한국〉을 남기고 황제에
게는 〈왕〉이라는 존칭을 부여할 것을 청원하였다. 그 이
유는 주권이 없는 국가와 왕실로서 단순히 형식에 지나지
않는다는 것은 알고 있지만 〈청국에 예속〉돼 있던 시기에
도 국왕의 칭호는 있었기 때문에 민심을 완화하는 방편이
되고, 이른바 화해하고 절충하는 협동의 정신으로 이어지
는 것이기 때문이라고 말했다.

이완용은 한국이 〈청국에 예속〉되었던 시대, 즉 중화
세계 시대의 일까지 끌어들여 한국 민중의 반발을 방지하
기 위해서도 국호와 왕호의 존칭은 남기고 싶다고 간절하
게 원했다. 이완용은 순종이 스스로 자리를 물러나겠다는

뜻을 흘렸다는 것을 듣자, 수천 년 이래의 사직을 단절하는 큰 사건을 말로 꺼낸 것이 참을 수 없어 눈물을 흘릴 정도였다.

한국 황실의 대우에 대한 중요 안건이었기 때문에, 8월 16일 밤 이완용은 농상공부대신 조중응을 데라우치 통감에게 보내 국호만은 보존하고 순종을 〈창덕궁 이왕 전하〉, 고종을 〈덕수궁 이태왕 전하〉, 황태자를 〈왕세자 전하〉라고 칭하는 희망을 말하고, 황실 및 원로들의 마음을 완화하기 위해서도 반드시 승인되기를 바란다고 재차 간절히 말하였다. 나아가 탁지부대신 고영희를 일본에 파견하여 가쓰라 수상에게도 같은 희망을 간절하게 전했다.

8월 18일 일본 정부로부터 국호와 왕의 호칭에 대해서 재가의 통지를 얻은 데라우치 통감은 〈합의한 조약〉이 되도록 이완용 수상에게 각의에서의 마무리를 재촉하였다. 덧붙여 내각총리대신을 조약 체결의 전권위원으로 임명하는 절차를 정식으로 하는 순종 황제의 칙명안을 이완용 수상에게 제시하였다. 그러나 각의에서는 한국 병합 조약 체결에 대해서 결론을 내지 못했다. 내부대신 박제순과 탁지부대신 고영희는 조약안의 수락은 어쩔 수 없다는 태도였지만, 학부대신 이용직은 반대하고 궁내부대신 민병석과 시종원경 윤덕영은 태도가 애매했기 때문이다.

데라우치 마사타케(1852~1919).

그 때문에 데라우치 통감은 궁내부대신 민병석과 시종
원경 윤덕영을 초청하여, 순종이 전권 위임을 임명하도록
설득하였다. 순종은 대세가 이미 정해져 있는 이상 빨리
실행해야 한다는 뜻을 전달하고 어전 회의를 개최하였다.
순종은 앞서 칙명안과 거의 같은 문장인 〈한국의 통치를
들어서, 이것을 짐이 무엇보다도 신뢰하는 대일본 제국
황제 폐하에게 양여하는 일을 결정하였다〉고 기록한 전
권 위임장에 국새를 날인하였다. 한국 병합 조약 조인 이
전에 조약 체결권자인 순종이 일본과의 병합을 재가했던

것이다.

그 후 통감 관저에서 순종으로부터 전권 위임의 조서를 받았던 총리대신 이완용과 농상공부대신 조중응, 데라우치 통감과 야마가타 이사부로 부통감 사이에 한국 병합 조약이 조인되었다. 1910년 8월 22일에 체결된 한국 병합 조약은 다음과 같은 내용이다.

한국 병합에 관한 조약

일본국 황제 폐하와 한국 황제 폐하는 두 나라 간의 특수하고 친밀한 관계를 고려해 상호의 행복을 증진하며 동양의 평화를 영구히 확보하고자 이 목적을 달성하기 위해 한국을 일본 제국에 병합하는 방법밖에 없다고 확신해 이에 두 나라 사이에 병합 조약을 체결하기로 결정하니 이를 위해 일본국 황제 폐하는 통감 자작 데라우치를, 한국 황제 폐하는 내각총리대신 이완용을 각기 전권위원으로 임명함에 아래의 전권위원은 회동 협의해 다음과 같은 제 조항을 협정한다.

제1조. 한국 황제 폐하는 한국 전부에 관한 일체의 통치권을 완전하고 영구히 일본국 황제 폐하에게 양여한다.

제2조. 일본국 황제 폐하는 앞 조항에 열거한 양여를

수락하고 한국을 완전히 일본 제국에 병합함을 승낙한다.

제3조. 일본국 황제 폐하는 한국 황제 폐하, 태황제 폐하, 황태자 전하, 그 황후, 왕비, 후예로 하여금 각기 지위에 따라 상당한 존칭, 위엄과 명예를 향유하게 하고 이를 유지하기 위한 충분한 세비를 공급할 것을 약속한다.

제4조. 일본국 황제 폐하는 앞의 조항 이외에 한국 황족과 그 후예에 대해 각기 상당한 명예와 대우를 향유하게 하며 이를 유지하는 데 필요한 자금을 공여할 것을 약속한다.

제5조. 일본국 황제 폐하는 훈공이 있는 한국인으로서 특히 표창을 하는 것이 적당하다고 인정되는 자에 대해 영작(榮爵)을 수여하고 또 은금(恩金)을 준다.

제6조. 일본국 정부는 앞의 병합의 결과로서 완전히 한국의 시정을 담임하고 그곳에서 시행하는 법규를 준수하는 한국인의 신체와 재산에 대해 충분한 보호를 하며 또 그들의 복리 증진을 도모한다.

제7조. 일본국 정부는 성의 있고 충실하게 신제도를 존중하는 한국인으로 상당한 자격이 있는 자를 사정이 허락하는 범위에서 한국에서 제국 관리로 등용한다.

제8조. 본 조약은 일본국 황제 폐하와 한국 황제 폐하의 재가를 받은 것으로 공포일부터 이를 시행한다.

위의 증거로서 두 전권위원은 본 조약에 이름을 적고 도장을 찍는다.

메이지43년 8월 22일

통감 자작 데라우치 마사타케

융희4년 8월 22일

내각총리대신 이완용

8월 25일 한국 주재 각국 영사에게 한국 병합 조약안이 통보되었고 29일에 공포되었다. 대한제국과 각국 사이에 체결된 조약이 소멸된 것이다. 이때에 각국이 대한제국에 갖고 있던 법권과 조세권도 무효가 되었지만, 일본 외무성은 각국이 대한제국에서 갖고 있었던 상업상의 이익을 한동안 그대로 유지시켰다. 경제적 이익을 포기하면서까지 각국의 항의를 완화함으로써 정치상의 목적인 병합을 우선 달성하고자 한 것이다.

천황에 의한 순종의 책봉

한국 병합 조약의 조인 과정에서는 앞에서 짧게 언급하였지만 국호와 왕의 존칭 존속에 대한 문제가 있었다. 국호는 〈조선〉으로 곧바로 결정하였지만, 대한제국 황족에 대한 대우 문제가 남아 있었다. 이토 히로부미의 통감 취임과 함께 대한제국에 부임하였던 외무성 관리 고마쓰 미도리의 기록에 의하면 교섭의 밑 준비는 이인직이 담당하였다. 이인직은 순박하고 정직했으며 학문에 재능이 있었고 이완용의 비서직을 맡고 있었다.

이인직이 황실의 대우에 대해서 고마쓰와 비밀리에 논의를 진행하였다. 이때 고마쓰는 한국 병합은 프랑스에 의한 마다가스카르 병합, 미국에 의한 하와이 병합 때와 같이 국왕을 학대하는 것은 아니라고 말했다. 마다가스카르 국왕은 외딴섬에 유배되었으며 하와이 국왕은 시민이 되어버렸지만 순종은 병합 후에도 일본 황족의 대우를 받고, 변함없이 세비를 지급받을 것이라고 전했다고 한다.

보호국기에 하와이에 살고 있었던 한국인들은 국권 회복 운동을 거듭 확대하였고 그들이 중심이 되어 발간한 『신한국보』는 치안을 방해한다고 해서 때때로 통감부에 의해 압수되었다. 이와 같은 상황을 보면, 당시 한국인 엘리트층은 하와이에 대해서 어느 정도 정보를 가지고 있었다고 생각된다. 그 때문에 이완용에 국한되지 않고 대한제국의 향방을 미국의 하와이 병합에 비추어 대한제국 황실의 장래를 근심하는 한국인이 적지 않았던 것이다.

일본은 이와 같은 한국인의 의향을 받아들였다. 한국 병합 조약 제3조에서 존칭과 대우를 약속하였다. 그러나 일본의 황족에 대한제국의 황족을 넣는 일은 불가능하고 대신 〈왕공족〉이라는 신분을 창출하여 그들을 대우하였다. 그리고 순종은 〈이왕〉으로서 천황에 의해 책봉되었다. 신조 미치히코에 의하면 〈이왕〉이라고 한 것은 〈왕〉이라고만 할 경우에 천황과는 별도로 한국의 통치자가 존재하는 것처럼 생각되어 장래 화근이 되는 것을 방지하기 위해서였다.

앞서 일본이 류큐를 통합(류큐 처분)했을 때에는 류큐가 청과 일본에 모두 속했던 것이 문제가 되었다. 그 결과 1872년에 천황이 류큐 국왕을 책봉, 즉 작위를 주었고 그로부터 7년 후에 류큐번을 폐지하여 오키나와현을 설치하였다. 다른 한편 한국 병합에서는 병합한 이후에 천황이 대한제국 황제를 책봉하였다. 이와 같은 차이는 동아시아에서의 중화 세계와 중국의 지위 변화를 잘 보여 주고 있다.

1910년 8월 29일 데라우치 마사타케 통감과 와타나베 치아키 궁내성대신과 가쓰라 수상 사이의 협의를 거쳐서 〈전 한국 황제를 책봉하여 왕으로 삼는 조서〉가 나왔다. 그것은 전 한국 황제를 책봉하여 〈창덕궁 이왕〉으로 칭하고, 이후에는 이를 세습하여 그 종사를 받들게 한다는 내용이었다. 덧붙여 황태자 및 장래의 후사를 왕세자로 하고, 고종인 태황제를 태왕으로서 〈덕수궁 이태왕〉이라고 칭하며 각기 그 처를 왕비, 태왕비, 또는 왕세자비로 하였다. 더불어 일본 황족의 예로 대우하고, 전하라는 경칭을 사용하도록 되었다.

결과적으로 천황에 의해 책봉되어 순종은 창덕궁 이왕 전하, 고종은 덕수궁 이태왕 전하로 칭하는 것이 되었다. 또한 8월 29일 창덕궁 이왕이 된 순종은 다음과 같은 칙유를 냈다.

여기에 한국의 통치권을 종전부터 친하고 신뢰가 넘치던 이웃 나라 대일본 황제 폐하에게 양여하여, 밖으로는 동양 평화를 견고히 하고 안으로는 한반도의 민생을 보존하고자 한다. 대소 신민은 나라의 형세와 시의를 깊이 살펴 번거롭게 소란을 일으키지 말고 각자의 생업에 충실하고 일본 제국의 문명한 새로운 정치에 복종하여 행복을 받아라.

(『순종실록』 융희4년(1910년) 8월 29일)

순종은 한국 병합을 동양의 평화, 민생의 보존을 위한

것이라고 설명하였다. 역사상 오랫동안 조선 국왕은 중국 황제에게 책봉받아 왔다. 그러나 원칙적으로 그 내정과 외교의 간섭 없이 자주가 보장되었다. 조선 왕조 최후의 국왕 고종은 명조 중화를 그리워하며 조선에서 처음으로 황제에 즉위하였다. 그러나 고종 황제는 일본에게 양위를 압박받았고, 새로 즉위한 순종 황제는 마침내 일본 제국의 천황에게 책봉받아 〈이왕〉이 되어 통치권을 양여하였다.

대한제국은 소멸되었고, 중화 세계와는 달리 〈자주〉조차도 부여되지 않는 제국주의 세계에서 일본에 의한 식민 통치가 창조된 것이다.

종장

한국 병합을 둘러싼 논쟁:
역사학과 국제법

서장에서 기록한 것처럼 동아시아, 특히 한국을 둘러싼 역사는 사실뿐만 아니라 사실이 어떻게 인식·해석되고 기억되어 왔는지가 중요해지고 있다. 그 차이가 역사 인식 문제로 분출하였다. 이 장에서는 1990년대부터 약 30년간 연구자들 사이에 한국 병합에 대해 어떻게 대립과 논의가 진행되어 왔는지를 검토하는 것으로 한국 병합을 다시 한번 생각해 보고자 한다.

1990년대 이후라고 한 것은 대략 세 가지 이유에 의한 것이다. 첫 번째로, 한국에서 언론의 자유가 크게 인식되었기 때문이다. 한국은 민주화 운동의 결과 1987년에 민주화되었고, 그 무렵부터 경제 발전한 모습을 세계에 과시하기 시작하였다. 한국에서는 그 이전과 이후로 사회 분위기가 극적으로 바뀌었다. 특히 1990년대 이후 많은 한국인이 식민지 지배에 대한 생각과 마음을 솔직하게 밝히는 것이 가능하게 되었고, 그것이 직접적으로 일본에 전달되었다. 그것과 동반하여 일본인의 한국에 대한 이미지와 관심도 정치가와 군사 독재에서 일반 한국인의 일상생활로 확대되었다. 물론 여기에는 냉전 체제의 붕괴라는 국제 관계의 변화도 영향이 있었다. 한국 현대사 연구자 기미야 다다시는 1990년쯤을 경계로 한일 관계는 〈비대칭에서 대칭〉으로 변화했다고 지적한다.

두 번째로, 식민지 지배의 피해자들이 고령이 되면서 살아 있는 동안에 억울했던 것을 풀고자 하여 대중 매체의 앞에 나타난 일이다. 대중 매체를 통하여 한국 병합에 관한 일반인들의 관심이 높아졌다. 예를 들면 1991년에 위안부였던 김학순 할머니가 스스로의 과거를 공개적으로 증언한 일을 계기로, 위안부는 역사적 사실로서뿐만 아니라 위안부 문제로서 크게 다뤄지게 되었다. 이와 같은 배경에는 한국 사회에서 민주화 운동과 궤를 함께하여 발전해 왔던 여성 운동 단체의 존재가 있다.

세 번째로, 한국 병합에 대한 연구가 심화되고 연구자가 많이 육성된 까닭이다. 한국에서는 한국사 연구자인 이태진이 1988년부터 1992년까지 서울대학교 규장각 도서관리실장(현 규장각 한국학연구원장)에 취임하였다.

규장각은 조선 시대 국왕의 문서와 왕실의 족보를 보관하고 학문을 연구하는 기관이다. 이태진은 규장각에 보존되어 있는 제2차 한일 협약에 비준서가 없는 것과 보호국기에 통감부가 국새를 탈취하고, 순종 이름의 친서를 위조한 것 등의 사료를 다수 발견하였다. 이와 같은 일을 계기로 한국학자가 대한제국과 일본 간의 여러 조약에 대해서 무효론을 국내외에 발표하고, 한국 병합을 둘러싼 논의가 크게 부상하였다.

다른 한편 일본에서도 근대 한일 관계를 연구하는 운노 후쿠주가, 이즈음부터 북한과 일본의 국교 정상화 교섭을 계기로 한국 병합에 관한 저작을 적극적으로 간행하기 시작하였다. 2001년 이후 한국 정부와 일본 정부가 주도하는 한일 역사 공동 연구도 시작되어 한국과 일본 사이에 학술적인 논의가 활발하게 전개되었다.

〈이미 무효〉의 현재

이 책에서 서술한 바와 같이 대한제국과 일본이 한국 병합에 이르는 과정에서 체결한 조약과 협정이 반드시 양국의 원만한 합의에 의한 것은 아니었다.

일본은 강압적으로 일을 추진하였지만 국제 사회로부터 비판을 받지 않도록 정당성을 중시한 외교를 행하였다. 다른 한편 대한제국은 조약 체제에 대한 이해가 늦었고 사료와 기록의 상태도 다르지만, 한국 병합에 찬동하지 않았던 사실은 추출할 수 있다. 하지만 대한제국과 일본의 관계는 정치적·경제적으로 일본이 우위였고, 일본이 대한제국의 의견을 힘으로 누르는 것이 가능하였다.

제2차 세계 대전 후 20년 가까이 지난 1965년 6월 22일 국교를 정상화하는 한일 기본 조약이 체결되었다. 당시 한국과 일본의 상황도 일본이 압도적으로 우위에 있었다. 또한 양국의 배후에는 사회주의와 대치하며 자유주의 진영을 묶고자 하는 미국이 있었다.

이 때 체결되었던 한일 기본 조약의 제2조는 〈구조약의 효력〉에 대해서 다음과 같이 기록하고 있다.

1910년 8월 22일 및 그 이전에 대한제국과 대일본 제국 간에 체결된 모든 조약 및 협정이 이미 무효임을 확인한다.

보호 조약이라고 불리는 제2차 한일 협약을 비롯하여 한국 병합에 이르는 과정에서 양국 간에 체결된 모든 구조약과 협정에 대해서 양국에서 장벽이 있었다. 그러나 그와 같은 것들을 논의하고 청산했어야 하는 국교 정상화를 위한 조약이, 구조약과 협정을 〈이미 무효〉라고 하여 논의를 기피하였던 것이다. 〈이미 무효already null and void〉라는 애매한 표현에 의해서 한국은 〈1910년 한국 병합 조약은 원래부터, 그 이전 1905년 제2차 한일 협약 (을사 보호 조약)도 무효〉, 일본 정부는 〈병합 조약은 한국이 독립선언(1948년)을 했을 때부터 무효〉라고 각각 해석하였다. 이와 같은 해석의 차이가 지금까지도 계속되고 있다. 한국 병합에 대해서 역사 교과서의 서술이 양국에서 다른 것은 어쩔 수가 없다. 또한 이 조약은 식민지 지배에 대한 일본의 사죄와 반성을 기록하고 있지 않다.

식민지 청구권 문제

한편 같은 날 체결되었던 한일 청구권 협정 제2조 〈재산·청구권 문제의 해결〉에는 다음과 같이 기록되어 있다.

양 체약국은 양 체약국 및 그 국민(법인을 포함)의 재산, 권리 및 이익 또 양 체약국 및 그 국민 간의 청구권에 관한 문제가 1951년 9월 8일 샌프란시스코시에서 서명된 일본국과의 평화 조약 제4조 (a)에 규정된 것을 포함하여 완전히 그리고 최종적으로 해결되었다는 것을 확인한다.

〈재산·청구권〉을 한국의 피해자, 채권자가 개별적으로 받는 가능성도 논의하였지만, 당시 박정희 정권은 그것을 개인에게 분배하지 않고 정부가 일괄하여 받고, 경제 발전 등으로 성과가 올라 풍요롭게 된 이후, 개인에게 분배한다고 주장하였다.

　박정희는 군사 쿠데타에 의해서 정권을 획득한 일본 육군사관학교 출신의 군인으로, 권위주의 체제를 펼치고 있었고, 한국이 북한보다 우위에 서는 것을 가장 중요한 과제로 삼고 있었다. 그 때문에 일본의 협력에 의한 경제 발전이 필요하였다.

　〈재산·청구권〉에 대해서 일본에서는 한국의 독립을 축하하는 〈경제 협력금〉이라고 국회에서 설명하였다. 한국 국내에서는 〈대일 청구권〉이라고 하고 일본의 식민지 지배에 기인하는 것으로 설명하였다. 다른 한편, 조약 교섭 과정에서 이케다 하야토 정권은 냉전 체제에 편입되지 않고자 하는 일본 국내 여론을 고려하면서 경제적 이익을 추구하여 경제면에서 한일 협력을 중시하였다. 이것은 박정희 정권의 의도와도 일치하였다.

　기미야 다다시에 의하면 1965년 이후 한일 관계는 일본과 한국의 비대칭적 관계를 전제로 경제적인 결합을 중시한 것이었다. 거듭하지만 당시 한일의 접촉은 정재계에 한정되고 일반인의 교류와 왕래는 제한되어 있었기 때문에 가능했다.

그러나 2018년 10월에 징용공 문제에 관해 한국 대법원은 식민지 지배 불법론에 근거하여 피고인 일본 기업에 대한 위자료 청구권을 인정하였다. 현재 한국은 대한제국 병합을 향한 일련의 여러 조약의 무효를 주장하고 있다. 성립하지 않았던 조약에 의해 일본이 한국을 식민지 지배한 것이기 때문에 〈강점〉(강제 점령)이란 표현을 사용한다. 한편 일본에서는 합법으로 형식적으로는 합의하여 성립한 〈통치〉였다고 하고 있다.

1990년대에 분출한 위안부 문제도 원래 한일 국교 정상화 교섭 시에 해결되었어야 할 문제였다. 그러나 성적으로 민감한 문제로 1965년 당시는 위안부였던 여성이 30대, 40대로 과거를 밝히고 싶지 않았던 마음은 상상하기 어렵지 않다. 또한 권력을 가진 남성의 여성에 대한 태도는 남녀평등이라는 것이 인식되지 않던 시대였고 〈문제〉라고 인식되는 것조차 어려웠다.

일본 정부는 고노 요헤이 내각관방장관에 의한 〈담화(사과와 반성)〉(1993년)와 아시아여성기금의 설치(1995년)를 통하여 진지하게 대응하며 그래도 여전히 복잡한 한일 관계의 개선을 시도하였다.

한일 국교 정상화 50주년인 2015년 12월 28일에 발표한 〈위안부 합의〉라고 불리는 한일 외교 당국자의 합의는 획기적인 정치적 타결이 될 것 같았다. 그러나 그 합의문에 있는 위안부 문제의 〈최종적이고 또한 불가역적인 해결〉은 그로부터 5년 이상이 지났음에도 여전히 엄혹한 상황에 있다. 한국에서는 과거 위안부였던 사람들과 국민의 의견을 반영하지 않은 위안부 합의는 국민으로부터 지지를 얻지 못했기 때문이다. 그 배경에는, 한국 정치에서는 구체제하의 〈부정의〉를 신체제하에서 재단하여 〈정의〉를 이루어 가는 〈이행기 정의〉가 일반적이라는, 일본과는 전혀 다른 상황이 있다.

민주화 이후의 한국에서는 국민의 합의를 얻지 못한 국가 간의 결정은 의미를 갖지 못한다. 그리고 1982년 일본 역사 교과서 검정 문제를 계기로 하여 국사 교육에 대한 관심이 높아지고 교과서에서 근현대사 부분의 분량이 늘어났다. 한국 국민이 가진 역사 인식은 명분론을 중시하여, 〈역사(인식)란 이와 같은 것이어야 된다〉라는 도덕적 가치관 또는 〈올바른 역사 인식〉에서 사실을 보는 경향이 강하다고 말할 수 있다. 한국사는 〈우리 역사〉로 불리는 한국인의 역사이기 때문이다.

한편 일본의 역사 교육은 가르치는 분량이 줄어들면서,

역사에는 다양한 견해가 있고 자국사도 그 역사들 중 하나라는 입장 아래서 가르치려는 경향을 보이고 있다. 역사를 가르치는 양국의 태도에는 확실히 차이가 있다.

아래에서는 연구자 사이에 논쟁이 되고 있는 문제를 같이 보고자 한다. 또 이 장에서는 한국 병합의 합법·불법 논쟁이 무엇보다도 치열했던 2000년 전후의 논의를 중심으로 정리하였다.

한일 의정서: 러일전쟁하의 합의

식민지화로의 최초의 조약으로 위치 지을 수 있는 것이 한일 의정서이다. 러일전쟁 발발 직후 대한제국의 독립, 영토 보전과 황실의 보장 대신에 일본군의 영토 내의 자유 행동과 필요한 토지 수용을 인정했던 것이다.

제5장에서 본 것처럼 러일 개전 직후 1904년 2월 23일에 체결되었지만, 1월 20일까지 일본 정부와 외부대신 이지용 사이에 한일 군사 공수 동맹의 요소를 가지고 있는 한일 밀약으로 정리되었다. 최종적인 단계에서 일본 외무성이 〈한일 의정서〉라고 이름을 붙이고, 고종으로부터의 위임을 기록하지 않은 채 한국 외부대신과 하야시 곤스케 공사의 기명에 의한 〈의정서Protocol〉로 하였다.

역사가 야마베 겐타로는 당시 케임브리지 대학교의 국

제법 교수였던 로렌스의 지적을 근거로 한일 의정서에 의해 대한제국은 실질적으로 일본의 보호국이 되었다고 지적한다. 제1조의 〈충고〉는 국제법상에서는 〈명령〉과 동의어로, 제1조에 의해 대한제국은 일본의 지배하에 들어가고, 제4조에서 대한제국이 일본의 주권하에 예속되었다는 것을 보여 준다고 지적하였다(『日韓倂合小史』)

운노 후쿠주도 〈보호국〉에 대해서 역사학, 국제법, 외교 용어의 세 가지 점에서 보더라도 한일 의정서에 의해서 국제법상 대한제국은 대략 일본의 보호국이 되었다고 보는 일도 가능하다고 말한다(『韓国倂合』). 다만 운노는 동시에 이것은 결과론이라고도 말한다. 〈한일 의정서〉는 러일전쟁 중 한성을 군사적으로 제압한 가운데 대등한 입장에서 자유의사에 기반한 교섭으로 합의했던 것은 아니다. 그 때문에 러일전쟁의 전황에 따라서는 합의의 기초가 흔들릴 가능성도 있었다고 지적한다(『韓国倂合史の研究』, 岩波書店, 2000), (정재정 옮김, 『한국 병합사 연구』, 논형, 2008).

다른 한편 이태진은 〈형식과 절차에서 확인되는 기만, 강제, 범법의 하자〉를 가진 국제법적 문제점을 일관되게 주장한다. 그 가운데 한일 의정서는 강력한 군사력에 의한 압력하에, 또 반대하는 사람은 일본군에 체포된 가운데 체결되었다고 지적한다(「1904~1910년 한국 국권 침탈 조약들의 절차상 불법성」,『한국병합과 현대: 역사적 국제법적 재검토』, 태학사, 2009).

제1차 한일 협약: 재무, 외무 고문의 도입

한일 의정서는 러일의 전쟁 상황에 의해 합의를 확인할 수 없는 가능성이 있었다. 그러나 러일전쟁이 일본의 우세로 진행되었던 1904년 5월 18일 대한제국은 러시아와 맺었던 조약과 러시아 측에 인정하고 있었던 특권 등을 모두 폐기하였다. 이와 같이 러일전쟁의 한가운데인 1904년 8월 22일 일본 정부가 추천하는 재무·외무 고문을 도입하고, 외교에 대해서는 사전에 일본 정부와 협의하는 제1차 한일 협약이 조인되었다.

제1차 한일 협약은 한일 의정서의 〈제○조〉 등과 같은 기록 형식이 없고 각 항목을 열거한 메모 형식이다. 일본문 원본에는 제목은 없고, 영문에는 〈Agreement〉로 되어 있다.

운노 후쿠주는 일본은 〈한일 의정서〉 제6조에서 말하는 〈미비한 세부 조항〉의 〈그때그때 협정〉으로서 제1차 한일 협약을 규정하고, 그 때문에 조약 형식을 취하지 않고 전문과 말문 등도 생략한 정부 간의 행정상의 타결 형식을 선택하였다고 하였다. 하야시 곤스케 공사의 보고에 의하면 이 형식에 외부대신 이하영도 동의하였다고 한다.

1904년 8월 12일에 하야시 곤스케 공사는 제1차 한일 협약이 될 세 항목의 〈각서〉를 지참하고 알현하여 고종의 〈채납〉을 얻었다. 채납은 재가가 아니고 〈의견을 받아들인다〉, 〈의견을 받아들여 이용한다〉는 의미지만, 고종은 동석했던 외부대신 이하영에게 명하여 참정과 탁지부대신과 협의 후, 외부대신이 하야시 공사와 각서에 기명 조인하도록 〈내정〉하였다고 하야시는 보고하고 있다. 결과적으로 각의인 의정부 회의를 거치지 않고 담당대신 간의 합의만으로 처리하는 것을 고종도 인정하였다고 이해하였다(『韓国併合史の研究』).

여기에 대해서 이태진은 〈제1차 한일 협약〉이라고 불리지만 실제는 〈각서Memorandum〉로, 약식 조약이 일반적으로 갖춰야 될 대표 자격에 관한 전문과 말문이 없고, 대한제국 측에 한국어 원본도 없고, 조약의 형식을 취하지 않았다고 지적한다.

나아가 일본 측은 이 각서의 영문판을 작성하고 조약을 의미하는 〈Agreement〉로 표제를 〈위장〉하였다고 말한다. 국제법에서 각서는 약속 사항이 당사국 간의 문제로 한정되지만, 조약은 제3국과의 외교 관계에도 영향을 미친다. 일본 정부는 제1차 한일 협약을 미국과 영국 등에 알리기 위해서 〈Agreement〉라고 하였고, 후에 영국과 미국은 제1차 한일 협약을 근거로 가쓰라 – 태프트 협정, 제2차 영일 동맹을 체결하였다고 말한다(「1904~1910년 한국 국권 침탈 조약들의 절차상 불법성」).

각서는 지금 언급한 것처럼 국가 간의 합의를 보여 주는 조약, 국제적인 약속들과는 구별된다. 한쪽 편의 정부가 상대국의 정부에 해당 문제에 대해서 견해를 전달하는 경우, 회담과 교섭의 요지를 기술한 외교 문서 형식으로, 표지와 위임 사항의 기재가 없는 것이 통례이다.

운노는 이태진의 설명에 다음과 같이 반론하였다. 우선 이태진이 상정하는 것 같은 조약 형식의 규칙성이 국제적으로 성립해 있었던 것이 아니다. 정당한 권한을 가지는 양국 대표자가 기명 조인한 이상 조약의 효력을 부정하는 일은 불가능하다(「第一次 日韓協約 解說」, 『外交史料 韓国併合』上).

덧붙여 1904년 8월 22일자로 조인된 것은 19일자로 조인된 각서와는 서명자가 다른 별도의 협정이라는 점도 지적하였다. 8월 12일의 하야시 곤스케 공사의 고종 황제 알현에 의한 〈채납〉 후 의정부 회의에서 이론이 많았기 때문에, 19일에 외부대신 이하영과 탁지부대신 박정양이 재정·외교 고문에 대해서 제1항과 제2항의 각서에 기명 조인하고 다음 날 20일 아침 하야시 공사에게 보내 하야시 공사도 기명 조인하였다. 이 각서 성안은 일본에서는 천황의 재가와 일본 정부의 승인을 거치지 않았지만 고무라 외상이 사후에 승인하였다.

8월 22일에 하야시 공사가 병상의 고종 황제를 방문하여 제3항의 필요성을 강요하면서 동의를 요구하며 재가를 요청하였다. 다음 날 23일 이하영을 대신한 외부대신 서리 윤치호가 이미 조인이 끝난 두 항목에 덧붙여 제3항도 동의한다고 하야시 공사에게 전달했다. 최종적으로 전날인 8월 22일 날짜로 하야시와 윤치호가 기명 조인하였다.

또한 일본 정부의 외교 문서에서 〈협약〉이라고 불렀던 것은, 하야시 공사가 8월 23일에 조인이 끝난 것을 고무라 외상에게 전달한 전보문에서, 25일 고무라 외상이 하야시 공사에게 보낸 훈령에도 〈협약〉이란 표현을 사용하고 있다. 나아가 29일 고무라 외상이 주영 일본 공사와 주프랑스 일본 공사에게 보낸 영문통보에서 19일 날짜의 제1항과 제2항의 조인은 〈Memorandum〉, 22일 날짜의 전체 세 항목의 조인은 〈Agreement〉로 구별하고 있다. 이와 같은 근거로 운노는 이태진이 주장하는 것같이 〈각

서〉를 영문으로 번역할 때 〈조약〉으로 바꾼 것이 아니고, 〈각서〉란 것은 직전의 제1항과 제2항까지로, 〈조약〉과는 서명자도 다른 별개의 협정이었다고 상세히 기술하였다 (『韓国併合史の研究』).

제2차 한일 협약 ①: 국가 대표자, 국가에 대한 강박을 둘러싸고

다음으로 대한제국을 보호국화한 제2차 한일 협약은 어떤가? 이 협약은 러일전쟁 종결 직후인 1905년 11월 17일에 조인되었다. 일본이 대한제국의 외교권을 장악하고 나아가 통감부를 설치하여 내정 전반에도 사실상의 일본 지배가 시작되었다. 대한제국에게는 주권 국가로서의 존립이 훼손당한 중요한 의미를 가진다. 그 때문에 현재 한국에서는 한국 병합 조약(1910년)보다도 합법·불법 논쟁의 최대의 초점이 되고 있다.

논의는 무력을 배경으로 한 일본의 강제가 있었는가 없었는가 하는 것이다. 초점은 이러하다. 조인에 앞선 11월 15일 이토 히로부미가 고종을 알현했을 당시 강박·강요가 있었던 것인가? 또 조인 당일인 17일의 어전 회의에서 하세가와 요시미치 한국주차군사령관이 이끄는 완전 무장한 일본군이 여러 겹 궁중을 둘러싼 가운데, 이토가 대신들의 개별 의견을 물었던 일이 협박에 의한 강제가 되는 것인가, 아닌가?

이태진은 정부 대신에 대한 명백한 협박과 위협이 있었다고 주장한다(「1904~1910년 한국 국권 침탈 조약들의 절차상 불법성」). 운노 후쿠주도 대신들이 생명의 위험을 느낀 정신적 협박을 받고 있었다는 것은 사실이라고 지적한다(『韓国併合史の研究』).

국제법 연구자인 사카모토 시게키는 국제법에서는 〈강제에 의한 체결〉이라는 것은 국가 대표자를 향한 협박과, 국가 자체에 대한 강제 두 가지로 구별된다고 설명한다. 국가 대표자를 향한 협박에 대해서는 제2차 한일 협약이 체결되었던 해에 영국에서 그 무효성이 논의되어 그와 같이 체결된 조약은 무효라고 하였다. 한국 병합 시에는 일본 외무성 정무국장 구라치 데쓰키치가 같은 취지의 강의를 하고 있었기 때문에, 적어도 국가 대표자에 대한 강제는 무효라는 생각이 일본 국내에서도 공유되고 있었다고 본다. 그 때문에 사카모토는 국가 대표에 대한 강제를 행하면 조약이 무효가 된다는 것을 숙지하고 있었던 일본이, 제2차 한일 협약과 한국 병합 조약을 체결하면서 규칙에 저촉하는 행위를 취했다고는 생각하기 어렵다고 추론한다.

국가 자체에 대한 강제에 대해서는 다음과 같이 설명한

다. 조약법에 관한 비엔나 조약(1969년 체결, 1980년 발효)은 국가의 대표자에 대한 강제(제51조)와 유엔 헌장에 위반하는 무력에 의한 위협 또는 무력 행사에 의한 국가에 대한 강제(제52조)를 조약의 무효 원인으로서 인정하고 있다. 그러나 조약의 불소급 원칙에 따라 조약법에 관한 비엔나 조약 이전에 체결된 제2차 한일 협약과 한국 병합 조약에 이를 그대로 적용하는 것은 불가능하다. 다만 관습법 규칙으로서 성립하고 있는 것에 대해서는 그 범위가 아닌 것으로 하여, 무력 행사 금지의 관습법 규칙의 성립이 언제인가 하는 것이 논의가 되고 있다.

그 위에 사카모토는 부전 조약이 체결되었던 1928년 이전으로 소급하여 이와 같은 관습법 규칙이 성립해 있었다고는 생각하기 어렵다고 설명하였다. 때문에 국가 자체에 대한 강제에 의한 조약은 무효라는 규칙은 제2차 한일 협약과 한국 병합 조약에는 적용할 수 없다고 하였다(「日韓間の諸条約の問題」, 『日韓歷史共同研究報告書 第3分科報告書上巻』, 日韓歷史共同研究委員会, 2005), (「일한 간제 조약의 문제」, 『한일역사공동연구보고서 제4권: 근·현대사편』, 한일역사공동연구위원회, 2005). 덧붙여 제2차 한일 협약은 국가 대표자에 대한 협박인가, 국가 자체에 대한 강제인가, 어느 쪽의 범주에서 논의해야 하는 것인지에 대한 판단이 어렵다고 서술하고 있다(「일한은 구조약 문제의 함정에 빠져서는 안 된다」, 『한국병합, 성립하지 않았다』, 태학사, 2001).

국제법 연구자 이근관은 국제법적 견지에서 국가에 대한 강제의 구별이 어렵다는 것을 받아들여, 이와 같은 일에서도 한국 병합 이후의 사건과 역사에 대한 고려가 필요하다고 지적한다(「국제조약법상 강박이론의 재검토」, 『한국병합과 현대』, 태학사, 2009). 이 견해에 대해서 사카모토는 식민지 지배에 대해서 반성한다면 그것을 가져온 법적 조치에 대해서도 단죄하여야 한다는 주장은 이해하면서도, 역사 인식이 법적 조처를 규정해야 하는 것은 아니라고 말하였다. 사카모토는 당시의 국제법에서는 유효하지만, 메이지 정부의 행위는 정당화가 될 수 없다는 〈유효·부당론〉의 입장을 취한다(「일한은 구조약 문제의 함정에 빠져서는 안 된다」).

여기에 대해서 비교 사상 연구의 김봉진은 사카모토가 〈무효설〉을 〈근대 국제법의 법리를 부정하는 입장〉이라고 한 것에 대하여 〈유효설〉바로 그것이야말로 〈근대 국제법의 법리를 부정하는 입장〉이라고 주장하였다. 왜 근대 국제법에서 〈정의의 법〉의 법리를 경시하고 〈강자의 법〉을 강조하는 것인가라고 물었다(「'한국 병합 유효·부당론'을 묻는다」, 『한국병합과 현대』, 태학사, 2009).

한편 국제법 학자인 백충현은 사카모토가 지적하는 조약 불소급의 원칙에 다음과 같이 반론한다. 한국 병합은 정의에 어긋나고 현행의 강행 규범을 위반하고 있어 소급 효력을 인정할 필요가 있는 극히 불법적인 성격을 갖고 있다. 어떤 규범적 정당성도 무력을 사용한 강박에 의해서 체결된 조약의 법적 유효성을 인정하는 근거로 원용 가능한 법체계는 존재하지 않는다(「일본의 한국 병합에 대한 국제법적 고찰」, 『한국병합과 현대』, 태학사, 2009).

다른 한편 법학자인 사사가와 노리가쓰는 다음의 두 가지 점에서 사카모토의 지적을 비판한다. 하나는 1935년 하버드 대학교 법학부 국제법 연구소가 발표한 〈조약법 협약 초안〉과 그 코멘트 〈Draft Convention on the Law of Treaties〉에서 국가 자체에 대한 강제에 의한 조약 무효에 대해서, 관습법 규칙이 성립하고 있다는 사실을 시사한다. 이 초안은 〈강박duress〉을 〈국가를 위한 조약에 서명하는 사람들에 대해서 향하는 〈강제coercion〉로, 이와 같은 강제가 있는 경우에는 조약은 무효가 된다〉고 지적한다. 사례의 하나로 제2차 한일 협약을 들고 있다(「하버드초안이 받아들인 그로티우스와 마르텐스」, 『한국병합과 현대』, 태학사, 2009).

또 하나는 〈국가 대표자에 대한 강제〉와 〈국가에 대한 강제〉가 혼재하는 것에 대해서이다. 제2차 한일 협약 체결 시에 일본군이 왕궁을 포위하고, 대신들의 회의실에 군인들이 복수로 입실하여 군사력에 의한 위압하에 조약이 체결되었다. 사카모토가 국가 대표자에 대한 협박을 행하면 조약이 무효가 된다고 숙지하고 있던 일본이 규칙에 저촉하는 행위를 한 것은 생각하기 어렵다고 한 것에 대해서, 그 경우의 〈숙지〉라는 것은 일본 정부 이외에는 알 수 없는 것으로, 그 의미가 무엇인지 모르겠다고 되물었다(「히틀러의 조약에 대한 강제와 현대적인 '국가에 대한 강제'」, 『한국병합과 현대』, 태학사, 2009).

이 강제 문제에 대해서는 하와이 병합에 대해 자세하게 알고 있는 하와이 대학교 교수였던 J. M. 반다이크가 제2차 한일 협약은 아니고, 한국 병합에 대해서이지만 다음과 같이 지적하고 있다. 미국이 1993년 사죄 결의로 하와이 병합이 국제법을 위반했다는 것을 인정한 것에 대해서, 일본은 그와 같은 성명을 발표 하는 것을 회피하고, 과오를 인정하지 않고자 하는 점에 한국 병합이 가진 복잡성이 있다(「일본의 한국 병합과 미국의 하와이 병합에 관한 비교 검토」, 『한국병합과 현대』, 태학사, 2009). 미국 국내 문제에 관한 언급이지만 흥미 있는 지적이다.

제2차 한일 협약 ②: 절차상의 문제를 둘러싸고

제2차 한일 협약에 대해서는 강제의 문제와 나란히 절차의 문제에 대해서도 논의가 있다.

이태진은 제2차 한일 협약이 주권에 관한 중요한 조약이었는데 ① 서명자에 대한 전권 위임장 발급이 없다, ② 고종의 비준(재가)이 없다, ③ 표제(조약명)가 없다, ④ 약식 협약을 의미하는 〈Agreement〉임에도 불구하고, 영역판에서는 〈Convention〉으로 되어 있고 정식 조약인 〈Treaty〉가 되어야 하는데 그렇지 않다고 지적하고 있다(「1904~1910년 한국 국권 침탈 조약들의 절차상 불법성」).

비준서가 없는 것에 대해서는 변호사이자 법학 연구자인 도쓰카 에쓰로도 이태진의 설을 지지한다. 독립 주권 국가의 외교권을 탈취하는 국가 존립에 관한 중요한 조약에 대해서, 그 나라의 외상의 서명만으로 체결할 수 있다는 것은 상식적으로 있을 수 없고, 제2차 한일 협약의 경우는 고종의 서명과 비준이 필요하다고 하였다. 이 〈비준 필요설〉은 1905년 당시 국제법에 관한 책에서도 명확하다고 지적하였다(『歷史認識と日韓の「和解」への道』).

이에 대해 운노 후쿠주는 다음과 같이 반론한다. ① 전권 위임장이 없다는 것에 대해서 일본 정부는 제2차 한일 협약을 외무성 내의 체결 절차에서는 제2종 〈폐하의 재가로써 체결하는 조약〉에 위치시켰다고 한다. 이 제2종 형식은 영문 명칭으로서는 〈Agreement〉, 〈Arrangement〉, 〈Accord〉 등이 사용되고 있는 경우가 많지만, 제2차 한일 협약에서는 〈Convention〉이 사용되었다. 또 이토 히로부미가 고종에게 요구한 것은 외부대신 박제순에 대한 전권 위임장이 아니고 하야시 곤스케 공사와 교섭을 진행하는 〈칙명〉으로, 그것은 11월 15일에 이토가 고종을 알현하였을 때 확실히 하고 있다. 수상 및 외상은 재외대사·공사 같이 전권 위임장 없이 합의한 조약 조인서에 기명 조인하는 권한을 가진다고 한다.

② 고종의 비준 결여에 대해서는 이태진이 외교 행위로서의 비준(비준서 교환 또는 비준 통고)과 국내적인 조약 체결권자의 비준(천황·황제의 재가)을 혼동하고 있다고 하고 이토 히로부미는 앞에서 말한 것과 같이 고종이 희망하는 1개조의 추가로 〈재가를 얻었다〉고 보았다고 지적한다.

그러나 이태진은 운노의 설명에 대해서 법적 효력을 가진 증거 문서가 되는 재가서가 없다고 반론한다. 여기에 대해서 운노는 다른 조약에는 반드시 재가서가 있고 제2차 한일 협약에만 재가서가 없다면 고종의 재가 거부가 설득력을 가지지만, 그렇지 않는 한 대한제국『관보』 (1905년 12월 16일)의 〈한일 협상 조약〉의 공시가 재가의 증거 기록이 된다고 반론한다.

③과 ④에 관해서 운노는 국제법 학자인 아리가 나가오의 『보호국론』(1906년)에 보호 조약 11개 사례 가운데 조약명을 〈Treaty〉라고 한 것이 7개 사례, 〈Convention〉이 4개 사례가 있고, 나아가 아리가가 정식 조약에 〈Convention〉도 포함되고 협정의 효력은 전혀 차이가 없다고 지적한 점도 들고 있다(『韓国併合史の研究』). 이 점은 사카모토 시게키도 동의한다. 그러나 이태진은 〈Agreement〉라고 하는 것에 대해 운노가 단지 위의 2종 형식론만을 들고 있을 뿐이라고 반론한다(「약식조약으로 어떻게 국권을 이양하는가?」, 『한국병합, 성립하지 않았다』, 태학사, 2001).

한편 일본 조선대학교의 역사 연구자인 강성은은 일본의 연구가 한국과 일본 양국의 공식 기록에 지나치게 의거한 〈공문서의 물신화〉를 비판한다. 그것은 운노와 한국사 연구자 하라다 다마키가 〈오대신상소문〉(대한제국에서 제2차 한일 협약에 찬성했던 다섯 사람이 1905년 12월 16일에 제출한 조약 체결의 전말을 기록한 연명의 상소문)을 근거로 제2차 한일 협약을 합법적인 조약으로 지적했다는 것이다. 강성은은 〈썩어지지 않은 일은 존재하지 않는다〉라고 보는 일본의 공문서 주의를 비판하였다.

강성은은 독립협회 활동에도 관계하였던 정교가 집필한『대한계년사』를 주된 사료로 제2차 한일 협약의 위법성과 불성립을 강조한다. 『대한계년사』에 의하면 조인서에 날인한 외부대신의 인장은 일본 공사관의 외교관보 누마노 야스타로와 헌병이 외부대신의 관저에 가서 외부 고문 스티븐스로부터 받아 왕궁에 제출하였다. 결국 인장이 탈취되었다고 하는 지적이다(「1차사료를 통해서 본 '을사5조약'의 강제 조인 과정」,『한국병합과 현대』, 태학사, 2009).

그러나 여기에 대해서 하라다 다마키는 강성은이 사료비판의 문제를 강조하면서도 정교의『대한계년사』라는 2차 사료에 기재된 인장 탈취설을 결론으로 채용하였다고 반론한다. 나아가 다른 사료의 이용 방법에도 문제가 있다고 지적한다(「第二次日韓協約締結時における韓国外部大臣の印章問題について」, 森山茂徳·原田環編,『大韓帝国の保護と併合』, 東京大学出版会, 2013).

이 제2차 한일 협약의 합법성을 둘러싼 논의는 평행선 그대로이다.

제3차 한일 협약: 절차상의 불법성

1907년 7월 24일 고종의 강제 양위 직후에 대한제국의 내정을 장악하는 제3차 한일 협약이 조인되었다.

이태진은 제3차 한일 협약의 불법성에 대해서 세 가지로 지적한다. ① 고종의 강제 퇴위는 일본에 의한 국권 탈취의 과정에서 일어난 최대의 강박과 위협이다. ② 제3차 한일 협약이 강제되고 있었던 7월 22일이라는 시점에서 고종은 〈양위〉가 아니고 〈대리〉를 주장하고 있다. 황제의 지위가 순종에게 선양되었다고 볼 수 없고 순종 자신도 이것을 승낙하고 있지 않다. ③ 제위가 애매했던 시기로 조약을 위한 황제의 위임과 비준이 불가능한 상황도 있어 그 효력은 인정되지 않는다(「1904~1910년 한국 국권 침탈 조약들의 절차상 불법성」).

운노 후쿠주도 이 협약에 대해서 의문을 드러내고 있다. 대한제국 황제의 재가를 거치지 않았다고 생각되는 점이 이상하며, 일본도 조인 전에 협약 문안에 대한 정부의 승인과 천황의 재가가 없다. 7월 10일 원로·각료 회의에서 통감에게 일임하는 것을 결정한 것과 그것을 재가한 것뿐으로 조인 후에 보고된 협약을 사후 승인하고 있다. 종래 조약 체결 절차의 관례에 반하는 이례적인 조치였다고 지적한다.

그렇지만 일본 정부가 제3차 한일 협약 체결에는 〈한국 황제의 말씀에 의하지 않고 양국 정부 간의 협약〉에 의한 방침으로 임하고 있었다는 점을 들어 이태진의 주장을 반론한다(『韓国併合史の研究』).

한국 병합 조약: 절차와 형식상의 미비

몇 차례 이어진 식민지화의 최종적인 조약으로 위치 지어지는 한국 병합 조약은 1910년 8월에 체결되었다.

이태진은 한국 병합 조약에서도 절차와 형식상의 미비가 있으며 불성립한 것이었다고 지적한다. 첫째는 조약의 서명자인 〈통감자작 데라우치 마사타케〉와 〈내각총리대신 이완용〉이 각기 자국을 대표하여 조약에 서명하는 입장이 아니었다고 한다. 서명자의 무자격 문제이다. 도쓰카 에쓰로도 여기에 동의한다.

다른 하나는 정식 조약 요건의 하나인 비준 절차가 충실히 이루어지지 않았다는 점이다. 한국 병합 조약은 제8조에서 〈이 조약은 일본국 황제 폐하 및 한국 황제 폐하의 재가를 얻은 것으로, 공포일부터 시행한다〉고 규정하였다. 특이한 사전 승인 형식을 취했다. 또 그것과 동반하여 한국 병합 조약 공포에서 천황과 황제가 각기 〈조칙〉을 발표였지만 한국 황제 순종의 〈조칙〉에는 서명이 없었다. 덧붙여 병합 조약에서 이완용을 한국 대표로 위임하는 위임장의 순종 서명은 필적을 검증한 결과 일본 측이 위조한 것이었다고 지적한다(「1904~1910년 한국 국권 침탈 조약들의 절차상 불법성」), (「약식조약으로 어떻게 국권을 이양하는가?」), (「통감부의 대한제국 보인 탈취와 순종 황제 서명 위조」,『일본의 대한제국 강점』, 까치, 1995).

여기에 대해서 운노 후쿠주는 한국 병합 조약에 대해서 다음과 같이 설명한다. 한국은 외교권뿐만 아니라 많은 주권을 일본에 분할 이양하였지만, 병합까지는 의연히 주권 국가로, 제한된 주권에 관한 행정상의 집행권을 황제와 그의 내각이 가지고 있었다. 그 위에 제2차 한일 협약에 의해 대한제국의 외교권은 일본 정부에 위임되었기 때문에, 한국 병합 조약 조인서에 기명 조인하는 대한제국 측의 대표는 일본 정부(외상)이고, 일본 측 대표는 대한제국에서 일본 정부를 대표하는 통감이라고 보았다.

결국 일본이 일본과 체결한 조약이었다는 것도 논리적으로 가능했다. 그럼에도 불구하고 한국 총리대신의 기명과 조인이 요구되었던 것은 대한제국 정부의 〈합의〉를 명시하는 목적이었다고 해석한다. 사카모토 시케키도 운노의 지적을 지지하고 있다.

또 사전 승인 형식에 대해서는 한국 병합 조약 제8조의 규정을 비추어 조약에는 비준 사항이 없고, 외교 행위로서의 비준서 교환은 필요하지 않다. 그리고 그것은 조인 후 비준 행위를 회피하고 싶은 일본 측의 주도적인 계획이었다고 덧붙였다.

나아가 순종 서명 위조 의혹에 대해서는 〈조칙〉과 〈칙유〉의 문서 형식의 차이를 구별하여 반론했다. 한국 병합 조약 공포 시에 발포된 것은, 이태진은 〈조칙〉이라고 하지만, 실제로는 〈칙유〉로, 당시 일본 천황의 의사 표시에 칙어와 칙유를 문서로서 보여 주는 경우 형식은 특별히 정해져 있지 않았다고 말한다. 결과적으로 서명이 필요한 것이었다고 말할 수 없다는 것이다. 1907년 11월부터 대한제국의 공문서 형식도 일본식으로 통일되었기 때문에 일본 칙유의 형식을 따랐을 가능성이 있다고 지적하였다 (『韓国併合史の研究』).

한국 병합이란 무엇인가: 보다 나은 한일 관계를 위하여

지금까지 일본이 대한제국의 국권을 탈취해 가는 과정에서 체결된 5개의 조약과 협정인 한일 의정서, 제1차·제2차·제3차 한일 협약, 한국 병합 조약에 대해서 역사학과 국제법의 논의 가운데 중요한 것을 정리해 보았다.

독자 여러분은 어떤 생각을 가지고 있을까? 식민지 지배에 이르는 조약의 유효·무효를 둘러싼 논의에서, 중요한 대립의 초점이 국제법이기 때문에 국제법 전문가가 아닌 내가 법학적인 관점에서 결론을 내리는 것은 피하고 싶다. 다만 역사학을 전문으로 하는 사람으로 지금까지의 논의를 정독하면서, 다음과 같은 두 가지 점에 대해서 유의하고 싶다.

하나는 제5장에서 본 것처럼 1904년 2월의 한일 의정서 당시부터 대한제국 국내에서 반대 운동이 나타났던 일이다. 나아가 대한제국을 보호국으로 만들었던 제2차 한일 협약(을사 보호 조약)에 대해서는, 제6장에서 본 것처럼 체결 직후인 1905년 11월부터 대한제국 정부 내에서도 불만과 비판이 끓어 올랐다. 그리고 연구가 깊이 있게 진행되었는데도 여전히 오늘에 이르기까지 그것은 변함없이 계속되고 있다. 그 중요한 쟁점도 ① 통상의 결재 과정을 거치지 않았다, ② 고종 황제가 인정하지 않았다, ③ 일본 측에 의한 강제가 있었다는 것은 벌써 120년 동안 계속 바뀐 것이 없다. 이것은 단순히 국제법 해석의 문제가 아니고 역사 문제인 것이다.

또 다른 하나는 한국과 일본에서 사료의 양식의 차이가 있다. 이 책에서 언급하였지만 동아시아에서 보다 일찍

근대화하고 조약 체제에 적극적으로 들어간 일본과, 중화 세계에 오랫동안 있으면서, 청국과의 종속 관계가 끝난 이후에도 중화를 추구하였던 한국에서는 정치와 관련되었던 사람부터 그들이 기록한 사료에 이르기까지 큰 차이가 있다.

메이지 유신 후 일본은 막말에 맺은 열강과의 불평등 조약 개정을 지상 과제로 내걸고, 교섭의 방법(화법), 사료의 기록·보존 방법 등 실무 단계의 세부 항목에 이르기까지 조약 체제 외교를 받아들이려고 노력하였다. 일본 외교 문서에서는 즉시적·축차적인 분단위의 전보에서부터 장문에 이르는 사후 보고까지 다양한 문서가 축적돼 있다. 나아가 수상 경력자를 비롯하여 정치가와 관료의 심정을 토로하는 일기도 존재한다. 이 일기는 사후에 공개될 것을 예측한 것과 같은 내용도 있다.

다른 한편 대한제국도 〈외부〉라는 외교를 담당하는 기관이 존재하였고, 조선 왕조 이래 명칭은 변천하였지만 20여 년의 역사를 가지고 있었다. 그러나 외국 사신과의 교섭, 외부와 재외공관이 주고받은 내용은 일부 기록한 문서는 있지만 상세히 전체를 밝혀 주는 문서는 지금까지 발견되지 않고 있으며, 남아 있지 않을 가능성이 높다. 다른 행정 조직의 기록도 일본과 같이 그때그때 생긴 일에 대해서 순차적으로 상세히 기술한 기록은 많지 않다. 고종의 의도도 확정하기 어렵다.

대한제국의 인물이 일본 측의 인물과 대화하는 때에도 직접적인 표현에 대해서는 일본 측의 기록으로부터 알 수 있다. 하지만 그것은, 예를 들면 한국 병합 당시에 총리대신이었던 이완용이 주미 공사관 참찬관으로 미국에서 체재하였고, 귀국 후에는 정통파로 활약하면서 독립협회 회원 등의 경력을 가진, 당시로서는 소수파의 근대 엘리트였기 때문일지 모른다.

다른 한편 정부 기록인 『승정원일기』 등에 나타나는 대한제국 황제와 관료의 말들은 유교 엘리트 독특의 화법과 완곡한 표현을 사용하였다. 대신에 임명되었을 때도 일단 거부하는 것이 관례였고, 순종도 고종을 대리하라는 조칙을 거절하는 상소를 두 번 내고 있다. 또한 1897년 황제 즉위 상소는 그와 같은 아주 적절한 예라 할 것이다. 신하들은 때로 700인 이상이 함께 중국과 조선의 역사와 서적을 근거로 상소하였고, 고종은 그때마다 그것을 받아들이지 않았다. 그러나 이 책에서 기록한 것처럼 황제 즉위식에서 미리 준비되어 있던 고종의 복장 등을 보면, 다분히 이전부터 황제 즉위는 이미 정해진 길이었다.

역사학에서 1차 사료라고 인정되는 정부의 공식 문서

가 한국에서는 이와 같은 유교 엘리트들의 기록이었다. 나아가 개인의 일기도 일본과 달리 그날에 일어났던 일들을 메모하는 것처럼 기록한 것이 많지만, 후일에 공개할 생각으로 사적인 감정을 토로하는 기록은 거의 없다. 중화 세계의 역사와 정치 문화에 근거한 사료와 기록인 것이다.

결과적으로 조선 왕조·대한제국과 일본에서는 정치의 존재 양식도, 그것에 동반하는 사실의 기록과 정리하는 방법도 크게 달랐다. 양국에서 현재까지 남아 확인 가능한 사료를 사용하여, 일본에서는 이와 같이 기록되어 있다, 대한제국에서는 이와 같이 기록되어 있다고 논의하여도 평행선을 달리는 부분이 적지 않다. 조약 체제의 외교를 실천했던 나라와 그렇지 않았던 나라의 기록을 대등하게 사용하며 논의하는 것은 매우 어렵다. 다른 한편 일본 측의 사료에만 의거하는 것은 일본의 주관이 포함되어, 일본으로부터 보는 한국사가 되는 것은 말할 필요도 없다. 특히 일본 측의 사료들은 종류도 다양하고 분량도 많아서 같은 사실에 대해서도 학자마다 다른 측면을 논할 여지가 있다. 제6장에서 소개한 바와 같이 이토 히로부미에 대한 여러 성과가 나오는 이유가 그것이다.

사실에 대한 이해는 결코 하나가 아니다. 그것 때문에

역사를 바라보는 다양한 입장이 성립한다.

　다만 그와 같은 가운데서도 대한제국의 사료에서 추출되는 사실이 있다. 그것은 많은 한국인이 일본의 지배에 합의하지 않았고 환영하지도 않았다는 사실이다. 한편 작은 부분까지 순차적으로 서술되는 일본 사료에서 추출할 수 있는 사실이 있다. 그것은 일본이 한국인으로부터 통치에 대한 〈합의〉와 〈정당성〉을 무리하게 얻으려고 하였다는 사실이다.

　이것이야말로 한국 병합이 아니었을까?

후기

이 책의 특징은 다음 세 가지이다.

첫째는, 대한제국을 주어로 한 한국 병합의 역사이다. 지금까지 일본어에 의한 한국 병합 역사는 〈일본이 왜, 어떻게 병합하였는가〉로, 일본이 주어로 쓰였다. 여기에 대하여 이 책은 한반도를 주어로 하여 〈대한제국이 왜, 어떻게 일본에 병합되었는가〉를 서술하였다. 일본에서 보았을 때 한국 병합사의 이면에 해당하는 대한제국 흥망사를 테마로 하고 있다고 말할 수 있다.

두 번째는, 사료를 가장 중요시한 역사학에 의한 수법이다. 한국 병합에 대해서는 정치학과 국제 관계 등 다양한 연구 방법으로 현재도 논의하고 있다. 결론을 정해 놓은 또는 개인의 신조에 의한 책도 있다. 그런 가운데 이 책은 어디까지나 사료로부터 논의를 구축하고자 노력하였다. 거기에 더해, 한국과 일본 사이에 사료의 성격과 사료에 대한 사람들의 생각이 다르다는 점 등 양쪽 주장의 차이점도 보았다. 또한 오늘날까지 쟁점이 되고 있는 한국 병합 과정에서 체결된 조약문 등을 전문 게재하고 용이하게 접근할 수 있도록 하였다.

세 번째는, 최근 30년 가까운 사이에 발표된 새로운 연구 성과를 받아들인 것이다. 〈서문〉에서도 기록했던 바와 같이 한국 병합은 일본에서는 야마베 겐타로, 모리야마 시게노리, 운노 후쿠주라는 역사학과 정치학의 태두가 연구했던 테마이다. 그러나 1995년을 마지막으로 학술 성과에 근거한 일반인을 향한 〈한국 병합〉은 쓰이지 않고 있다. 그 때문에 1995년 이후의 청일전쟁 연구, 이토 히로부미 연구, 대한제국 성립 100년을 전후한 대한제국 연구의 심화 등 다양한 성과가 반영되어 있지 않다. 덧붙여 2000년을 전후하여 뜨겁게 논의돼 온 한국 병합의 합법·불법을 둘러싼 논쟁도 많은 사람에게 알기 쉽게 전하는 책이 없었다.

이 책은 냉전도 한국의 민주화 운동도 기억에 없는 세대, 나아가 지역 연구라는 비교적 새로운 학문 체계로부터 한국사를 배운 내가 그간의 연구 성과와 논쟁을 딛고 한국 병합을 사료로부터 다시 한번 포착하고 묘사하여 펴

낸 것이다.

이 책에 관해 청탁을 받았던 것은 2019년 2월이었다. 내 박사 논문의 출판물인『조선 외교의 근대: 종속 관계에서 대한제국으로(朝鮮外交の近代──宗属関係から大韓帝国へ)』를 읽었던 주코신서 편집부의 시라토 나오토 씨로부터 대한제국의 역사에 대해 책을 내고 싶다는 의뢰가 있었다.

나는 대한제국 자체에 대해서 내세울 만한 학문적인 지식을 갖고 있지 않지만 최근 대한제국 황실 재정의 기록과 고종이 파견한 밀사에 대해 신사료를 이용한 연구가 있는 것을 알고 있었다. 그와 같은 사료를 구사하여 새로운 논의가 가능하다면 재미있을 것이라고 직감하였다.

덧붙여 시라토 씨와 대화를 나누는 가운데 대한제국 성립부터 붕괴에 이르는 길이 한국 병합의 길이라는 것도 생각하였다. 붕괴와 창조는 표리일체이다. 내가 서울대에서 공부했을 때 한국 현대사 강의에서 박태균 교수님께서 역사에서 〈붕괴와 창조〉가 동시에 진행된다는 일을 가르쳐 주신 것이 생각났다. 대한제국이 붕괴하면서, 일본의 식민지 〈조선〉이 만들어진 역사를 서술하고 싶다는 생각이 들었다. 그렇다면 〈한국 병합〉이라는 타이틀로 시작하자, 이렇게 마음먹었던 것으로 기억하고 있다.

다만 2019년은 육아를 최우선으로 할 수밖에 없는 시간이었다. 시라토 씨에게는 목차안과 서문 정도를 넘겼다. 그리고 해가 바뀌면 한국과 미국, 유럽에 가서 사료를 보고자 생각하고 있었다. 그러나 후기를 쓰고 있는 지금까지 코로나 감염증 때문에 한국에 갈 수조차 없게 될 줄은 꿈에도 생각하지 못했다.

2020년 여름이 끝날 무렵, 신종 코로나 감염증이 수습될 조짐이 보이지 않자 해외 출장은 단념하였다. 그때부터 한국과 일본에서 쓰인 대한제국에 관한 과거와 현재 연구를 모을 수 있는 대로 모아서 읽고 『승정원일기』와 『관보』 등을 마음을 다하여 읽었다. 그리하여 내놓게 된 것이 이 책이다.

따라서 이 책은 지금까지 발표된 뛰어난 연구 성과를 정리하고 이미 간행된 사료에서 보완할 논점을 조금이나마 덧붙인 정도라고 말할 수 있다. 그러나 이 주제에 대해서는 이미 차고 넘칠 만큼 방대한 연구 성과가 있다. 〈이 책을 쓰기 위하여 태어난 것이 아닐까〉라고 생각할 정도로 집필 중에는 괴로움도 있었고 재미도 있었다.

그리고 많은 분들에게 도움을 받아서 이 책이 완성되었다. 이 책 집필에 있어서 쓰키아시 다쓰히코 선생님(도쿄

대학교 교수), 가스야 겐이치 선생님(히토쓰바시 대학교 명예교수)은 초고 단계의 원고를 꼼꼼하게 읽어 주었다. 쓰키아시 선생님은 독립협회와 애국계몽운동에 대해서, 가스야 선생님은 조선 왕조 사료를 읽는 법에 대해서 상세하게 가르쳐 주셨다.

오카모토 다카시 선생님(교토 부립 대학교 교수)은 이 책의 최초의 독자가 되어 줬을 뿐만 아니라 초교 단계였지만 과학연구비의 연구회에서 토론회도 개최해 주셨다. 선생님들로부터 받았던 가르침은 내 연구 일생을 통하여 해결해야 할 과제이기도 하다. 다시 한번 마음으로부터 감사드린다.

편집부를 거쳐 초교를 읽어 주었던 기무라 칸 선생님(고베 대학교 교수)과 오노 야스테루 선생님(규슈 대학교 준교수)에게도 감사드린다. 기무라 선생님에게는 특히 법학·정치학의 관점에서, 오노 선생님에게는 이 책 전체에 관해 예리한 코멘트를 받았다. 깊이 감사드린다.

근무하고 있는 도쿄 여자 대학교 선생님들, 도서관과 교육연구지원과, 엔 파워 멘토 센터의 여러분에게도 감사드린다. 수업과 회의, 그리고 하교 후 아이와의 시간을 빼면 하루 가운데 연구 시간은 많지 않았다. 여러분들 덕분에 어떻게든 연구를 계속할 수 있었다.

끝으로 이 책을 쓰는 동안 러닝메이트가 되어 주었던 시라토 씨에게 마음으로부터 감사를 드린다. 탁월한 편집자의 일을 가까운 데서 볼 수 있었던 것은 대단히 자극이 되었다. 시라토 씨와 일을 같이 할 수 있어서 매우 즐거웠다.

또한 이 책은 일본 과학연구비의 젊은 연구자 연구 〈근대 조선과 교린: 사대교린에서 교린, 그리고 외교로〉(2019~2022년도, 대표 모리 마유코)와 기반연구C 〈근세·근대 동아시아에서 《속국》의 《병합》에 관한 비교 연구〉(2020~2022년도, 대표 오카모토 다카시) 성과의 일부이다.

2022년 4월 6일
모리 마유코

〈한국 병합〉 관련 연표

1852년   **9월** (음력 7월 25일) 고종 탄생. **11월** (음력 9월 22일) 메이지 천황 탄생.

1863년   철종 서거.

1864년   **1월** [음력 고종원년(1863) 12월 13일] 고종 즉위, 대왕대비 조씨의 수렴청정, 대원군 정권 수립.

1865년   **4월** 경복궁의 재건을 결정.

1866년   **3월** 민치록의 딸(민비, 이후 명성황후)을 고종의 비(妃)로 삼음. **10월** 프랑스 함대, 강화도 앞바다 침공(병인양요).

1868년   메이지 유신.

1871년   **6월** 미국 함대, 강화도를 공격(신미양요).

1873년   **1월** 일본에서 양력 사용[음력 메이지5년(1872) 12월 3일을 1873년 1월 1일로].

1875년   **9월** 강화도 사건(운요호 사건).

1876년   **2월** 조일 수호 조규 체결.

1882년   **5월** 조미 수호 조약 체결. **6월** 조영 수호 통상 조약, 조독 수호 통
상 조약 체결. **7월** 임오군란. **8월** 청군이 대원군을 청나라 조정으
로 납치, 제물포 조약 체결. **11월** 조청 상민 수륙 무역 장정 체결.
12월 대외 관계와 통상을 담당하는 통리아문을 설치[1883년
1월 12일에 통리교섭통상사무아문으로 개칭].

1884년   **12월 4일** 갑신정변.

1885년   **4월 18일** 청일 간 천진 조약(天津条約) 체결. **7월 7일** 내무부 설
치. **11월** 원세개가 총리조선통상교섭사의로 부임(한성 주재).

1886년   **3월 5일** 내무부 참의 이헌영을 주일 변리공사로 임명.

1887년   **7월 10일** 내무부 협판 민영준을 주일 변리공사로 임명. **8월 3일**
일본으로 출발. **8월 13일** 내무부 협판 박정양을 주미 전권대신,
내무부 협판 심상학을 주영·독·러·이·불 5개국 전권대신으로
임명. **11월 16일** 박정양 미국에서 출발(청과의 분쟁, 1889년 8월
귀국).

1890년   **6월 4일** 대왕대비 조씨(신정왕후) 서거. 청이 조칙사 파견

1894년   **2월** 동학당을 중심으로 동학농민운동(갑오농민전쟁)이 시작됨.
6월 조선 정부가 청군의 파견을 요청, 청국 정부는 일본 정부에
조선으로 군대를 파견한다고 통지, 일본군의 한성 입성. 오토리
공사가 조선 정부에 대해 〈보호 속방〉을 물음. **7월 10일** 조선 내
정 개혁안에 대한 조·일 간의 첫 회담. **7월 23일** 일본의 조선 왕궁
(경복궁) 점령. **7월 25일** 조청 상민 수륙 무역 장정 등 삼장정(三

章程) 폐기, 풍도 앞바다의 해전(사실상 청일전쟁이 시작됨). **7월 27일** 군국기무처 설치(갑오개혁 시작). 7월에 원세개, 8월에 후임인 당소의가 귀국. **9월 4일** 개국 기원절 기념식전. **10월 25일** 이노우에 가오루 특파 전권공사의 조선 부임. **12월 17일** 박영효, 서광범이 복권되어 정권이 성립함.

1895년 **1월 7일** 홍범 14조 서고(誓告). **17일** 국왕 이하 존칭 개정(대군주 폐하). **4월 17일** 시모노세키 조약 체결. **4월 20일** 군부관제 반포. **4월 26일** 궁내부 관제 포달[내장원 설치, 12월 25일에 내장사로 개칭]. **5월 3일** 육군복장규칙(군복 등을 서양식으로). **6월 1일** 지방 개혁 제도 공포. **6월 6일** 처음으로 원유회 개최. **6월 18일** 지방 제도 개혁에 관한 조칙 반포(박영효가 주도하였지만, 7월에 일본으로 망명). **9월 4일** 처음으로 개국 기원절 축하연 개최. **9월 7일** 소학교령 공포. **10월 8일** 명성황후 시해 사건. **12월 30일** 단발령 공포(1896년 1월 2일 내부 훈시).

1896년 **1월 1일** 음력에서 양력으로 전환[음력 고종32년(1895) 11월 17일을 1896년 1월 1일로], 연호 〈건양〉. **2월 11일** 아관파천(갑오개혁의 종언). **4월 7일**『독립신문』창간. **5월 26일** 러시아 니콜라이 2세 대관식[전후로 야마가타 아리토모, 이홍장, 민영환·윤치호가 각각 러시아 측과 교섭]. **7월 2일** 독립협회 창립. **7월 21일** 독립문 정초식(1897년 11월 11일 준공). **7월 24일** 각종 제사는 음력·구식으로 시행한다는 조칙 반포. **9월 1일** 호구조사규칙 공포. **10월** 러시아인 푸차타 대령이 인솔한 러시아인 병사가 조선에 도착, 알렉세예프를 재정 고문으로 임명(1897년 9월 25일 조선에 도착).

1897년 **2월 20일** 고종 환궁(아관파천 종료). **3월 23일** 교전소 설치. **8월 12일** 〈건양〉 연호와 단발령 조칙을 거두는 조칙 반포. **8월 15일**

연호를 〈광무〉로 고침. **8월 29일** 독립협회, 토론회를 시작함. **9월 20일** 환구단 신축 결정. **10월 3일** 고종, 황제 즉위 상소를 받아들임. **10월 12일** (음력 9월 17일) 고종 황제 즉위. **10월 13일** 황후 등을 책봉. **10월 14일** 국호를 〈대한〉으로 함.

1898년   **2월 22일** 독립협회가 상소함(다른 나라에 의존하지 않고 자립할 것을 호소함). **3월 1일** 한러 은행 설립(5월 폐쇄). **3월 11일** 러시아인 군사 교관 및 재정 고문의 고용 중지. **4월 25일** 니시·로젠 협정. **6월 18일** 외교관의 복제를 서양식 대례복으로 채택함. **6월 23일** 양전(토지 조사) 사업 개시(7월 14일, 미국인 기사 크럼의 지휘 감독하에 측량 연수생의 양성이 시작됨). **6월 24일** 내장사의 직무에 인삼 정책(蔘政)과 광산 경영을 추가함. **6월 29일** 황제를 대원수, 황태자를 원수로 하는 조칙 반포. **7월 9일** 독립협회의 윤치호가 처음으로 한문과 한글을 혼용한 문장으로 상소함(의회 설립을 호소함). **9월 5일** 『황성신문』 창간. **9월 10일**(음력 7월 25일) 황제 즉위 이후 처음으로 고종 만수성절 거행. **9월 11일** 독차 사건(황태자가 장애를 얻음), 범인에게 고문과 연좌를 집행하는 것에 대해 독립협회와 한성의 민중이 반발함. **10월 29일~11월 2일** 독립협회를 중심으로 관민공동회 개최, 헌의 6조를 작성. **11월 3일** 중추원 관제 개정으로 사실상 의회 설립법이 제정됨. **11월 4일** 익명서 사건. **11월 5일** 독립협회 회원 17명 체포, 이에 대해서 만민공동회가 결성되어 시위함. **12월 1일** 만민공동회 시위 도중 사망한 의사(義士)의 만민장 거행. **12월 15일** 중추원 개원. **12월 16일** 대신을 무기명 투표로 선출. **12월 25일** 독립협회, 만민공동회 강제 해산.

1899년   **1월 1일** 조정 신하의 복장을 준비하는 조칙 반포. **3월 18일** 경무사, 경무관의 예모와 예장을 서양식으로 하는 칙령 반포. **4월**

27일 유교를 숭상하는 조칙 반포. **6월 22일** 원수부 관제 공포, 대원수(황제), 원수(황태자)의 복장을 서양식 군복으로 채택. **8월 17일** 대한국 국제 공포. **9월 11일** 한청 통상 조약 체결.

1900년　**4월 17일** 문관복장규칙·문관대례복제식 직령 반포(문관의 복장도 서양식으로 함). **6~8월** 고종이 파견했던 밀사 현영운이 일본을 방문함[이후 한일 의정서로 이어지는 한일 국방 동맹을 의논]. **11월 12일** 경인 철도 개통식. **12월 19일** 군악대 설치에 관한 건(軍樂隊設置に関する件) 공포.

1901년　**1월** 러시아, 일본에 조선 중립화를 제안. **2월** 에케르트가 서양 악기와 함께 한성 도착. **9월 7일**(음력 7월 25일) 고종의 만수성절에서 서양 음악 2곡을 공표함. **11월 4일** 외부대신 박제순이 고종의 밀명을 받고 일본을 방문, 고무라 주타로 외상과 국방에 관한 한일 협약에 대해 의논. **11월 6일** 청국 황제가 대한제국 외부에 보낸 국서가 도착함.

1902년　**1월** 영일 동맹. **1월 27일** 국가 제정 조칙 반포. **2월** 네덜란드의 주선으로 적십자사와 만국평화회의에 참가 희망을 알림. **3월 19일** 어극 40년 칭경예식 개최(10월 18일 계천기원절로 예정함)를 결정. **7월 1일** 『대한제국 애국가』 간행. **7월 26일** 임시 위생원을 특설하여 유행병을 예방하는 조칙 반포. **10월 4일** 천연두의 유행에 따라 어극 40년 칭경예식을 이듬해로 연기함을 발표.

1903년　**4월 10일** 고종의 7남인 영친왕(이은)이 천연두에 걸림, 어극 40년 칭경예식의 재연기가 결정됨(중지). **8월 20일** 고종이 극비로 현상건을 프랑스에 파견하여 중립국화를 협의하게 함.

1904년　**1월 20일** 한일 국방 동맹이 〈한일 의정서〉로 명명되어서 조인을 목전에 둠. **1월 21일** 대한제국이 국외 중립을 선언. **2월 8일, 9일**

일본군 인천 상륙, 여순 함대를 공격함. **2월 10일** 러일전쟁(러시아에 선전 포고). **2월 23일** 한일 의정서 조인. **3월 17일** 한일 의정서를 받아들이고 이토 히로부미 특파대사가 고종을 위문하기 위해 방한. **5월 18일** 한러 조약 폐기 칙선서 반포. **5월 31일** 일본 정부〈대한시설강령〉을 각의에서 결정. **8월 19일, 22일** 제1차 한일 협약 조인. **12월 2일** 친일 정치 단체〈일진회〉와〈진보회〉가 합병하여〈일진회〉발족.

1905년   **4월 8일** 일본 정부〈한국에 대한 보호권을 확립한다(韓国に対する保護権を確立する)〉는 방침을 각의에서 결정. **7월 29일** 가쓰라-태프트 협정. **8월 12일** 제2차 영일 동맹 협약 조인. **9월 5일** 포츠머스 조약 체결. **11월 10일** 이토 히로부미 특파대사가 방한하여 고종을 알현. **11월 17일** 제2차 한일 협약(을사늑약) 조인. **12월 21일** 이토 히로부미를 초대 통감으로 임명.

1906년   **2월 1일** 통감부 개청(초대 통감 이토 히로부미). **4월 4일**〈대한자강회〉발족. **6월** 최익현, 의병을 일으켰으나 체포됨. **8월 27일** 보통학교령 공포.

1907년   **5월 22일** 이완용 내각 발족(일진회 회원 20명도 관리로 등용). **6월 26일** 헤이그 밀사 사건(의장에게 만국평화회의 참가 신청). **7월 18일** 고종이 군국의 대사를 황태자에게〈대리〉하게 한다는 조칙 반포. **7월 20일** 고종의〈양위식〉을 거행. **7월 24일** 제3차 한일 협약(정미 조약) 조인. **7월 31일** 군대 해산 조칙 반포. **8월 2일** 연호를〈융희〉로 고침. **8월 27일** 순종 황제 즉위식 거행. **11월** 황태자 이은 도쿄로 유학. **9월경~12월** 13도 창의군(1908년 초 해산).

1908년   **6월** 일진회 출신 관리가 대부분 경질됨. **8월 26일** 사립학교령 공

포. 12월 동양 척식 회사 설립

1909년   **1~2월** 순종 황제 남북 순행(**2월 3일** 일장기 거부 사건). **4월 10일** 가쓰라 다로 수상과 고무라 주타로 외상이 이토 통감을 방문하여 한국 병합안에 동의를 얻음. **6월 14일** 이토 히로부미, 통감 사임[소네 아라스케가 제2대 통감]. **7월 6일** 일본 정부 〈한국 병합에 관한 건(韓国併合に関する件)〉을 각의에서 결정. **7월 12일** 사법 및 감옥 사무 위탁에 관한 한일 각서[기유 각서, 대한제국 사법 및 감옥 사무 위탁에 관한 각서(司法および監獄事務委託に関する 日韓覚書)] 조인. **9월** 한반도 남부의 의병 토벌(남한 대토벌 작전) 개시. **10월 26일** 이토 히로부미 암살. **10월 29일** 한국은행 설립. **12월 4일** 일진회 〈한일 합방 성명서〉 제출.

1910년   **1월** 소네 아라스케 통감이 병으로 귀국하고 사임. **5월 30일** 데라우치 마사타케를 제3대 통감으로 임명. **8월 16일** 데라우치 마사타케 통감과 이완용 수상 간에 한국 병합 협의 시작. **8월 22일** 한국 병합 조약 조인. 대한제국을 조선으로 개칭. **8월 29일** 한국 병합 조약 공포, 당일 시행. 같은 날 메이지 천황이 대한제국 황제 등을 책봉[고종은 덕수궁 이태왕, 순종은 창덕궁 이왕].

주요 참고 자료

1. 사료

일본어

度支部編, 『韓国財務経過報告(上)—第三回(隆熙三年上半期)』, 復刻版韓国
　　併合史研究資料, 龍渓書舍, 2009.

度支部編, 『韓国財務経過報告(下)—第三回(隆熙三年上半期)』, 復刻版韓国
　　併合史研究資料, 龍渓書舍, 2009.

朝鮮総督府編, 『第三次施政年報(明治42年)』, 復刻版韓国併合史研究資料,
　　龍渓書舍, 2005.

朝鮮総督府編, 『第二次韓国施政年報(明治41年)』, 復刻版韓国併合史研究資
　　料, 龍渓書舍, 2005.

統監官房文書課編, 『統監府統計年報(第一次)』, 復刻版韓国併合史研究資料,
　　龍渓書舍, 1996.

統監官房文書課編, 『統監府統計年報(第二次)』, 復刻版韓国併合史研究資料,
　　龍渓書舍, 1996.

統監官房文書課編, 『統監府統計年報(第三次)』, 復刻版韓国併合史研究資料,
　　龍渓書舍, 1996.

統監官房編, 『韓国施政年報(明治39·40年)』, 復刻版韓国併合史研究資料,

龍渓書舎, 2005.

『日本外交文書』, 第二七巻第二冊, 外務省編纂日本外交文書デジタルコレクション.

『日本外交文書』, 第四〇巻第一冊, 外務省編纂日本外交文書デジタルコレクション.

『日本外交文書』, 第四二巻第一冊, 外務省編纂日本外交文書デジタルコレクション.

한국어

『고종시대사』, 국사편찬위원회 한국사 데이터베이스.

『고종실록』, 국사편찬위원회 한국사 데이터베이스.

『舊韓國官報』第一卷~第十七卷(亞細亞文化社, 1973~1974).

『국역 윤치호 영문 일기』, 국사편찬위원회 한국사 데이터베이스.

『宮内府外事課日記』, 한국학중앙연구원 장서각, 청구기호 K2-250, MF35-830.

「내부등록」, 『각사등록-근대편』, 국사편찬위원회 한국사 데이터베이스.

『순종실록』, 국사편찬위원회 한국사 데이터베이스.

『승정원일기』, 국사편찬위원회 한국사 데이터베이스.

『신편한국사』, 국사편찬위원회 한국사 데이터베이스.

『禮式章程』, 한국학중앙연구원 장서각, 청구기호 K2-2130, MF35-1892

『外賓陛見及迎送式』, 한국학중앙연구원 장서각, 청구기호 K2-2699, MF16-294

『皇城新聞』(複製版)(景仁文化社, 1984).

高麗大學校 亞細亞問題研究所 編, 『舊韓國外交關係附屬文書』(『交涉局日記』) 第七卷(高麗大學校出版部, 1974).

高麗大學校 亞細亞問題研究所 編, 『舊韓國外交關係附屬文書』(『外衙門日記』) 第六卷(高麗大學校出版部, 1974).

高麗大學校 亞細亞問題研究所 編, 『舊韓國外交關係附屬文書』(『統署日記』 1~3) 第三卷~第五卷(高麗大學校出版部, 1972~1973).

高麗大學校 亞細亞問題研究所 舊韓國外交文書 編纂委員會 編, 『舊韓國外交 文書』第一卷~第二十一卷(高麗大學校出版部, 1965~1971).

국립고궁박물관 엮음, 『100년 전의 기억, 대한제국』, 그라픽네트, 2010.

국립대구박물관 엮음, 『근대를 향한 비상, 대한제국: 2012 국립대구박물 관 특별전』(국립대구박물관, 2012).

國史編纂委員會 編, 『駐韓日本公使館記錄』(1~28)(國史編纂委員會, 1986~2000).

국사편찬위원회 엮음, 『한국근대사자료집성14: 프랑스외무부문서 4 조선 Ⅲ · 1890』(국사편찬위원회, 2005).

국외소재문화재재단, 『한미우호의 요람 주미대한제국공사관』(2014).

대한제국 사례소, 『國譯 大韓禮典』(상, 중, 하), 임민혁, 성영애, 박지윤 옮 김(민속원, 2018).

獨立紀念館建立推進委員會 編, 『獨立新聞』(獨立紀念館建立推進委員會, 1981).

朴定陽(韓國學文献研究所 編), 『朴定陽全集』(亞細亞文化社, 1984).

宋炳基, 朴容玉, 徐柄漢, 朴漢㠯 編著, 『韓末近代法令資料集』(1~3)(大韓民 國國會圖書館, 1970~1971).

이규헌 해설, 『(사진으로 보는)獨立運動. 上. 외침과 투쟁』(서문당, 1996).

이돈수, 이순우, 『꼬레아 에 꼬레아니(사진해설판): 100년 전 서울 주재 이 탈리아 외교관 카를로 로제티의 대한제국 견문기』(하늘재, 2009).

최석로 해설, 『민족의 사진첩. 3. 민족의 전통 · 멋과 예술 그리고 풍속』(서 문당, 1994).

중국어

『清季中日韓関係史料』, 中央研究院近代史研究所編, 1989.

願廷龍 · 叶亞廉主編, 『李鴻章全集(二)』電稿二, 上海人民出版社, 1986.

2. 문헌

일본어

石田徹, 『近代移行期の日朝関係 – 国交刷新をめぐる日朝双方の論理』, 渓水社, 2013.

李泰鎮(金玲希訳), 「統監府の大韓帝国宝印奪取と皇帝署名の偽造」, 海野福寿編, 『日韓協約と韓国併合 – 朝鮮植民地支配の合法性を問う』, 明石書店, 1995.

李泰鎮, 「韓国併合は成立していない – 日本の大韓帝国国権侵奪と条約強制」上・下, 『世界』 650・651, 1998.

_____, 「韓国侵略に関連する諸条約だけが破格であった – 坂元茂樹教授(九八年九月号)に答える」, 『世界』 659, 1999.

_____, 「略式条約で国権を移譲できるのか – 海野教授の批判に答える」上・下, 『世界』 674・675, 2000.

_____, (鳥海豊訳), 『東大生に語った韓国史 – 韓国植民地支配の合法性を問う』, 明石書店, 2006.

_____, 「一九世紀韓国の国際法受容と中国との伝統的関係生産のための闘争」, 笹川紀勝・李泰鎮編著, 『韓国併合と現代 – 歴史と国際法からの再検討 – 国際共同研究』, 明石書店, 2008.

_____, 「一九〇四～一九〇一〇年, 韓国国権侵奪条約の手続上の不法性」, 笹川紀勝・李泰鎮編著, 『韓国併合と現代 – 歴史と国際法からの再検討 – 国際共同研究』, 明石書店, 2008.

_____, 「一九〇五年『保護条約』における高宗皇帝協商指示説への批判」, 笹川紀勝・李泰鎮編著, 『韓国併合と現代 – 歴史と国際法からの再検討 – 国際共同研究』, 明石書店, 2008.

伊藤俊介, 『近代朝鮮の甲午改革と王権・警察・民衆』, 有志社, 2022.

伊藤之雄・李盛煥著, 『伊藤博文と韓国統治 – 初代韓国統監をめぐる百年目の検証』, ミネルヴァ書房, 2009.

伊藤之雄, 『伊藤博文をめぐる日韓関係』, ミネルヴァ書房, 2011.

李榮薫, (須川英徳監訳, 加藤祐人·大沼巧訳), 『韓国経済史 – 先史·古代から
　　併合まで』, 春風社, 2021.

李亮, 「対韓政策の一側面 – 一進会の位置」, 『九州史学』84, 1985.

岩井茂樹, 『朝貢·海禁·互市 – 近世東アジアの貿易と秩序』, 名古屋大学出
　　版会, 2020.

海野福寿, 『韓国併合』, 岩波書店, 1995.

＿＿＿＿, 「研究の現状と問題点」, 海野福寿編, 『日韓協約と韓国併合—朝鮮植
　　民地支配の合法性を問う』, 明石書店, 1995.

＿＿＿＿, 「韓国保護条約について」, 海野福寿編, 『日韓協約と韓国併合—朝鮮
　　植民地支配の合法性を問う』, 明石書店, 1995.

＿＿＿＿, 「李教授『韓国併合不成立論』を再検討する」, 『世界』666, 1999.

＿＿＿＿, 『韓国併合史の研究』, 岩波書店, 2000.

＿＿＿＿, 『外交史料 韓国併合』上·下, 不二出版, 2003.

＿＿＿＿, 「第二次日韓協約と五大人上疏」, 『青丘学術論集』25, 2005.

大谷正, 『日清戦争 – 近代日本初の対外戦争の実像』, 中公新書, 2014.

岡本隆司, 『属国と自主のあいだ – 近代清韓関係と東アジアの命運』, 名古屋
　　大学出版会, 2004.

＿＿＿＿, 『世界のなかの日清韓関係史 – 交隣と属国, 自主と独立』, 講談社,
　　2008.

＿＿＿＿, 『中国の論理—歴史から解き明かす』, 中公新書, 2016.

＿＿＿＿, 『中国の誕生』, 名古屋大学出版会, 2017.

小川原宏幸, 「一進会の日韓合邦請願運動と韓国併合 – 『政合邦』構想と天皇
　　制国家原理との相克」, 『朝鮮史研究会論文集』43, 2005.

＿＿＿＿, 『伊藤博文の韓国併合構想と朝鮮社会 – 王権論の相克』, 岩波書店,
　　2010.

奥村周司, 「李朝高宗の皇帝即位について – その即位儀礼と世界観」, 『朝鮮
　　史研究会論文集』33, 1995.

長田彰文, 『セオドア·ルーズベルトと韓国 – 韓国保護国化と米国』, 未来社,
　　1992.

糟谷憲一,「初期義兵運動について」,『朝鮮史研究会論文集』15, 1978.

_____,『朝鮮半島が日本を領土とした時代』, 新日本出版社, 2020.

姜在彦,「独立新聞・独立協会・万民共同会 − 一八九〇年代後半期における ブルジョア的変革運動」,『朝鮮史研究会論文集』9, 1972.

_____,『朝鮮の開化思想』, 岩波書店, 1980.

_____,「総説」,『百五人事件資料集』全4巻, 不二出版, 1986.

康成銀,『一九〇五年韓国保護条約と植民地支配責任 − 歴史学と国際法学との対話』, 創史社, 2005.

_____,「一次史料から見た『乙巳五条約』の強制調印課程」, 笹川紀勝・李泰鎮編著,『韓国併合と現代 − 歴史と国際法からの再検討 − 国際共同研究』, 明石書店, 2008.

木宮正史,『日韓関係史』, 岩波新書, 2021.

京城府, (復刻版発行者山田忠),『京城府史』第一巻〜第三巻, 湘南堂書店, 1982.

金基奭, (金恵訳),「光武帝の主権守護外交 − 一九〇五〜一九〇七年」, 海野福寿編,『日韓協約と韓国併合 − 朝鮮植民地支配の合法性を問う』, 明石書店, 1995.

_____,「主権守護外交の終焉と復活 − ハーグ密使派遣・舊制・独立運動」, 笹川紀勝・李泰鎮編著,『韓国併合と現代 − 歴史と国際法からの再検討 − 国際共同研究』, 明石書店, 2008.

金東明,「一進会と日本 −『政合邦』と併合」,『朝鮮史研究会論文集』31, 1993.

金学俊, (金容権訳),『西洋人の見た朝鮮 − 李朝末期の政治・社会・風俗』, 山川出版社, 2014.

金文子,『朝鮮王妃殺害と日本人 − 誰が仕組んで, 誰が実行したのか』, 高文研, 2009.

_____,『日露戦争と大韓帝国 − 日露開戦の「定説」をくつがえす』, 高文研, 2014.

金鳳珍,「『韓国併合有効・不当論』を問う」, 笹川紀勝・李泰鎮編著,『韓国併合

と現代 – 歴史と国際法からの再検討 – 国際共同研究』, 明石書店, 2008.

木村幹, 『高宗・閔妃 – 然らば致し方なし』, ミネルヴァ書房, 2007.

_____, 『日韓歴史認識問題とは何か――歴史教科書・「慰安婦」・ポピュリズム』, ミネルヴァ書房, 2014.

_____, 『歴史認識はどう語られてきたか』, 千倉書房, 2020.

_____, 『韓国愛憎 – 激変する隣国と私の30年』, 中公新書, 2022.

国立歴史民俗博物館編, 『「韓国併合」100年を問う – 2010年国際シンポジウム』, 岩波書店, 2011.

小松緑, 『韓国併合之裏面』, 復刻版韓国併合史研究資料, 龍渓書舎, 2005.

坂元茂樹, 「日韓は旧条約の落とし穴に陥ってはならない – 本誌・李泰鎮論文へのひとつの回答」, 『世界』652, 1998.

_____, 「日韓間の諸条約の問題 – 国際法学の観点から」, 『日韓歴史共同研究報告書 第3分科報告書上巻』, 日韓歴史共同研究委員会, 2005.

櫻井良樹, 「日韓合邦建議と日本政府の対応」, 『麗澤大学紀要』55, 1992.

笹川紀勝, 「日韓における法的な『対話』をめざして – 第二次日韓協約強制問題への視点」, 『世界』663, 1999.

_____, 「伝統的国際法時代における日韓旧条約(一九〇四〜一九一〇)―条約強制をめぐる法的な論争点」, 笹川紀勝・李泰鎮編著, 『韓国併合と現代 – 歴史と国際法からの再検討 – 国際共同研究』, 明石書店, 2008.

_____, 「ハーバード草案のとらえるグロチウスとマルテンス」, 笹川紀勝・李泰鎮編著, 『韓国併合と現代 – 歴史と国際法からの再検討 – 国際共同研究』, 明石書店, 2008.

_____, 「ヒトラーの条約強制と現代的な『国家に対する強制』」, 笹川紀勝・李泰鎮編著, 『韓国併合と現代 – 歴史と国際法からの再検討 – 国際共同研究』, 明石書店, 2008.

_____, 「代表者への条約強制無効 – 二つの事件：ポーランド分割条約と韓国保護条約の比較研究」, 笹川紀勝・李泰鎮編著, 『韓国併合と現代 – 歴史と国際法からの再検討 – 国際共同研究』, 明石書店, 2008.

佐々木雄一, 『帝国日本の外交1894 – 1922 – なぜ版図は拡大したのか』, 東

京大学出版会, 2017.

_____,『陸奥宗光 –「日本外交の祖」の生涯』, 中公新書, 2018.

佐々充昭,「檀君ナショナリズムの形成 – 韓末愛国啓蒙運動期を中心に」,
　　『朝鮮学報』174, 2000.

篠田治索・小田省吾編著,『德壽宮史』, 復刻版韓国併合史研究資料, 龍渓書
　　舎, 2011.

ジョン・M.ヴァンダイク,「日本の韓国併合と米国のハワイ併合との比較」,
　　笹川紀勝・李泰鎮編著,『韓国併合と現代 – 歴史と国際法からの再検討 –
　　国際共同研究』, 明石書店, 2008年

新城道彦,『天皇の韓国併合 – 王公族の創設と帝国の葛藤』, 法政大学出版
　　局, 2011.

_____,『朝鮮王公族 – 帝国日本の準皇族』, 中公新書, 2015.

愼蒼宇,「植民地戦争としての義兵戦争」, 和田春樹他編『岩波講座 東アジ
　　ア近現代通史2 – 日露戦争と韓国併合19世紀末 – 1900年代』, 岩波書店,
　　2010.

鈴木修,「一九〇四年玄暎運の伊藤博文招聘について」, 中央大学東洋史学研
　　究室編,『菊池英夫教授山崎利男教授古稀記念アジア史論叢』, 刀水書房,
　　2003.

高橋秀直,『日清戦争への道』, 東京創元社, 1995.

多田井喜生,『朝鮮銀行 – ある円通貨圏の興亡』, ちくま学芸文庫, 2020.

田保橋潔,『近代日鮮関係の研究』上・下, 朝鮮総督府中枢院, 1940.

_____,「近代朝鮮に於ける政治的改革(第一回)」,『近代朝鮮史研究』, 朝鮮
　　総督府, 1944.

趙景達,「朝鮮における日本帝国主義批判の論理の形成 – 愛国啓蒙運動期に
　　おける文明間の相克」,『史潮』25, 1989.

_____,『近代朝鮮と日本』, 岩波新書, 2012.

_____,『朝鮮の近代思想 – 日本との比較』, 有志舎, 2019.

_____,『近代朝鮮の政治文化と民衆運動 – 日本との比較』, 有志舎, 2020.

趙景達・宮嶋博史・糟谷憲一,『朝鮮史』1・2, 山川出版社, 2017.

趙景達·宮嶋博史·李成市·和田春樹, 『「韓国併合」100年を問う—『思想』特集·関係資料』, 岩波書店, 2011.

千受珉, 「日本の韓国統治と日本赤十字社の組織拡張 – 大韓赤十字社との関係性を中心に」, 『朝鮮学報』 258, 2021.

月脚達彦, 『朝鮮開化思想とナショナリズム – 近代朝鮮の形成』, 東京大学出版会, 2009.

_____, 「近現代韓国·朝鮮における街頭集会·示威」, 『韓国朝鮮の文化と社会』 19, 2020.

月脚達彦訳注, 『朝鮮開化派選集 – 金玉均·朴泳孝·兪吉濬·徐載弼』, 平凡社, 2014.

辻大和, 『朝鮮王朝の対中貿易政策と明清交替』, 汲古書院, 2018.

戸塚悦朗, 『歴史認識と日韓の「和解」への道 – 徴用工問題と韓国大法院判決を理解するために』, 日本評論社, 2019.

永島広紀, 「一進会の活動とその展開 – 特に東学·侍天教との相関をめぐって」, 『年報朝鮮学』 5, 1995.

_____, 「一進会立『光武学校』考」, 『朝鮮学報』 178, 2001.

_____, 「保護国期の大韓帝国における『お雇い日本人』」, 森山茂徳·原田環編, 『大韓帝国の保護と併合』, 東京大学出版会, 2013.

沼田多稼蔵, 『日露陸戦新史』, 岩波新書, 1940.

林雄介, 「一九世紀末, 朝鮮民衆の対日認識について」, 『朝鮮史研究会論文集』 33, 1995.

_____, 「一進会の前半期に関する基礎的研究」, 武田幸男編, 『朝鮮社会の史的展開と東アジア』, 山川出版社, 1997.

_____, 「運動団体としての一進会 – 民衆との接触様相を中心に」, 『朝鮮学報』 172, 1999.

_____, 「一進会の後半期に関する基礎的研究 – 一九〇六年八月～解散」, 『東洋文化研究』 1, 1999.

原田環, 『朝鮮の開国と近代化』, 溪水社, 1997.

_____, 「第二次日韓協約調印と大韓帝国皇帝高宗」, 『青丘学術論集』 24,

2004.

_____, 「第二次日韓協約締結時における韓国外部大臣の印章問題について」, 森山茂徳・原田環編, 『大韓帝国の保護と併合』, 東京大学出版会, 2013.

韓相一, (李健・滝沢誠共訳), 『日韓近代史の空間』, 日本経済評論社, 1984.

広瀬貞三, 「李容翊の政治活動(一九〇四〜七年)について‐その外交活動を中心に」, 『朝鮮史研究会論文集』25, 1988.

檜山幸夫, 『日清戦争研究の研究』上巻, ゆまに書房, 2022.

_____, 『日清戦争研究の研究』中巻, ゆまに書房, 2022.

_____, 『日清戦争研究の研究』下巻, ゆまに書房, 2023.

白忠鉉, 「日本の韓国併合に対する国際法的考察」, 笹川紀勝・李泰鎮編著, 『韓国併合と現代‐歴史と国際法からの再検討‐国際共同研究』, 明石書店, 2008.

ヘルマン・ゴチェフスキ, 李京粉, 「〈大韓帝国愛国歌〉に隠されていた韓国民謡の発見」, 『東洋音楽研究』78, 2012.

宮嶋博史, 『朝鮮土地調査事業史の研究(東京大学東洋文化研究所報告)』, 東京大学東洋文化研究所, 1991.

宮嶋博史・吉野誠・趙景達, 『原典 朝鮮近代思想史1 伝統思想と近代の黎明‐朝鮮王朝』, 岩波書店, 2022.

_____, 『原典 朝鮮近代思想史2 攘夷と開化‐一八六〇年代から日清戦争まで』, 岩波書店, 2022.

_____, 『原典 朝鮮近代思想史3 近代改革をめぐる抗争‐甲午農民戦争から大韓帝国まで』, 岩波書店, 2022.

陸奥宗光, 中塚明校訂, 『新訂 蹇蹇録‐日清戦争外交秘録』, 岩波文庫, 1983.

村瀬信也, 「一九〇七年ハーグ平和会議再訪‐韓国皇帝の使節」上・下, 『外交フォーラム』20‐6・7, 2007.

森山茂徳, 『近代日韓関係史研究』, 東京大学出版会, 1987.

山辺健太郎, 『日本の韓国併合』, 太平出版社, 1966.

_____, 『日韓併合小史』, 岩波書店, 1966.

ユミ・ムン, (赤阪俊一・李慶姫・德間一芽訳),『日本の朝鮮植民地化と親日「ポピュリスト」—一進会による対日協力の歴史』, 明石書店, 2018.

柳永益, (秋月望・広瀬貞三訳),『日清戦争期の韓国改革運動—甲午更張研究』, 法政大学出版局, 2000.

歴史学研究会編,『「韓国併合」100年と日本の歴史学 –「植民地責任」論の視座から』, 青木書店, 2011.

和田春樹,『日露戦争 – 起源と開戦』上・下, 岩波書店, 2009~2010.

_____,『韓国併合110年後の真実—条約による併合という欺瞞』, 岩波ブックレット, 2019.

한국어

계승범,『정지된 시간: 조선의 대보단과 근대의 문턱』(서강대학교출판부, 2011).

국립고궁박물관 엮음,『대한제국: 잊혀진 100년 전의 황제국』(민속원, 2011).

김건태,『대한제국의 양전』(경인문화사, 2018).

金道泰,『徐載弼博士自叙傳』(乙酉文化社, 1972).

김명구,「한말 대한협회계열의 정치사상의 성격」,『역사와 세계』(21)(1997).

김명기,『한일합방조약의 부존재에 관한 연구』(한국학술정보, 2021).

김문식,「高宗의 皇帝 登極儀에 나타난 상징적 함의」,『조선시대사학보』(37)(2006).

金玉均, 趙一文 譯註,『甲申日錄』(建國大學校出版部, 1977).

金源模,「에케르트 軍樂隊와 大韓帝國愛國歌」,『崔永禧先生華甲記念 韓國史學論叢』(探求堂, 1987).

金允嬉,「대한제국기 皇室財政運營과 그 성격: 度支部 豫算外 支出과 內藏院 재정 운영을 중심으로」,『한국사연구』(90)(1995).

김은주,『석조전: 잊혀진 대한제국의 황궁』(민속원, 2014).

김종준, 『일진회의 문명화론과 친일활동』(신구문화사, 2010).

김종학, 『개화당의 기원과 비밀외교』(일조각, 2017).

김헌주, 「대한제국기 의병운동 참여주체의 지향 재인식」, 『한국사학보』 (78)(2020).

도면회, 「황제권 중심 국민국가체제의 수립과 좌절(1895~1904)」, 『역사와 현실』(50)(2003).

_____, 「『대한국국제』와 대한제국의 정치구조」, 『내일을 여는 역사』(17) (2004).

동북아역사재단 엮음, 『한일 조약 자료집(1876~1910): 근대외교로 포장된 침략』(청아출판사, 2020).

민회수, 「갑오개혁 이전 조선의 황제국 용어 사용」, 『규장각』(55)(2019).

朴敏泳, 『大韓帝國期 義兵研究』(한울아카데미, 1998).

朴銀淑, 『갑신정변 연구: 조선의 근대적 개혁 구상과 민중의 인식』,(역사비평사, 2005).

朴鍾涍, 『激變期의 한·러關係史』(선인, 2015).

朴贊勝, 「韓末 自強運動論의 각 계열과 그 성격」, 『한국사연구』(68)(1990).

朴漢珉, 「1878년 두모진 수세를 둘러싼 조일 양국의 인식과 대응」, 『韓日關係史研究』(39)(2011).

박환, 『독립운동과 대한적십자』(민속원, 2020).

서영희, 『대한제국 정치사 연구』(서울대학교출판부, 2003).

_____, 『일제 침략과 대한제국의 종말』(역사비평사, 2012).

徐珍教, 「1899년 高宗의 大韓國國制 반포와 專制皇帝權의 추구」, 『한국근현대사연구』(5)(1996).

_____, 「대한제국기 高宗의 황제권 강화책과 警衛院」, 『한국근현대사연구』(9)(1998).

_____, 「대한제국기 고종의 황실追崇사업과 황제권의 강화의 사상적 기초」, 『한국근현대사연구』(19)(2001).

慎鏞廈, 『甲午改革과 獨立協會運動의 社會史』(서울대학교출판부, 2001).

_____, 『新版 獨立協會研究: 독립신문·독립협회·만민공동회의 사상과 운

동』(상·하)(일조각, 2006).

＿＿＿,『初期 開化思想과 甲申政變 研究』(지식산업사, 2000).

야마베 겐타로, 안병무 옮김,『한일합병사』(범우사, 1982).

楊尙弦,「大韓帝國期 內藏院의 人蔘관리와 蔘稅징수」,『규장각』(19)
　　(1996).

＿＿＿,「대한제국기 내장원의 광산 관리와 광산 경영」,『역사와 현실』(27)
　　(1998).

연갑수,『고종대 정치변동 연구』(一志社, 2008).

오연숙,「대한제국기 의정부의 운영과 위상」,『역사와 현실』(19)(1996).

오영섭,『고종황제와 한말의병』(선인, 2007).

왕현종,「광무개혁 논쟁」,『역사비평』(73)(2005).

＿＿＿,「대한제국기 고종의 황제권 강화와 개혁 논리」,『역사학보』(208)
　　(2010).

운노 후쿠주, 연정은 옮김,『일본의 양심이 본 한국 병합』(새길, 1995).

원유한,『한국의 전통 사회 화폐』(이화여자대학교출판문화원, 2005).

＿＿＿,『조선후기 화폐사』(혜안, 2008).

柳永烈,「大韓自强會의 新舊學折衷論」,『崔永禧先生華甲記念 韓國史學論
　　叢』(探求堂, 1987).

＿＿＿,『大韓帝國期의 民族運動』(一潮閣, 1997).

柳永益,『甲午更張研究』(一潮閣, 1990).

尹慶老,「日帝의 新民會 捕捉経緯와 그 認識」,『崔永禧先生華甲記念 韓國史
　　學論叢』(探求堂, 1987).

＿＿＿,「신민회 창립과 전덕기」,『나라사랑』(97)(1998).

이경미,『제복의 탄생: 대한제국 서구식 문관대례복의 성립과 변천』(민속
　　원, 2012).

이경분, 헤르만 고체프스키,「프란츠 에케르트는 대한제국 애국가의 작곡
　　가인가?: 대한제국 애국가에 대한 새로운 고찰」,『역사비평』(101)
　　(2012).

이계형,『한말 '한일조약' 체결의 불법성과 원천무효』(동북아역사재단,

2021).

李求鎔,「朝鮮에서의 唐紹儀의 活動과 그 役割—淸日戰爭 前·後期를 中心으로」,『藍史鄭在覺博士古稀記念 東洋學論叢』(高麗苑, 1984).

_____,「大韓帝國의 成立과 列强의 反應: 稱帝建元 議論를 中心으로」,『江原史學』(1)(1985).

_____,「大韓帝國의 稱帝建元 議論에 對한 列强의 反應」,『崔永禧先生華甲記念 韓國史學論叢』(探求堂, 1987).

이규원, 최은경,「대한적십자병원(1905-1907): 설립 및 운영, 그리고 폐지를 중심으로」,『의사학』(27-2)(2018).

李明花,「愛國歌 형성에 관한 연구」,『역사와 실학』(10·11)(1999).

李玟源,「大韓帝國의 成立過程과 列强과의 關係」,『韓國史研究』(64)(1989).

이방원,「韓末 中樞院 研究」,『梨大史苑』(31)(1998).

이승현,「신민회(新民會)의 국가건설사상: 공화제를 향하여」,『한국학』(29-1)(2006).

이영욱,「淸朝와 朝鮮(大韓帝國)의 외교관계, 1895~1910」,『中國學報』(50)(2004).

李永鶴,「대한제국의 경제정책」,『역사와 현실』(26)(1997).

이욱,「대한제국기 환구제(圜丘祭)에 관한 연구」,『종교연구』(30)(2003).

_____,「근대 국가의 모색과 국가의례의 변화: 1894~1908년 국가 제사의 변화를 중심으로」,『정신문화연구』(27-2)(2004).

이욱·장영숙·임민혁·김지영·이정희·최연우,『대한예전 복식제도의 성격과 의미』(한국학중앙연구원출판부, 2019).

이욱·장을연·김봉좌·이민주·구혜인·제송희,『대한제국기 황실 의례와 의물』(한국학중앙연구원출판부, 2020).

이윤상,「대한제국기 황제 주도의 재정운영」,『역사와 현실』(26)(1997).

이정희,『근대식 연회의 탄생: 대한제국 근대식 연회의 성립과 공연문화사적 의의』(민속원, 2014).

_____,『대한제국 황실음악: 전통과 근대의 이중주』(民俗苑, 2019).

李鉉淙, 「大韓自强會에 對하여」, 『진단학보』(29·30)(1966).

_____, 「대한협회에 관한 연구」, 『아세아연구』(13-3)(1970).

이태진, 『한국병합, 성립하지 않았다』(태학사, 2001).

이태진 편저, 『일본의 대한제국 강점』(까치, 1995).

이태진·사사가와 노리가츠 엮음, 『한국병합과 현대: 역사적 국제법적 재 검토』(태학사, 2009).

임민혁, 「대한제국기 『大韓禮典』의 편찬과 황제국 의례」, 『역사와 실학』 (34)(2007).

장상진, 『한국의 화폐』, (대원사, 1997).

田鳳德, 「大韓國國制의 制定과 基本思想」, 『법사학연구』(1)(1974).

鄭喬, 『大韓季年史』(大韓民國文教部國史編纂委員會編, 1971).

鄭玉子, 『조선후기 조선중화사상 연구』(一志社, 1998).

최덕수, 『근대 조선과 세계: 이양선의 출현부터 한일병합까지, 1866- 1910』(열린책들, 2021).

_____, 『대한제국과 국제 환경: 상호인식의 충돌과 접합』(선인, 2005).

_____, 『조약으로 본 한국 근대사』(열린책들, 2010).

최형익, 「한국에서 근대 민주주의의 기원: 구한말 독립신문, '독립협회', '만 민공동회' 활동」, 『정신문화연구』(27-3)(2004).

한성민, 『일본의 '韓國併合' 과정 연구』(경인문화사, 2021).

韓永愚, 「乙未之變 , 大韓帝國 성립과 『明成皇后 國葬都監儀軌』」, 『韓國學 報』(100)(2000).

_____, 「大韓帝國 성립과정과 『大禮儀軌』」, 『韓國史論』(45)(2001).

한일관계연구소 엮음, 『조일수호조규: 근대의 의미를 묻다』(청아출판사, 2017).

한일문화교류기금·동북아역사재단 엮음, 『대한제국과 한일관계』(景仁文 化社, 2014).

한일역사공동연구위원회 엮음, 『한일역사공동연구보고서 제4권: 근·현대 사편』(한일역사공동연구위원회, 2005).

韓哲昊, 『親美開化派研究』(國學資料院, 1998).

_____, 『한국 근대 개화파와 통치기구 연구』(선인, 2009).

_____, 『박정양의 美行日記: 조선 사절, 미국에 가다』(국외소재문화재재
단, 2014).

함동주, 「대한자강회(大韓自强會)의 일본관과 '문명론'」, 『한국동양정치사
상사연구』(2-2)(2003).

玄光浩, 『大韓帝國의 對外政策』(신서원, 2002).

_____, 『대한제국과 러시아 그리고 일본』(선인, 2007).

黄玹(國史編纂委員會), 『梅泉野録』(新志社, 1955).

옮긴이의 말

이 책 종장에서 저자는 1990년대 이래 지금까지 약 30년에 걸친 〈한국 병합〉에 관한 연구 성과와 논쟁점을 정리, 소개하고 있다. 종장의 앞부분에서 지적한 바와 같이 현실의 한일 관계가 1990년대 이후 〈비대칭에서 대칭〉으로 전환(기미야 다다시, 이원덕 옮김, 『한일관계사』, 에이케이커뮤니케이션즈, 2021)하면서 식민지 지배 문제가 학문적, 정치적으로 한일 간의 중요 현안으로 부상하였다. 식민 지배의 출발점이었던 〈한국 병합〉에 대한 연구 성과도 궤를 같이하여 축적되었고, 연구자들 사이의 논쟁이 일반인의 이목을 집중시킨 것은 역시 〈한국 병합 100년〉을 전후한 시기의 일이라 하겠다.

2010년 5월 10일 서울과 도쿄에서 〈한국 병합 100년에 즈음한 한일 지식인 공동 성명〉이 발표되었다. 공동 성명은 한국 병합의 현재적 의미와 양국 역사학의 과제에 대해 다음과 같이 언급한다.

1910년 8월 29일 일본 제국이 대한제국을 이 지상에서 말살하여 한반도를 일본의 영토에 병합할 것을 선언하였다. 그로부터 100년이 되는 2010년을 맞이하여 우리들은 그 병합이 어떻게 이루어졌던가, 〈한국 병합 조약〉을 어떻게 보아야 할 것인가에 대하여 한국, 일본 양국의 정부와 국민이 공감하는 인식을 확인하는 것이 중요하다고 생각한다. 이 문제야말로 두 민족 간의 역사 문제의 핵심이며, 서로의 화해와 협력을 위한 기본이다.

공동 성명에서 지적한 바와 같이 위안부 문제와 징용 문제 등 식민지 지배 문제에 대한 해결은 식민 지배의 출발이었던 병합 조약에 대한 역사적 진실 규명과 객관적 역사 인식의 구축으로부터 시작되어야 할 것이다. 그로부터 10년 이상 시간이 흘렀다. 한국 병합을 둘러싼 한국과 일본의 갈등은 현재도 양국 국민 간의 화해와 공생을 가로막는 장애가 되고 있다. 한국 병합에 대한 연구와 논쟁은 앞으로도 계속 이어질 것이다.

종장에서 거듭 언급하는 바와 같이 〈한국 병합〉에 대한 학문적 논쟁에서, 병합 100년 전후 시기 한국의 대표적인 성과는 이태진 교수의 일련의 연구 업적(『한국병합, 성립하지 않았다』, 태학사, 2001;『한국병합의 불법성 연구』, 서울대학교출판부, 2003)이었다. 이 책들은 을사조약과 병합 조약에 이르는 일련의 조약 체결 과정에 불법성과 형식적 결함이 있었음을 지적하였다. 대한제국기 한일 간의 제 조약에 대한 무효론을 둘러싼 이태진과 운노 후쿠주의 논쟁은, 〈병합 100년〉이 되는 2010년을 전후하여 학계를 넘어 일반인들의 관심도 크게 불러일으켰다.

　　2010년은 역사적으로는 한국 병합이 체결된 지 100년이 되는 해이고, 당대의 현실은 2011년 한미 FTA 비준을 앞두고 반대 투쟁으로 광화문 광장이 물대포와 함성으로 메워지던 시기였다. 한일 양국의 연구가 치열하게 진행되던 2010년, 일본에서 박사 과정에 있던 이 책 저자 모리 마유코는 논문을 작성하고자 1년 체류 예정으로 한국에 왔다가, 한국의 학문적 정치적인 환경을 접하면서 정식으로 서울대 대학원 박사 과정에 입학하여 2년 과정을 수료하였다.

　　2010년 3월 봄 학기가 시작되기 전, 고려대 대학원 한국사학과 개항기팀 박사 전공자들은 2년 넘게 진행해 온

공동 연구의 결과물을 간행하였다. 1,008쪽 분량의 『조약으로 본 한국 근대사』(열린책들, 2010)이다. 이 책은 개항 이후 조선이 근대적 국제 질서에 편입되면서 맺은 조약의 실체를 드러내기 위해 이른바 〈수호 통상 조약〉과 부속 문서에 대한 체결 배경과 과정, 조약 원본에 대한 확인과 번역 등 기초적인 작업을 일차적으로 검토하였다. 특히 조약 정문 외에도 부속 문서 규정 등이 실제로 어떻게 적용 및 운영되었고, 그 결과 조선에 어떤 구체적인 결과와 영향을 미쳤는지 등의 문제를 해명하고자 하였다. 또 당시 조약에 대한 국내외 지식인들의 인식이 어땠는지를, 당시 신문 기사들을 분석함으로써 제시하였다. 조선이 맺은 근대적 조약의 시작점인 강화도 조약부터 최종점인 병합 조약까지, 조약을 통하여 근대사의 전개 과정을 파악하고자 한 것이다.

『조약으로 본 한국 근대사』를 간행한 직후인 2010년 3월 초, 나는 봄 학기 동안 일본에 체류하기 위해 도쿄를 방문하였다. 일본으로 건너가기 전, 동료 연구자들과 병합 100년에 즈음하여 그해 11월에 개최할 학술 대회의 방향 등을 논의한 바 있었다. 그런데 도쿄에 건너가 방문한 서점에서, 출판사 이와나미쇼텐이 간행하는 잡지 『세카이(世界)』를 보고 놀랐다. 《한국 병합》100년을 묻다〉

라는 주제를 특집으로 한 1월 호가 연초부터 대중에 판매되고 있었던 것이다. 당시 일본의 한국사와 일본사, 서양사 연구에서 중심적인 연구자 15인이 두 해 전부터 학술 대회 내용을 논의하여 2009년 가을에 학술 대회를 거친 뒤 논문으로 작성한 결과물이, 『세카이』 2010년 1월 호 특집으로 실린 것이다. 한국에서 한국 근대사를 연구하는 학자로서 충격적이었다. 이에 귀국 후 고려대 대학원생들의 참여를 독려하여, 2010년 일본에서 간행된 병합 관련 전문 연구서 2편을 번역해 소개하였다. 『일본, 한국 병합을 말하다』(열린책들, 2011), 『이토 히로부미의 한국 병합 구상과 조선 사회』(열린책들, 2012)가 그것이다. 2010년 당시 일본 학계는 향후 연구 방향에 대해 크게 자국 중심 사관에 대한 비판, 그리고 비교사적 방법을 동원한 동아시아 인식과 세계사 인식으로의 확대를 강조하였다.

『조약으로 본 한국 근대사』의 후속 작업과 위 책들의 번역 작업, 그리고 한국 병합에 관한 일본의 최신 연구 성과를 대학원 수업에서 다루고 있던 무렵, 서울대에 유학 중이던 저자가 나의 대학원 수업에 참여하였다. 저자는 성실하고 적극적으로 수업에 참여하였을 뿐 아니라, 자리를 옮겨 수업보다 길게 이어진 자유 수업에도 적극 참여한 학생이었다고 동료들은 기억하고 있다. 한국에서의 학업을 마치고 귀국한 뒤에는 일본의 관련 연구자와 한국 연구자의 공동 연구 등을 주선하면서 지금까지 인연을 이어 오고 있다. 저자가 한국어판 머리말에서 언급하고 있는 것처럼 이 책은 병합 100년 전후의 연구 성과를 바탕으로 최근 대한제국기에 관한 한국과 일본에서의 연구 성과를 수용하여, 대학생들이 〈한일 병합〉, 〈대한제국의 형성과 붕괴〉 과정을 사전 없이 이해할 수 있게 집필했다. 양국에서 이루어진 최신의 연구 성과를 바탕으로, 저자는 국제적인 시각과 역사학의 방법을 동원하면서 중요 사료 해석의 독창성을 확보하고 있다.

전문 학술 저서가 아닌 일반인을 대상으로 일본에서 출간된 역사 관련 서적을 한국어로 옮기는 작업은, 전문 학술서 번역에서 겪는 어려움 이외에도 익숙한 학술 용어의 번역부터 단순한 사건 전개 과정의 구체적인 일자 확인에 이르기까지 엄밀한 검토가 요구된다. 저자는 〈한국의 독자들에게〉에서 밝힌 바와 같이 이 책 원서의 출판 이후 서울과 도쿄, 그리고 지방 도시에서 여러 차례 학술 회의와 토론회에 참여하였다. 한일 양국의 전문 연구자들이 모인 자리에서 자유롭고 진지한 토론의 형식을 빌려, 일종의 검정 과정을 혹독하게 거친 것이다. 비판받고 토론했던 내용들을 적극적으로 받아들여, 저자는 한국어판에서 수정과 보완 작업을 진행하였다. 한국과 일본 양국 국민의 역사 화해를 향한 저자의 평소 열의에 힘입어서 한국어판 출간이 비교적 신속하게 이루어질 수 있었다.

끝으로, 나는 애초 이 한국어판 번역이 저자와 함께 수업에 참여하면서 깊은 학문적 이해를 나눈 동료 연구자들에 의해 이루어지길 바랐었다. 그러나 그들은 전문 연구 기관 등에 부임한 지 얼마 되지 않은 신진 연구자인 까닭에 여력이 많지 않아, 부득이 내가 번역을 맡게 되었다. 번역 초고를 완성한 뒤 출판에 이르기까지 번역문의 수정과 교열, 특히 역사적 사건들의 일시까지 확인하는 등 어려운 일을 맡아 준 양진아 박사에게 감사하다는 말을 전하면서 후기를 마친다.

옮긴이 **최덕수** 고려대학교 사학과를 졸업하고, 동 대학원에서 박사 학위를 받았다. 한국 근대 정치사와 한일 관계사를 전공했다. 공주대학교 역사교육과(1982~1994), 고려대학교 한국사학과(1994~2017) 교수를 역임했으며, 현재 고려대학교 명예교수다.

저서 『개항과 朝日 관계』(고려대학교 출판부, 2004), 『대한제국과 국제 환경』(선인, 2005), 『근대 조선과 세계』(열린책들, 2021), 공저 『조약으로 본 한국 근대사』(열린책들, 2010), 『근대 한국의 개혁 구상과 유길준』(고려대학교 출판문화원, 2015)이 있다. 역서로는 『끝나지 않은 20세기』(역사비평사, 2008), 『일본, 한국 병합을 말하다』(열린책들, 2011), 『이토 히로부미의 한국 병합 구상과 조선 사회』(열린책들, 2012), 『근대 조선과 일본』(열린책들, 2015) 등이 있다.

한국 병합

발행일 2024년 3월 1일 초판 1쇄

지은이 모리 마유코
옮긴이 최덕수
발행인 홍예빈 · 홍유진
발행처 주식회사 열린책들

경기도 파주시 문발로 253 파주출판도시
전화 031-955-4000 팩스 031-955-4004
홈페이지 www.openbooks.co.kr 이메일 humanity@openbooks.co.kr

ISBN 978-89-329-2415-1 03910